现代汉语偏正式比喻复合词研究

尉方语 ◎ 著

中国社会科学出版社

图书在版编目(CIP)数据

现代汉语偏正式比喻复合词研究 / 尉方语著. --
北京：中国社会科学出版社, 2024. 11. -- ISBN 978-7-
5227-4570-1

Ⅰ. H146.1

中国国家版本馆 CIP 数据核字第 2024MG2113 号

出 版 人	赵剑英	
责任编辑	宫京蕾	
责任校对	秦　婵	
责任印制	郝美娜	

出　　版	中国社会科学出版社	
社　　址	北京鼓楼西大街甲 158 号	
邮　　编	100720	
网　　址	http：//www.csspw.cn	
发 行 部	010-84083685	
门 市 部	010-84029450	
经　　销	新华书店及其他书店	

印刷装订	北京君升印刷有限公司	
版　　次	2024 年 11 月第 1 版	
印　　次	2024 年 11 月第 1 次印刷	

开　　本	710×1000　1/16	
印　　张	17.25	
插　　页	2	
字　　数	294 千字	
定　　价	108.00 元	

凡购买中国社会科学出版社图书，如有质量问题请与本社营销中心联系调换
电话：010-84083683
版权所有　侵权必究

前　　言

　　隐喻认知是人类一种重要的思维方式，体现在语言系统中，从词语、句子到篇章，从新成分的制造到新意义的产生，语言的各个层面都有这种认知方式在发挥作用，比喻复合词就是词汇层面的典型表现。比喻复合词指的是在造词过程中有比喻参与的复合词，其中，偏正式比喻复合词数量最多，也最有代表性，因此本书以《现代汉语词典》（第7版）中的1264个偏正式比喻复合词为研究对象。

　　本书主要针对偏正式比喻复合词的判定及构成要素、本体喻体的语义类别及分布特征、偏正式比喻复合词的语义语法关系、偏正式比喻复合词的比喻跨度和范畴化、网络平台的新生偏正式比喻复合词等问题展开研究。

　　在语料搜集阶段，为了尽可能完整地搜集语料，本书提出语料的判定标准，特别是指出五个容易误判的情况并给出相应解决办法，避免了遗漏和错判。综观比喻复合词，与其他复合词最大的区别就在于其内部包含一个比喻的过程，比喻要素与构词要素分别是比喻复合词在比喻层面和构词层面的构成要素，两者缺一不可，因此，明确辨析比喻的构成要素和比喻复合词的构成要素是比喻复合词研究必不可少的环节，特别是对比喻构成要素中的本体喻体的辨析。由于比喻复合词的造词过程与比喻过程总是相伴而生，比喻的本体喻体与复合词的构词成分之间存在复杂的对应关系。为此，本书对本体喻体的辨析也从两个层面展开，在比喻层面，本体喻体对应相应的概念，在构词层面，本体喻体对应相应的词素，两者不能混淆。

　　就本体喻体在概念层面的情况来看，其各自归属于不同的语义类别，而不同语义类别的本体喻体在数量、造词数量、搭配规律等方面存在一定规律，同时，不同语义类别的本体喻体还与不同相似点具有一定搭配规律，本书以列表的形式对这些现象和规律作了详细的分析和说明。将偏正式比喻复合词中的本体分为部件类、人造类、自然类、动物类、植物类等十个类别，喻体分为部件类、人造类、自然类、动物类、植物类等八个类别，两者在语义类别方面有同有异，大同小异。通过比较各语义类别中本体喻体的数量、造词能力以及不同语义类别本体喻体的搭配情况，探讨造词过程中本体喻体语义类别选择的某些规律。同时将不同语义类别的本体喻体分别与相应相似点相比照，考察造词主体在造词过程中对不同语义类别的本体喻体和相似点选择的倾向性。

针对复合词词法层面的探究，本书分别从词素之间的语义、语法关系和词素与词之间的语义、语法关系两个角度展开。具体来说，首先探讨词素之间的语法关系和语义关系，其中，语义关系中的比喻关系是比喻复合词独有的语义关系，为重点探讨内容之一；其次是词素与词之间的语义、语法关系，重点讨论词素与词之间的语义关系，这一问题具体表现为造词活动中造词者对词素的选择问题，此外，词素入词后发生的意义偏移也是词素与词之间语义关系问题的重要组成部分。

本书提出了"比喻跨度"的概念。比喻跨度问题研究的灵感来源于学界关于词义透明度问题的研究成果。比喻跨度是词义透明度问题在比喻复合词范畴中的具体表现，本书将其界定为本体喻体之间的联想距离。比喻跨度的大小受六个因素制约，除频率因素外都参与到比喻跨度的分级中。书中按照比喻跨度的影响因素，将每个偏正式比喻复合词分别归入相应的比喻跨度层级，并对比喻跨度的六个影响因素及比喻跨度产生的理据进行分析。

本书还将范畴理论引入复合词层面，对比喻复合词作范畴化分析，分别将前喻式、后喻式偏正复合词从语言成分的角度进行范畴化。前喻式偏正复合词的范畴化以限定成分的范畴归属为依据，分别归入"以外形为区别特征物""以性质为区别特征物"等范畴，后喻式偏正复合词的范畴化以中心成分的隐喻性范畴归属为依据，分别归入"特形物""特性物""特定功能物"等范畴，其各自又有相应的上位和下位成员。偏正式比喻复合词的范畴化过程与经典范畴、原型范畴等范畴理论中所阐述的范畴化过程具有不同程度的对应性。

为了考察偏正式比喻复合词在当代的发展变化，本书以淘宝网等网站中的 686 个商品名称类比喻复合词为语料，分别从语义类别、音节数量、相似点等角度为其分类，发现新生偏正式比喻复合词具有命名对象和喻体种类丰富、词素间语义关系具有多样性等特征。书中还重点探讨了新生偏正式比喻复合词与传统比喻复合词最大的区别——双重相似点问题，包括双重相似点的内涵、由双重相似点引起的喻体选择标准的移变等问题。

在本书的撰写过程中，尽可能多地借鉴和吸收了前人的研究成果，引用或参考过的，均见于脚注及参考书目之中。

限于笔者的学术能力及理论素养，本书尚存在诸多不足之处，许多问题还有待于今后进一步深化。书稿虽经反复修改，错误和疏漏尚亦不少，祈请读者批评指正。

目 录

绪论 ……………………………………………………………………（1）
  一　研究对象 …………………………………………………………（1）
  二　研究范围和语料来源 ……………………………………………（3）
  三　研究历史和现状 …………………………………………………（5）
  四　研究目标和研究意义 ……………………………………………（19）
  五　研究方法 …………………………………………………………（20）

第一章　偏正式比喻复合词的判定及构成要素 …………………（22）
  第一节　偏正式比喻复合词的判定 …………………………………（22）
    一　偏正式比喻复合词的判定标准 ………………………………（22）
    二　偏正式比喻复合词概况 ………………………………………（37）
  第二节　比喻及比喻复合词的构成要素 ……………………………（38）
    一　比喻的构成要素 ………………………………………………（38）
    二　比喻复合词的构成要素 ………………………………………（52）
  第三节　各构成要素的对应关系 ……………………………………（53）
    一　本体与直指词素的对应关系 …………………………………（53）
    二　喻体与喻指词素的对应关系 …………………………………（55）
  小结 ……………………………………………………………………（56）

第二章　偏正式比喻复合词本体喻体的语义类别及分布特征 ………（57）
  第一节　本体喻体的语义类别 ………………………………………（57）
    一　本体的语义类别 ………………………………………………（57）
    二　喻体的语义类别 ………………………………………………（60）
    三　本体喻体与偏正式比喻复合词的对应关系 …………………（62）

第二节　本体喻体在不同语义类别中的分布特征及造词数量 …… （66）
　　　　一　本体在不同语义类别中的分布特征及造词数量 ………… （66）
　　　　二　喻体在不同语义类别中的分布特征及造词数量 ………… （67）
　　　　三　本体喻体语义类别的搭配特征 …………………………… （69）
　　第三节　偏正式比喻复合词本体喻体与相似点的对应分布
　　　　　　特征 …………………………………………………………… （72）
　　　　一　本体与相似点的对应分布特征 …………………………… （73）
　　　　二　喻体与相似点的对应分布特征 …………………………… （75）
　　小结 …………………………………………………………………… （77）
第三章　偏正式比喻复合词的语义关系与语法关系 ……………… （78）
　　第一节　比喻复合词语义关系与语法关系概况 …………………… （78）
　　　　一　词素之间的语义、语法关系 ……………………………… （78）
　　　　二　词素与词之间的语义、语法关系 ………………………… （79）
　　　　三　前人研究成果 ……………………………………………… （79）
　　第二节　偏正式比喻复合词词素间的语义、语法关系 …………… （88）
　　　　一　偏正式比喻复合词词素间的语法关系 …………………… （88）
　　　　二　偏正式比喻复合词词素间的语义关系 …………………… （97）
　　第三节　偏正式比喻复合词词素与词之间的语义关系 ………… （112）
　　　　一　前喻式偏正复合词词素的选择 …………………………… （113）
　　　　二　后喻式偏正复合词词素的选择 …………………………… （128）
　　　　三　词素入词后发生的意义偏移 ……………………………… （136）
　　小结 …………………………………………………………………… （146）
第四章　偏正式比喻复合词的比喻跨度 …………………………… （148）
　　第一节　比喻跨度相关理论——"语义透明度" ………………… （149）
　　　　一　"语义透明度"心理学相关研究 ………………………… （149）
　　　　二　"语义透明度"语言学相关研究 ………………………… （150）
　　　　三　比喻跨度与词义透明度 …………………………………… （152）
　　第二节　比喻跨度的分级 …………………………………………… （154）
　　　　一　定中式比喻复合词比喻跨度的分级 ……………………… （155）
　　　　二　状中式比喻复合词比喻跨度的分级 ……………………… （165）
　　第三节　比喻跨度的影响因素 ……………………………………… （170）
　　　　一　本体的显隐 ………………………………………………… （171）

二　相似点 ………………………………………………………… (171)
　　三　前喻式词素间的语义结构关系及后喻式本体喻体的
　　　　相似程度 ……………………………………………………… (174)
　　四　前喻式本体喻体的相似程度及后喻式限定成分的提示
　　　　程度 …………………………………………………………… (176)
　　五　本体喻体的使用频率及喻指词素的造词频率 …………… (177)
　第四节　比喻跨度的产生 …………………………………………… (178)
　小结 …………………………………………………………………… (180)

第五章　比喻复合词的范畴化分析 …………………………………… (181)
　第一节　范畴理论概述 ……………………………………………… (182)
　　一　经典范畴理论 ……………………………………………… (182)
　　二　现代范畴理论 ……………………………………………… (183)
　第二节　比喻复合词的范畴化 ……………………………………… (186)
　第三节　前喻式偏正复合词的范畴化 ……………………………… (187)
　　一　前喻式偏正复合词范畴化的特点 ………………………… (187)
　　二　前喻式偏正复合词不同类型的范畴化 …………………… (195)
　　三　前喻式偏正复合词范畴化过程中的范畴理论分析 ……… (201)
　第四节　后喻式偏正复合词的范畴化 ……………………………… (202)
　　一　隐喻性范畴的内涵与特点 ………………………………… (203)
　　二　后喻式偏正复合词的隐喻性范畴化 ……………………… (210)
　　三　隐喻性范畴化过程中的范畴理论分析 …………………… (213)
　小结 …………………………………………………………………… (219)

第六章　商品名称类偏正式比喻复合词研究
　　　　——以淘宝网等为例 ………………………………………… (222)
　第一节　商品名称类偏正式比喻复合词的语料来源及分类 …… (222)
　　一　商品名称类偏正式比喻复合词的语料来源 ……………… (223)
　　二　商品名称类偏正式比喻复合词的分类 …………………… (225)
　第二节　商品名称类偏正式比喻复合词的特点 …………………… (231)
　　一　命名对象和喻体种类丰富 ………………………………… (232)
　　二　词素间的语义关系具有多样性 …………………………… (233)
　　三　在不同语义类别中的数量分布具有不均衡性 …………… (236)
　　四　喻体的选择具有倾向性 …………………………………… (238)

五　产生及传播具有时效性 …………………………………（240）
第三节　喻体选择标准的移变：需满足造词者心目中的意图
　　　　相似点 ……………………………………………………（241）
　　一　联想意义与联想行为 …………………………………（242）
　　二　概念意义 ………………………………………………（244）
　　三　常规相似点与意图相似点 ……………………………（244）
　　四　喻体选择标准的移变路径 ……………………………（250）
　　五　喻体选择标准产生移变的理据 ………………………（253）
小结 ………………………………………………………………（257）
参考文献 …………………………………………………………（259）
后记 ………………………………………………………………（267）

绪 论

一 研究对象

本书研究对象为偏正式比喻复合词。

关于比喻复合词的名称，前人的叫法很不统一，内涵也不尽相同。任学良将其称为"比喻式的词"，将比喻词和比喻义都包括在内[①]；刘叔新将其看作组合型造词法中的一个喻指类别[②]；应雨田将用比喻造词法所造的词语称作"比喻型词语"[③]；周荐将以比喻的方式构成的复合词称作"比喻复合词"，将包括词和熟语在内的成分统称为"比喻词语"[④]；史锡尧将这类词称为"比喻修辞手法造词"[⑤]；侯友兰称作"比喻词"[⑥]；杨润陆称作"比喻造词"[⑦]。

本书研究对象都是内部包含比喻成分的复合词，"比喻词"这个名称不足以使之与"像""如""仿佛"等比喻判断词相区分，且无法凸显研究对象是复合词这个事实；"比喻词语"或"比喻型词语"的说法也不够严谨，本书的研究对象只是复合词，不包括成语、惯用语等熟语在内；而"比喻修辞手法造词"或"比喻造词"的说法又不像术语名称；"喻指式复合词"又似过于强调喻指成分。综合来看，本书以"比喻复合词"作为研究对象的名称，这与本书的研究对象更吻合。

[①] 任学良：《汉语造词法》，中国社会科学出版社1981年版，第203页。
[②] 刘叔新：《汉语描写词汇学》，商务印书馆1990年版，第103—104页。
[③] 应雨田：《比喻义及其释义》，《辞书研究》1992年第4期。
[④] 周荐：《比喻词语和词语的比喻义》，《语言教学与研究》1993年第4期。
[⑤] 史锡尧：《名词比喻造词》，《中国语文》1996年第6期。
[⑥] 侯友兰：《比喻词补议》，《汉语学习》1997年第4期。
[⑦] 杨润陆：《由比喻造词形成的语素义》，《中国语文》2004年第6期。

关于比喻复合词的定义，前辈学者多数从造词法的角度进行了说明。孙云、王桂华指出，比喻构词在句法构词的基础上进行，又不同于句法构词，如果没有比喻、借代等修辞手段，比喻构词就不可能存在，"利用比喻的方法构造新词叫作比喻构词"①。沈孟璎认为比喻复合词的产生是一种"修辞方式渗入新词语的现象"，"比喻结构类型各有不同，所以运用比喻方式创造新词语也产生不同的情况"②，并将固有词语增加比喻义也纳入其中。应雨田指出："所谓比喻型词语，即用比喻造词法所造的词语。"③ 周荐指出："语言中还有一些词语，不是直接反映所指的客观对象，而是借彼喻此，以他物状此物，用比喻的方式曲折地反映所指的客观对象。"④ 史锡尧认为："许多人长期地使用一语言材料进行比喻，而使这一语言材料凝结成为一个词。"⑤ 他在另一文中也指出："由于人们长期使用比喻来描绘一些事物（包括动作、活动、性质、状态），久而久之，比喻经过凝缩，一些新词产生了。"⑥ 侯友兰指出："在现代汉语词汇中，有一类运用比喻修辞手法造成的词，如'蚕豆''云游''瓦解''火红'等。这类词用比喻的方式借彼喻此，以他物状此物，曲折地反映所指的客观对象，这些词就叫作比喻词。"⑦ 刘兰民认为："利用比喻这一修辞手段创制新词的方法就是比喻造词法。"⑧

事实上，比喻复合词的产生与人们的隐喻认知思维密切相关，比喻复合词得以产生的根源之一就在于人类的这种隐喻思维。隐喻认知思维体现在造词的过程中就产生了比喻造词法，用比喻造词法造词意味着造词过程中有比喻的参与，所造复合词即为比喻复合词。也就是说，一个词的产生既取决于主体对事物的认知方式，还取决于相应的语言手段，即造词法。比喻复合词的认知基础是隐喻，而隐喻可以作用于语言的多个层面，作用于造词层面是比喻复合词的产生，作用于意义派生层面是比喻义的产生，两者不能混淆。然而，认知语言学所指的隐喻要比比喻造词或比喻造句的

---

① 孙云、王桂华：《比喻构词刍议》，《天津师范大学学报》1982年第6期。
② 沈孟璎：《修辞方式的渗入与新词语的创造》，《山东大学学报（哲学社会科学版）》1988年第3期。
③ 应雨田：《比喻型词语的类型及释义》，《中国语文》1993年第4期。
④ 周荐：《比喻词语和词语的比喻义》，《语言教学与研究》1993年第4期。
⑤ 史锡尧：《名词比喻造词》，《中国语文》1996年第6期。
⑥ 史锡尧：《比喻对语言文化的贡献》，《汉语学习》2001年第3期。
⑦ 侯友兰：《比喻词补议》，《汉语学习》1997年第4期。
⑧ 刘兰民：《汉语比喻造词法刍议》，《汉语学习》2001年第4期。

范围大得多，造词是有意识的行为，而隐喻认知一开始是人们有意识的行为，久而久之，有的会变为无意识的行为，它体现在语言中几乎无所不在，是语言的常态。不仅包括那些外显的能够为人意识到的比喻，还包括经过长期形成得到规约而潜移默化地进入日常语言的所谓的"死隐喻"。因此，如果说比喻复合词是有隐喻参与造词的复合词，则会将许多非比喻复合词包括进来，如"前辈""前半夜""后辈""后天"，"前"和"后"本是表示空间方位的概念，被隐喻性地概念化为时间概念，这其中也有隐喻的参与，但它们不是比喻复合词。

综合来看，本书将这些在造词过程中有比喻参与的复合词称为比喻复合词。这样既保证了比喻复合词是在造词层面有比喻的参与，能与比喻义相区别，又保证将包括整体比喻复合词和部分比喻复合词在内的所有比喻复合词包含在内，同时将非比喻复合词排除在外。

二　研究范围和语料来源

根据造词过程中比喻参与的方式不同，比喻复合词大致可以分为四类：

a. 前喻式复合词，如：

线材　豹猫　钉螺　梯级　鼠标

b. 后喻式复合词，如：

冰柱　糖霜　米线　虾米　茶砖

c. 整体比喻复合词，如：

龙眼　佛手　猴头　鸡头　马蹄

d. 双喻指复合词，如：

雪柳　银耳　银河　银杏　蝎虎　琼脂

a、b两类指的是一个词素发生比喻，另一个词素不发生比喻的情况，如a类"钉螺"的"钉"发生比喻，"螺"不发生比喻，指外形像钉子的螺，b类"糖霜"的"霜"发生比喻，"糖"不发生比喻，指像霜那种状态的糖；c类的词义来源于构成成分整体发生比喻，词义只看整体，不管部分，如"佛手""猴头"的词义来源于整体意义基础上的比喻，是字面意义的组合构成喻体，喻体再发生比喻表示本体，单看"佛""手"或"猴""头"表示的仍是其字面意义，从字面意义来理解的"佛手""猴头"是短语，不是复合词；d类指复合词的两个词素都发生比喻的情况，虽然比喻成分覆盖整个复合词，但与整体比喻复合词不同，这类复合词的词义来源不是复合词整体发生比喻，而是复合词的每一个部分分别发生比喻，如"雪柳"的"雪"和"柳"分别发生比喻，指颜色像雪的、外形像柳枝的一种落叶灌木，"银耳"的"银"和"耳"分别发生比喻，指颜色像银子、外形像耳朵的一种真菌。

学界通常将四类比喻复合词分成整体比喻复合词和部分比喻复合词两类，也有学者将其分为全喻式复合词和半喻式复合词。通常来说，整体比喻复合词仅指上文c类复合词，词素层面发生比喻的复合词则归入部分比喻复合词，包括a、b、d三类；对于全喻式和半喻式的分类方式来说，全喻式复合词往往既包含整体发生比喻的复合词，又包含两个词素都发生比喻的复合词，对应上文的c、d两类，半喻式复合词则指部分词素发生比喻的复合词，对应上文的a、b两类。这两种分类方式同中有异，并行不悖。

本书的研究对象仅包括a、b两类复合词中的偏正结构复合词。c类复合词从词面来看是一个只出现喻体的借喻，虽然整体上是一个偏正结构的比喻复合词，但复合词内部的构词成分之间没有比喻关系，从比喻角度来说只能作为一个整体进行分析，不像a、b类复合词一样存在构词成分之间的比喻关系，c类复合词更适合从整体角度进行研究，因此，暂不归入本书研究范围；d类复合词，尽管与a、b类一样也是有比喻参与造词的复合词，但喻指词素的数量不同，且复合词的数量很少，其中偏正结构的复合词数量更少，只有"雪柳""银耳""银河""银杏""凤梨""马蹄莲""削壁"等几个成员，也暂不划入本书研究范围。选择偏正结构复合词为研究对象，主要是由于该类词构成前喻式和后喻式复合词的主体内容,《现代汉语词典》(第7版)①(以下简称《现汉》) 共收录前喻式和后喻式复合词 1365 个,其中的偏正结构复合词 1264 个,约占所有前后喻式复合词的 92.6%。此外,选择同一结构关系的复合词作为研究对象,成员间有更多相似性,更有助于造词构词等规律的发现及相关问题的考察。综上,本书的研究对象为 a 类中的前喻式偏正复合词和 b 类中的后喻式偏正复合词。

本书语料来源于《现汉》收录的所有前喻式、后喻式偏正复合词。《现汉》没有单列出词条,但是在释义中作为例子出现的复合词也纳入本书语料范围,如:

【盲】③指对某种事物不能辨别或分辨不清的人;缺乏某方面常识、能力的人:文~|色~|法~|股~|电脑~。(《现代汉语词典》第 878 页)

其中"股盲"和"电脑盲"都没有单列词条,但也被纳入本书语料。《现代汉语分类词典》②、《现代汉语分类大词典》③、《现代汉语规范词典》(第3版)④、《汉语大字典》(第2版)⑤、《简明汉语义类词典》⑥、《说文解字注》⑦、《汉语大词典》⑧ 等工具书为本书语料的筛选提供参考。例句及词频的考察主要参考北京语言大学 BCC 语料库⑨。

三 研究历史和现状

(一) 20 世纪初至 20 世纪中期

比喻词语在我国出现得很早,上古汉语就出现的合成词有些就是经过

---

① 中国社会科学院语言研究所词典编辑室编:《现代汉语词典》(第7版),商务印书馆 2016 年版。
② 苏新春主编:《现代汉语分类词典》,商务印书馆 2013 年版。
③ 董大年主编:《现代汉语分类大词典》,上海辞书出版社 2007 年版。
④ 李行健主编:《现代汉语规范词典》(第3版),外语教学与研究出版社、语文出版社 2014 年版。
⑤ 汉语大字典编辑委员会编纂:《汉语大字典》(第二版缩印本),四川辞书出版社、崇文书局 2018 年版。
⑥ 林杏光、菲白编:《简明汉语义类词典》,商务印书馆 1987 年版。
⑦ (清) 段玉裁:《说文解字注》,中华书局 2013 年版。
⑧ 罗竹风主编:《汉语大词典》(第一卷),上海辞书出版社 1986 年版。
⑨ 荀恩东等:《大数据背景下 BCC 语料库的研制》,《语料库语言学》2016 年第 1 期。

比喻造出的，如"草芥""石民""心腹""瓦合"等，但是作为研究对象加以研究却并不早。受到西方结构主义影响，这一时期人们往往从构词法角度对比喻词语进行词法分析。

1919年，薛祥绥在《中国言语文字说略》一文中，就对用修辞方式造出来的复合词加以分析，将"雪白、橙黄"这类词命名为"限定"，约略类似于今天所说的"偏正式"，是从结构角度作出的分析①。从薛氏的分析中可以看到，他已经注意到比喻词语的特殊性。薛文以后，学者相继对比喻词语作了构词分析，分类更见细致。

黎锦熙《汉语复合词构成方式简谱》中的C类"相属的复合词"里，比喻词语散见在各个下位小类中，如喻形：蚂蚁、人参、狗熊；下名判形质：光线、眼球、乳浆；以下形辅上名：桔红；等等②。

夏丏尊《双字词语的构成方式》中有对比喻词语的分析：副状（名+形）"冰冷、火急"，并列"耳目、笔墨"等③。

黎锦熙与夏丏尊的分析实际上是受结构主义影响对比喻词语作出的构词分析。

从辞格角度进行研究的首推陈望道。陈氏所著《修辞学发凡》在汉语修辞学史上是一部划时代的著作。就词汇产生而言，"词语上的辞格"一章总结出的种种修辞方式对新词的创造规律也具有重要的指导意义。就比喻词语而言，书中分别提到了隐喻词语和借喻词语并列举了如下例子：

> 玫瑰开不完，荷叶长成了伞；秧针这样尖，湖水这样绿，天这样青，鸟声像露珠样圆。（闻一多《荒村》）
> 陈涉太息曰："嗟乎，燕雀安知鸿鹄之志哉！"（《史记·陈涉世家》）④

其中的"秧针"指初生的稻秧，样子像针一样细细的，是隐喻词语，"燕雀""鸿鹄"是借喻词语。

较早从造词角度谈比喻词语的学者是郭绍虞。1947年，在《譬喻与

---

① 薛祥绥：《中国言语文字说略》，《国故》1919年第4期。
② 黎锦熙：《汉语复合词构成方式简谱》，载《黎锦熙语言学论文集》，商务印书馆2004年版，第324—336页。
③ 夏丏尊：《双字词语的构成方式》，《国文月刊》1946年第41期。
④ 陈望道：《修辞学发凡》，上海教育出版社2006年版，第73—76页。

修辞》一文里，郭氏明确提到比喻造词：

> 喻义简炼到副词化或形容词化，事实上即创造了新词。如《汉书·成帝纪》云，"帝王之道日以陵夷"，谓如陵之夷，而陵夷即成一新词。又《蒯通传》云，"常山王奉头鼠窜以归汉王"，师古注"言其窘迫逃亡如鼠之逃窜"，而鼠窜变成为新词……至于形容词化的喻义，则更适宜于创造新词。刘师培《正名隅论》云："凡物之大者或谓之王，如蛇曰王蛇，鸟曰王雎是；或谓之蜀，如葵曰蜀葵，鸡曰蜀鸡是；或谓之虎，如杖曰虎杖，葛曰虎葛是。凡物之小者或曰童、婢，如梁曰童梁，牛曰童牛，鱼曰鱼婢是；或曰荆、楚，如葵曰荆葵、楚葵，桃曰荆桃是；或曰羊、鹿，如鹿藿、鹿梨、羊枣、羊桃是。此皆古人比事属词之法，非有异义于其间。"可知昔人定名早已用此方法。乐府《读曲歌》"花钗芙蓉髻，双鬟如浮云"本是很明显的譬喻，其后诗人缩之为云鬟。①

文章不仅有意识地从辞格角度研究新词的产生，而且提出了检验比喻词语的标准。

（二）20 世纪中后期

这一时期基本上承袭早期的研究思路，不同的是，更为系统，分析得也更为深入细致。

1956 年，孙常叙《汉语词汇》出版，这是标志着词汇学作为一个独立学科的奠基之作②。这本书第一次系统地论述了造词法，勾勒出汉语造词系统的整体框架。在所列造词法中，处于语义造词下位的比拟造词涉及了比喻词语问题，比拟造词又分单纯比拟和条件比拟两类。1981 年，任学良《汉语造词法》一书出版，书中构造了汉语造词法体系，第一次明确提出了"修辞学造词法"，并将比喻词语作为重点之一加以阐述。就修辞造词而言，这本书的贡献是极大的：首创的修辞学造词法将修辞与词汇联系起来，这实际是从语义角度论述词汇的生成，意识到意义的重要是本书的进步之处；从辞格入手来研究造词，共列出八种辞格：比喻式、借代

---

① 郭绍虞：《譬喻与修辞》，《国文月刊》1947 年第 60 期。
② 孙常叙：《汉语词汇》，吉林人民出版社 1956 年版。

式、夸张式、敬称式、谦称式、婉言式、对比式、仿词式,大部分被后来的修辞造词研究者沿用①。

从比喻复合词的具体研究角度来说,这一时期以比喻造词的分类辨析为主,主要有两种分类模式:一种为传统比喻修辞分类方式,将比喻造词分为明喻、借喻、隐喻等类型,采取的仍是句法结构分析模式;一种以复合词内部的比喻与复合词之间的关系为分类标准,从语义上关注作为喻体的词素义与词义的整体关系。

围绕前一类分类模式的研究主要有以下几类:

贺水彬从形象词语的来源角度,将比喻复合词分为五类:1."比喻中的明喻凝缩而成","喻体+本体",喻体在前,重在形容、修饰,本体是中心语素,如"雪白""金贵""马尾松""鹅卵石";2."比喻中的暗喻凝缩而成","本体+喻体",喻体在后,重在补足,本体是中心语素,如"林海""泪花";3.比喻义是用词的结果,不是造词的结果,如"包袱""糟粕";4.由明喻凝缩而成,两个语素都带形象意义,如"铁拳""银耳";5.状中结构的复合词,如"蚕食""瓜分""鲸吞"②。

应雨田认为隐喻型词语都是偏正式,正的部分是本体,名词素、动词素、形容词素都可以,偏的部分是喻体,都为名词素。本体词素是词义的核心。"本体+喻体"被认为是倒喻式。该文将比喻词分为借喻型、隐喻型和明喻型。借喻型只出现喻体,不出现本体,如"猴头""佛手";隐喻型词面出现喻体和本体,没有喻词连接,如"鸡冠花""龟缩";明喻型本体和喻体之间有"如、同、若、似"等喻词连接,"只有成语才有这种构造方式",如"门庭若市""归心似箭"③。

史锡尧将名词比喻造词分为两大类:明喻和借喻。共十个小类④。

明喻分为"喻体+本体"和"本体+喻体"两种情况。喻体在前又分为本体喻体整体相似和本体喻体部分相似。本体喻体整体相似分两小类:整体形体相似,如"发菜""鸭梨""柳眉",同时指出"鸭梨""柳眉"是为了凑双音节而有所省略;整体非形体相似,如"钉子户"。本体喻体部分相似,如"金钱豹""眼镜蛇"。本体在前的明喻造词只有本体喻体

---

① 任学良:《汉语造词法》,中国社会科学出版社1981年版,第202—237页。
② 贺水彬:《汉语形象词语的构造及其与修辞的关系》,《辽宁师院学报》1982年第4期。
③ 应雨田:《比喻型词语的类型及释义》,《中国语文》1993年第4期。
④ 史锡尧:《名词比喻造词》,《中国语文》1996年第6期。

形体相似一类，如"石笋""熊猫"。

借喻指的是不出现本体，以喻体指代本体的比喻造词，分整体形体相似和整体非形体相似两类。前者从来源上分为一般偏正短语凝结为词，如"龙眼""佛手"，以及"偏"有指别作用的偏正短语凝结为词，如"榆钱儿""烛泪"。整体非形体相似根据来源分为"原有此词，赋予新义""意思相近的两个词凝结成一个词"等四类。

侯友兰认为名词比喻复合词可以分为"喻体+本体"和"本体+喻体"两类，根据修辞格式的顺序，他认为"喻体+本体"才是倒喻式[①]。该文赞成应文的借喻型和明喻型分类法，但对隐喻型比喻词的分类提出了异议，认为隐喻型比喻词和明喻型比喻词的区别在于比喻词是"是"还是"像"，"雪花"不能理解为"雪是花"，而是"雪片像花"，"驼鹿"不能理解为"驼是鹿"，而是"像骆驼一样的鹿"，因此这类比喻词也应归入明喻型比喻词。对于后一词素是动词或形容词的比喻复合词，该文认为是"喻体+相似点"，本体游离于词外，如"火热""笔直"，"火""笔"是喻体，"热""直"是相似点，属于明喻型略喻式比喻词。

围绕后一类比喻与复合词之间关系的研究主要有以下成果：

孙云、王桂华将比喻构词分为全喻型、正喻型和偏喻型三类。全喻型根据语素间的关系分为四小类：喻体表并列关系；喻体表修饰、被修饰关系；喻体表支配、被支配关系；喻体表陈述、被陈述关系。正喻型依据"偏"的部分的逻辑意义分为："偏的部分对正的部分（喻体）来说是限制、修饰性的"，是"限定、修饰成分+喻体"；"偏的部分对正的部分来说，是同一性的"，是"同一性成分+喻体"。前者如"蒲剑""山脊""山脚"，后者如"瀑布""病魔""夜幕"，这两类都是偏正式名词。偏喻型依据正的语素性质分为偏正式形容词、偏正式动词和偏正式名词，分别是"喻体+形容词性语素""喻体+动词性语素""喻体+名词性语素"[②]。

周荐根据复合词的直接组成成分是否都为喻指，将比喻词语分为全喻复合词和半喻复合词，半喻复合词又分为前喻式和后喻式复合词。全喻复合词，如"泰斗""揩油""落水狗"；半喻复合词，如"蠕动""门牙"

[①] 侯友兰：《比喻词补议》，《汉语学习》1997年第4期。
[②] 孙云、王桂华：《比喻构词刍议》，《天津师范大学学报》1982年第6期。

"鼻翼""屋脊"①。

还有的将两种分类模式相结合,如胡中文按照词的内部形式分为明喻构造复合词和借喻构造复合词,其中,前者根据表喻体的部分在复合词中的前后位置又分为前喻式和后喻式,后者根据隐去的本体性质又分为四个小类②。

除比喻复合词的分类辨析外,这一时期还有针对某一类比喻复合词语义结构问题的研究,主要有袁毓林、王洪君针对"雪花""林海"这类被有些学者认作"前正后偏"结构复合词所作的研究③④。袁毓林指出这类词的前一语素是本体,后一语素是喻体,但反对将前一语素看作复合词的语义中心,"N_1N_2中的喻体语素N_2已经通过比喻而获得新的称代事物的意义","N_2对N_1的修饰是隐含的语义关系,是隐性的、非本质的,而N_1对N_2的限制才是明显的语义关系,是显性的、本质的,并且能从句法上得到验证的"。王洪君指出:"汉语中表形状的单字也可以转指具有该形状的事物,因此也完全可能做中心语。"文中认为,"雪花""浪花""火花"中的"花"表示的是"形状似花的事物",前面的名词性单字起限定质料的作用。袁文、王文对笔者影响颇深,促成笔者关于这一类复合词的一系列观点,具体内容将在下文详细论述。

此外,这一时期还有与比喻及比喻造词相关的其他研究成果,如李忠初、朱文献探讨比喻的构成要素问题⑤⑥;张宗正强调词汇与修辞是两个不同范畴,不应把词汇现象与修辞现象相混淆⑦;程志兵、胡华同时针对史锡尧《名词比喻造词》一文提出不同看法,围绕该文明喻、暗喻的指称对象、比喻义与比喻造词的区分等问题进行讨论⑧⑨;朱章华从英汉对

---

① 周荐:《比喻词语和词语的比喻义》,《语言教学与研究》1993年第4期。
② 胡中文:《试析比喻构造汉语新词语》,《语文研究》1999年第4期。
③ 袁毓林:《论句法的强制性——从一类N_1N_2名词的句法语义分析展开》,《汉语学习》1988年第1期。
④ 王洪君:《"逆序定中"辨析》,《汉语学习》1999年第2期。
⑤ 李忠初:《关于比喻的两个问题》,《古汉语研究》1995年S1期。
⑥ 朱文献:《什么是比喻的"三要素"》,《小学教学研究》1995年第3期。
⑦ 张宗正:《词汇现象、修辞现象与辞格现象——与唐松波先生商榷》,《修辞学习》1996年第4期。
⑧ 程志兵:《〈名词比喻造词〉辨证》,《中国语文》1997年第5期。
⑨ 胡华:《〈名词比喻造词〉疑点》,《中国语文》1997年第5期。

比角度分析比喻词语蕴含的文化内涵及其翻译手段[1]；等等。

（三）21世纪初至今

这一时期比喻复合词的研究角度更加多样化，成果也更加丰富。

一方面，在前人研究基础上继续进行比喻辞格及词汇层面的分类辨析，并在此基础上提出新的研究角度，主要有：

张培成将比喻词分为四种情况：词本身是浓缩的比喻，为四字格成语；词的整体是喻体；词的一部分是喻体；词中隐含喻体。根据以上四种情况，他从语义学角度将比喻词划分为四类：形式比喻词、意义比喻词、形式意义比喻词、限制比喻词[2]。

刘兰民根据比喻性词素在词中的位置，将比喻式造词法分为前比喻式（"八带鱼""壁立""笔直"）、后比喻式（"豆腐脑"）、前后比喻式（"龙胆""榴梿"）、整体比喻式（"龙眼""鸡眼"）、中比喻式（"锅驼机"）。前比喻式，前边比喻词素修饰、限制后一词素，后边词素是词义中心，揭示词的类属；后比喻式，非比喻性词素在前，比喻性词素在后，词义中心在后一词素，词义类由后一词素的比喻义来揭示；前后比喻式，前后两个词素都是比喻性词素；整体比喻式，两个词素都不是比喻性词素；中比喻式，中间词素为比喻性词素[3]。

肖模艳将通过比喻产生新义的比喻式复合词叫比喻扩展词，将通过造词产生的比喻式复合词叫比喻新造词。将比喻新造词分为前喻式、后喻式和全喻式三类，结构形式上可以分为"名+形""名+动""名+名"等模式，并探讨了影响比喻语素义形成的条件[4]。

孙银新将比喻造词分为三种情形：只出现喻体、本体在前喻体在后、本体在后喻体在前，三种情形分别与构词法的特定类型相对应。此外，还探讨了比喻与词的理据问题，只出现喻体的词具有深层理据，影响词义的整体和核心，本体喻体共现的词具有浅层理据，仅影响词义的局部[5]。

另一方面，开拓新的研究视角，还将认知理论引入比喻造词，从隐喻

---

[1] 朱章华：《英汉比喻性词语中文化内涵及翻译》，《安徽大学学报》1998年第6期。
[2] 张培成：《关于汉语比喻词的几个问题》，《汉语学习》2000年第4期。
[3] 刘兰民：《汉语比喻造词法刍议》，《汉语学习》2001年第4期。
[4] 肖模艳：《现代汉语比喻造词研究》，博士学位论文，厦门大学，2008年。
[5] 孙银新：《现代汉语常用词中比喻的层次和意义》，《学术交流》2019年第2期。

思维角度探讨比喻造词问题。

针对比喻复合词喻指词素的研究，有杨润陆、许晓华。杨润陆分别探讨了前喻式和后喻式复合词喻指语素形成语素义的情况，发现后喻式复合词的喻指词素设立义项的数量大大多于前喻式复合词的喻指语素；不论在前喻式还是后喻式复合词中，"名素+名素"形成语素义的能力最强；后喻式复合词的喻指对语素义的形成具有更重要的意义等①。许晓华将名词性喻指成分分为动物、植物、人、自然物等六个语义类，将其在造词中凸显的属性义分为位置、形貌、动态、颜色等七类，探讨不同语义类喻指成分属性义的分布特征②。还探讨了喻指成分属性义在《现汉》（第6版）的义项设置及释义问题，列举了义项设置的依据，讨论《现汉》的释义模式、适用范围等问题③。

针对比喻复合词语义结构问题的研究，有颜红菊，李智、王浩。颜红菊将句法分析和语义分析相结合，分别对比喻复合词的词素义之间、词素和词义之间的语法语义关系做了比较全面的分析④。认为隐喻式定中复合词内部都是"语义特征+语义类"的语义结构。前喻式复合词为暗喻造词，后喻式复合词为借喻造词。其中，前喻式定中复合词为"喻体+本体"，对于前喻式状中复合词，该文赞同侯友兰在《比喻词补议》一文中的看法，认为是"喻体+相似点"；对于后喻式复合词，该文认为"不是'本体+喻体'，而是用喻体直接称代本体，喻体通过比喻意义的固定化，产生出新的语义类别"，为"语义特征+喻体"。李智、王浩的研究对象为比喻式偏正复合名词，将每个复合词的词素分别用四种属性标注：本体语素（B），喻体语素（Y），意义中心语素（Z），意义修饰语素（X），根据词素的不同属性，复合词被分为YX+BZ（"板斧""板鸭""带鱼"）、BX+YZ（"报头""灯花""海马"）、BZ+YX（"碑林""冰砖""钢丝"）三类⑤。其中，第三类与前两组都不同，其中心语素在前，后一语素对前一语素进行补充修饰，该文认为，偏正式复合词的界定不能完全参

---

① 杨润陆：《由比喻造词形成的语素义》，《中国语文》2004年第6期。
② 许晓华：《比喻造词中名词性喻指成分属性义的类型及其分布特征》，《语文研究》2013年第4期。
③ 许晓华：《比喻造词中名词性喻指成分属性义的义项设置与释义》，《辞书研究》2015年第5期。
④ 颜红菊：《现代汉语复合词语义结构研究》，博士学位论文，首都师范大学，2007年。
⑤ 李智、王浩：《比喻式偏正复合名词的结构研究》，《语文研究》2009年第1期。

照"偏正式"句法角度的定义，句法角度的"前偏后正"不总是适用于词法角度，对于第三类词的构词应当采取语义分析的角度，允许"前正后偏"这类偏正式复合词的存在。

从认知语言学角度来看，比喻复合词的研究在认知理论影响下也取得了新成果。

值得一提的是有两部著作运用新的方法和理论对辞格和词汇加以研究。一部是刘大为《比喻、近喻与自喻——辞格的认知性研究》，书中运用语义特征理论，认为词义具有必有特征、可能特征和不可能特征，不可能特征的凸显形成了认知性辞格。这是辞格与词汇研究中新方法的运用[①]。另一部是李国南《辞格与词汇》一书，该书从语义学角度出发，研究"辞格"与"词汇"的关系，认为相似联想产生了比喻、拟人和通感，对比联想产生了对偶、对照和对顶（或叫反映、反缀）、反语，邻接联想产生了借代、移就，同时探讨了某些常见修辞格在造词、构词以及词义转移过程中的语义功能[②]。

此外，刘正光、刘润清提出联合型、关系型、特征映射型、混合型、合成型五种 N+N 概念合成名词的语义关系[③]，表征视解、特征映射视解、隐喻视解三种视解是 N+N 概念合成中的认知发生机制。胡爱萍和吴静指出理解复合名词可以从对应物是实指还是虚指、两个成分名词间的图式是否匹配等方面来考察[④]。如果复合结构的对应物出现在 N_2 中，但是已经不属于 N_2 所代表的范畴，如"纸老虎""蜗牛""海象"，N_1 既可以作为实指也可以作为虚指；如果一个成分没有实指对象，如"鸭舌帽""斑马线"，用实物来代替实物的部分特征，形成部分隐喻；复合名词的实指完全不出现在成分结构中，如"心腹"，用借喻的手段来指代复合名词的对象。黄洁总结名名复合词内部语义关系多样性的认知理据，考察隐喻在复合词概念合成中的作用[⑤]。江南探讨相似性思维在比喻造词中的重要作

[①] 刘大为：《比喻、近喻与自喻——辞格的认知性研究》，上海教育出版社 2001 年版。
[②] 李国南：《辞格与词汇》，上海外语教育出版社 2001 年版。
[③] 刘正光、刘润清：《N+N 概念合成名词的认知发生机制》，《外国语（上海外国语大学学报）》2004 年第 1 期。
[④] 胡爱萍、吴静：《英汉语中 N+N 复合名词的图式解读》，《语言教学与研究》2006 年第 2 期。
[⑤] 黄洁：《名名复合词内部语义关系多样性的认知理据》，《语言教学与研究》2008 年第 6 期。

用①。吴礼权从中国人的思维特点角度出发，指出比喻造词数量众多与中国人喜欢形象具体的民族思维特点有关②。肖模艳将比喻词分为前喻词（"钉螺""斑马线"）、后喻词（"木鱼""火海"）和全喻词（"炮灰""泰斗"），认为明喻是前喻词的认知机制，隐喻是后喻词和全喻词的认知机制，还提出了影响比喻词理解的三个要素：频率、语境、语素形成能力③。此外，胡壮麟的《认知隐喻学》④、赵艳芳《认知语言学概论》⑤、束定芳《隐喻学研究》⑥都就认知隐喻理论做了阐述，这些理论成为比喻词语进一步深入研究的基础。

除上述研究角度外，这一时期还有从英汉翻译角度对比喻造词进行的研究，如赵登明、丁瑶⑦，徐珺、刘法公⑧，刘著妍⑨，对比喻要素的讨论，如张万有⑩，盛若菁⑪，对其他历史时期比喻类复合词的研究，如徐正考、柴淼（2019）⑫等。

（四）关于"逆序"说研究

在偏正式比喻复合词中，像"雪花""林海""火舌""铁丝""米线"一类复合词的情况比较特殊，其特殊性在于：从意义来看，似乎复合词的中心在前，从结构来看，复合词的中心似乎应该在后。围绕这一类复合词，学界产生了不少分歧，因为该类词的数量不在少数，涉及本体喻体的辨析以及整体的分类等问题，所以，我们在这里单独讨论这一问题。

---

① 江南：《相似性思维与比喻造词》，《修辞学习》2003年第5期。
② 吴礼权：《比喻造词与中国人的思维特点》，《复旦学报（社会科学版）》2008年第2期。
③ 肖模艳：《比喻词的认知与理解》，《中州学刊》2010年第5期。
④ 胡壮麟：《认知隐喻学》，北京大学出版社2004年版。
⑤ 赵艳芳：《认知语言学概论》，上海外语教育出版社2001年版。
⑥ 束定芳：《隐喻学研究》，上海外语教育出版社2000年版。
⑦ 赵登明、丁瑶：《翻译过程中保留复合词比喻形象的可能性》，《中国翻译》2002年第4期。
⑧ 徐珺、刘法公：《英汉喻体文化内涵对接与比喻性词语的翻译》，《外语研究》2004年第5期。
⑨ 刘著妍：《从词义理据探析比喻性复合词的翻译》，《天津大学学报（社会科学版）》2010年第6期。
⑩ 张万有：《比喻的要素及其他》，《语文研究》2000年第4期。
⑪ 盛若菁：《试论相似关系》，《修辞学习》2005年第5期。
⑫ 徐正考、柴淼：《清末民初"N+V"比喻类复合词研究》，《东北师大学报（哲学社会科学版）》2019年第6期。

针对这一类复合词，学界主要有两种观点：一种观点认为这是一种"逆序"结构，或没有明确指出"逆序"，但认为这类复合词的中心在前，如戴昭铭①，刘云泉②，贺水彬③，周荐④，应雨田⑤，徐正考、张烨⑥；另一种观点认为这是一种正常的偏正式复合词，如袁毓林⑦、王洪君⑧、丁邦新⑨、颜红菊⑩等。下面分别论述以上学者的观点。

戴昭铭在《一种特殊结构的名词》中指出，有一类中心词素在前、修饰性词素在后的特殊结构复合词，文中以"蜗牛"为例，"如果按一般的'名1→名2'式来理解，'蜗牛'就成了'像蜗那样的牛'，岂非谬之千里？"该文事实上将一部分中补结构复合词作为"正偏式"复合词来处理了。

刘云泉认为"雪花""石笋"一类 N_1N_2 合成词是前正后偏式合成词，理由是"名2用来比喻名1的形状"，如"雪花""茶砖"；"有的词的名2不仅用来比喻名1所表示的事物的形状，同时也起着分类作用"，如"石笋""石林"；有的"名2与名1之间的比喻关系，重点不在形状的比拟，而是通过比喻关系，名2对名1从性质、程度、范围、用途等方面加以限制"，如"尸蜡""火海"。

贺水彬曾经有过论述：

> 对于这类词，我们不能只从形式上来确认词素之间的结合关系，从形式上看，似乎是一种前偏后正的关系，从意义上看，中心词素又在前。究竟哪一个是中心词素这就要看在这个比喻结构里面哪个是喻

---

① 戴昭铭：《一种特殊结构的名词》，《复旦学报（社会科学版）》1982年第6期。
② 刘云泉：《现代汉语构词法中的前偏后正式》，载浙江省语言学会年会《语言学年刊》语法专辑，1984年第2期。
③ 贺水彬：《汉语形象词语的构造及其与修辞的关系》，《辽宁师院学报》1982年第4期。
④ 周荐：《语素逆序的现代汉语复合词》，《逻辑与语言学习》1991年第2期。
⑤ 应雨田：《比喻型词语的类型及释义》，《中国语文》1993年第4期。
⑥ 徐正考、张烨：《一种结构特殊的偏正式复合名词》，《苏州大学学报（哲学社会科学版）》2011年第5期。
⑦ 袁毓林：《论句法的强制性——从一类 N_1N_2 名词的句法语义分析展开》，《汉语学习》1988年第1期。
⑧ 王洪君：《"逆序定中"辨析》，《汉语学习》1999年第2期。
⑨ 丁邦新：《论汉语方言中"中心语—修饰语"的反常词序问题》，《方言》2000年第3期。
⑩ 颜红菊：《现代汉语复合词语义结构研究》，博士学位论文，首都师范大学，2007年。

体词素，哪个是本体词素，总不能把喻体词素作为词的中心词素吧。如果不从这一点着眼，就容易犯主客观倒置的错误，把喻体词素作为中心词素。①

贺水彬认为这类词是本体在前，喻体在后，由比喻中的暗喻凝缩而成。从这段论述我们看出贺水彬认为喻体不能作中心词素。

周荐明确提出语素逆序的复合词，认为这类复合词的中心语在前，修饰语在后。将定中偏正式复合词的逆序分为六类，涉及比喻复合词的有"事物+形状"，如"烟卷儿"，"事物+颜色"，如"韭黄"；将状中偏正式复合词的逆序分为七类。

应雨田把由"名素+名素"构成的前喻式复合词和后喻式复合词归为一类，他认为，"隐喻型词语"，"词义以本体词素为核心，喻体词素只是从某个方面修饰限制本体词素"。

徐正考、张烨认为这类复合词整个结构的语法性质与它的某一个成分相同，但却不属于典型的"向心结构"，并指出"对这类词的分析不能单纯依靠句法结构，而是必须与语义分析相结合"，该构式的语义结构是"事物类+提示特征"，理由有二：第一，即使是同一个后语素，它的取义不见得一致；第二，不是事物的每个特征都有相同联想度，联想度高的词，后语素的性质义明确，反之，后语素的性质义不明确，因此，后语素不适宜充当语义的中心。

对此持不同观点的学者主要有以下看法：

袁毓林反对这种前正后偏的看法。他将喻体在后的比喻复合词分为两类，一类喻体称代本体的一部分，如"河口""山脚"，一般被认为是正序复合词；另一类喻体用来形容整个本体，如"林海""雪花"，这类词一般容易被认为是前正后偏的逆序复合词。袁文认为，这类复合词的喻体已经通过比喻获得了称代事物的意义，是复合词的中心语素。他联系句法来举例论证这一说法，他认为 N_2 是直接和动词发生语义关系的成分，N_1 则不是。如"夜幕覆盖大地"，"幕"直接与"覆盖"相互制约，所以"幕"才是词的核心。

王洪君认为周荐文中所指的逆序复合词大多是正常的结构，并不是逆

---

① 贺水彬：《汉语形象词语的构造及其与修辞的关系》，《辽宁师院学报》1982年第4期。

序词。周荐认为"雪花"是"事物+形状",王洪君指出,汉语中表形状的单字也可以转指具有该形状的事物,"雪花"的"花"表示的是"形状似花的事物","以'雪'做质料定语、特状物做中心语,更适合指空中飞舞的一片一片的雪","总之,这一类的语义结构应为'质料+特形物',表形状的后字是全词的心"[①]。

丁邦新以四个有"反常词序"的方言为例,说明南方方言中并没有"中心语—修饰语"的词序,并通过历时考察得出"汉语无论在历史上或方言里都没有'中心语—修饰语'这种结构存在的痕迹"这一结论。

颜红菊赞成袁毓林和王洪君针对"逆序"说的看法,并通过二人的研究得到两点启发:其一,复合词构词法研究不但要重视语义结构的研究,还要重视把语义结构与语法结构结合起来研究,语法结构是语义结构的形式表现,也是语义实现转变的形式凭借。其二,研究复合词构词法不可抛开整体词义来看构成成分的意义或结构,必须以整体词义来考察构成成分的意义和它们之间的关系[②]。

此外,还有的学者主张"两个中心"说。方清明认为这类复合词有语义和句法两个中心:前一词素是语义中心,后一词素是语法中心[③]。他认为袁毓林的举例不足以证明后一词素是中心词素,并举出反例,如"捏泥人""修理机器人""堆雪人","'捏泥人'完整的语义分析应该为'捏泥使之具有人状'",他认为V对N_1的直接制约关系远远强于N_2。曲亮将"人流""火舌""浪花"一类复合词的中心成分分为结构中心和语义中心[④],文中认为前一词素是结构中心,后一词素是语义中心,这与上文方清明的看法相反。

对于这类后喻式偏正复合词,本书同意袁毓林的观点,将其看作正常的前偏后正的复合词,而不是逆序的前正后偏复合词,不赞成"逆序"说。

[①] 王洪君:《"逆序定中"辨析》,《汉语学习》1999年第2期。
[②] 颜红菊:《现代汉语复合词语义结构研究》,博士学位论文,首都师范大学,2007年,第71—73页。
[③] 方清明:《现代汉语名名复合形式的认知语义研究》,博士学位论文,暨南大学,2011年,第116—122页。
[④] 曲亮:《浅析现代汉语中偏正式复合词的语素异序现象》,《现代语文(语言研究版)》2016年第2期。

首先,"前正后偏"的论据之一是"雪花"的本质是"雪","花"是对雪外形的修饰,因此"雪"是中心成分,"花"是限定成分。这是以"语义真值"为标准得出的结论,结构关系让步于"语义真值"的逻辑是不可取的,"前偏后正"是现代汉语词汇系统偏正结构的普遍结构规律,我们不应仅凭语义上的相关性就改变现代汉语一直以来的构词传统,认为存在"前正后偏"的"正偏"式复合词;其次,从语义上来说,前一词素也并不是复合词语义的中心,而是限定后一词素主体或质料等特征的限定成分,由于"构式压制"① 现象的存在,后喻式偏正复合词的喻指词素受到偏正结构后一词素为中心词素的传统构词规律的制约,已经通过比喻获得了表示含有相应特征的事物或状态的意义,具有充当复合词中心成分的能力,"雪花"的"花"表示"雪的像花的状态","米线"的"线"表示"以米为原料的线状物",等等。关于这一问题将在下文本体喻体的辨析以及词素间的基本语义关系等相关研究中有更详细的论述。

综上所述,比喻式复合词长期以来引起了学界的关注,也取得了丰硕的成果,有些问题也有比较深入的论述。总体来看,现有研究多数围绕比喻复合词的结构关系、本体喻体的辨析、明喻暗喻的比喻方式等问题,针对偏正式比喻复合词的专门性系统性研究比较少,内容上相对比较单一,语料搜集方式也以举例为主。本书拟以《现汉》为语料来源进行穷尽性搜集统计,在此基础上对偏正式比喻复合词进行深入系统的

---

① "构式语法研究者对构式压制做出了这样的理解:

构式对词项施压使其产生跟系统相关联的意义。(Goldberg 1995: 238)

压制是指为了消除语义冲突或修补错误匹配(mismatch)而对组构成分进行重新解释的机制。(De Swart 1998)

如果一个词项在语义上跟它所出现的形态句法环境不相容,那么该词项的意义就应当适应包含着它的结构的意义。(Michaelis 2004: 25)

句子的意义来自构式义和词汇义的相互作用。如果构式义与词汇义一致,则两种意义互相加强。如果两种意义相互冲突,则会出现两种结果,一种是句子在概念上不合格,另一种是构式义或词汇义占优先地位,从而消除冲突。这种意义冲突的消除被称为"压制"。(李勇忠 2004b)

压制是指句法结构中出现不是所期望、默认或一致的词项,从而调整词项意义的情况。(董成如、杨才元 2009)

当动词义与构式义不完全一致或相冲突时,构式常会迫使动词改变其论元结构(增加或减少动词的论元数量)和语义特征。(王寅 2011: 322)

这样的理解后来逐步得到扩展,凡是构式与其组构成分之间或构式中不同组构成分之间在句法、语义等特征上存在某种冲突并最终得到有效解决而实现构式语用和谐的,都可以看作构式压制。"——转自施春宏《构式压制现象分析的语言学价值》,《当代修辞学》2015 年第 2 期。

研究。

四 研究目标和研究意义

（一）研究目标

本书的研究目标是对现代汉语偏正式比喻复合词进行全面系统的研究。一方面，重新审视比喻复合词传统研究内容，包括本体喻体的判定、比喻复合词的语义结构关系等，在此基础上尝试提出笔者新的看法，扩展某些方面的新的研究角度。另一方面，尝试性探索偏正式比喻复合词研究的新领域，将"词义透明度"理论、范畴理论与比喻复合词研究相结合，在此基础上提出"比喻跨度"概念和偏正式比喻复合词范畴化的相关结论。同时，本书还关注未被收录进词典的新生偏正式比喻复合词，考察偏正式比喻复合词在新时期的变化发展。

（二）研究意义

1. 有助于完善和推进现代汉语复合词研究

本书的研究不仅是偏正式比喻复合词的系统和深化研究，而且对于汉语中所有的比喻复合词乃至复合词整体的研究都是一种完善和推进。

2. 有助于揭示比喻造词规律，进一步完善现代汉语造词系统

偏正式比喻造词是现代汉语比喻造词系统的重要组成部分，对偏正式比喻造词规律的探索有助于揭示整个比喻造词系统的造词规律。主要表现在：第一，探究在偏正式比喻造词中作为比喻要素的本体喻体与作为构词要素的词素之间的对应分布规律；第二，探究不同语义类别的本体喻体在复合词中的分布规律和搭配规律以及本体喻体与相似点的搭配规律；第三，探究不同比喻造词类型中词素之间的比喻关系。

比喻造词系统是整个汉语造词系统的子系统，对比喻造词系统造词规律的研究是对汉语造词系统的补充和完善，对其他造词子系统造词规律的研究具有一定的借鉴价值。

3. 有助于进一步推进语言应用的研究

语言应用领域，如词典编纂、对外汉语教学等领域都需要词汇研究成果提供理论支持。

在词典编纂方面，厘清比喻造词的造词规律有利于词语释义更加准确，也有助于词典编纂者为不同种类的比喻造词划分不同释义类型，促进词典释义的进一步系统化和规范化。

在对外汉语教学方面，词汇教学是要点也是难点，复合词语义结构关系复杂，而从造词方式来说比喻复合词又是其中比较特殊的一类，对这部分复合词的研究有助于第二语言学习者加深对比喻造词的理解和造词规律的把握，从而有助于比喻复合词的习得。

五　研究方法

1. 定性和定量相结合

以往的语言研究多采用定性的方法，以举例式的说明为主。因为结构主义的描写方法脱胎于人类语言学，而人类语言学使用的基本上是人类学和社会学的定性研究方法。客观地讲，定性的方法对语言研究所起的作用是积极的，尤其是对母语的研究，在一定程度上可以依赖我们对母语的直觉观察来进行思考，提出理论模型。但是，由于研究者使用的是举例式的思辨性的方法，有一定随机性。

和定性的方法不同，定量方法观察的是数字，定量方法非常注重两个或更多的变量之间的相互关系，如因果关系、相似性关系、差异性关系等。现代词汇学研究提倡定量、穷尽式研究。定量的方法给研究对象以数量化的显性呈现，通过对数量、频率的分析揭示语言现象背后的规律性，定量分析对共时语言和历时语言研究都具有重要的意义。穷尽式研究是力求最大化地提取语料，与其说是研究方法，更准确地说是研究要无限接近的目标，是相对的。穷尽式的努力和尝试是为了使研究更具客观性和准确性，所以，定性的方法必须通过定量的方法加以补充和完善。

本书从《现汉》中穷尽性地统计了 1264 个偏正式比喻复合词作为语料，在此基础上的各项研究内容也尽量采用定量定性的研究方法。

2. 比较分析法

比较是人类研究事物、认识事物的一种基本方法，也是语言学研究的一种基本方法。本书中涉及本体和喻体之间的比较、不同语义类别本体喻体内部的比较、不同语义结构关系的比较、比喻跨度大小的比较、新生偏正比喻复合词和传统偏正比喻复合词的比较等，通过比较来发现比较双方的差异性和一致性。

3. 静态和动态相结合

词典中收录的偏正式比喻复合词是较为稳定的、静态的词汇系统，我们能够对此进行系统的梳理和分析，同时，偏正式比喻复合词又是一个动态的、开放的系统，根据语言使用的实际，有的在消亡，有的在生成，有的在进行语义和语用的调整，这些动态的语言现象我们可以观察，也能基于已有的研究经验对其变化进行预测。此外，对本体喻体的判定还需要复合词的动态词素义和静态词素义两个角度的考察，绝大多数词素进入复合词之后意义都发生了动态的变化。动态和静态相结合的研究方法作为基本视点贯穿在整个研究过程之中。

第一章

偏正式比喻复合词的判定及构成要素

本章主要探讨了偏正式比喻复合词的判定、比喻及比喻复合词的构成要素等问题。

关于偏正式比喻复合词的判定，主要探讨语料的搜集过程，明确语料的判定标准，着重辨析容易引起误判的五种情况并对搜集来的语料作一整体概述。比喻的构成要素和比喻复合词的构成要素是不同的，其中，比喻要素中本体喻体的辨析是本章的重点探讨内容之一，此外，本章还将对各要素间的对应关系作一探讨。

第一节 偏正式比喻复合词的判定

一 偏正式比喻复合词的判定标准

根据比喻复合词的定义，在造词过程中有比喻参与的复合词是比喻复合词，比喻复合词与造词中的比喻密切相关，或者说是比喻造词造就了比喻复合词。所以，比喻复合词的判定也要从造词方面加以考察，当然，也应该兼顾意义：第一，注重识别造词方法。如"蝶泳""板鸭"中的"蝶"和"泳"，"板"和"鸭"在概念上是毫不相干的，把它们组在一起造词显然是用了比喻的造词方法，而非借代、引申等其他方法，蝴蝶飞的样子和板的形状成为两个词的造词理据。第二，注重考察造词理据。如"表针""枪眼"的造词理据是针和眼的外形与表针和枪眼的外形相似；"耳房""颈联"的造词理据是耳朵和颈部在人体中的位置与耳房、颈联所处的位置之间的相似。第三，注意辨析造词成分在造词时的意义和性质。例如，在"娃娃鱼"这个词中，"娃娃"既不表示外形意义，也不表示性质意义，而是表示声音上的意义，提供"娃娃"哭时的声音特征，只有理解了"娃娃"在复合词中的意义和性质才能理解"娃娃鱼"的造词理据和方法，进而确定这是一个比喻复合词。所以，辨析偏正式比喻复合词，这几个方面要结合起来综合加以考察。

根据这个标准，我们能够识别出绝大多数偏正式比喻复合词，如"剑麻""扇贝""蝴蝶结""须根""钉螺""林海""花丝""山脊""冰砖""门牙""蛙泳"等。有少部分复合词的造词理据和造词方法识别起来有一定困难，其中的大部分都可以通过《现汉》释义得到判定。

《现汉》对偏正式比喻复合词的释义大多不出现"比喻"字样，而是较多采用描绘式、说明式等方式，但是这种描绘式或说明式的语言可以帮助我们识别其中有无比喻参与，有无相似性联系存在，这样就能够帮助我们识别绝大多数难以判定的偏正式比喻复合词。例如，"车轮战"的造词理据从词面不好判定，通过查阅《现汉》释义，"几个人轮流跟一个人打，或几群人轮流跟一群人打，使对方因疲乏而战败，这种战术叫车轮战"，我们理解了"车轮战"的造词理据来自这种战术的性质与车轮总是一圈一圈旋转的性质之间的相似，也就容易将其判为比喻复合词了。

有个别复合词的判定还需要以《汉语大词典》[①]《汉语大字典》[②]《现代汉语规范词典》[③]等权威词典、北语 BCC 语料库[④]以及一些网络资源作为佐证，个别词或词素本义的查证甚至需要追溯到《说文解字注》[⑤]。

除此之外，还有个别偏正式复合词即使依靠词典释义也不足以得到判定。主要表现为下列几种情况：

1. 在词素表示的是比喻义还是引申义问题上容易引起误判

应雨田对比喻义和引申义的区别进行了说明，"比喻义与原义的词性基本一致，而一般引申义却往往引起词性改变，这正是比喻义与一般引申义显著的区别之一"。"词性不同，就意味着两个指称对象性质相差太远，比如事物与动作行为之间，事物与性质状态之间，动作行为与性质状态之

---

① 罗竹风主编：《汉语大词典》（第一卷），上海辞书出版社 1986 年版。
② 汉语大字典编辑委员会编纂：《汉语大字典》（第二版缩印本），四川辞书出版社、崇文书局 2018 年版。
③ 李行健主编：《现代汉语规范词典》（第 3 版），外语教学与研究出版社、语文出版社 2014 年版。
④ 荀恩东等：《大数据背景下 BCC 语料库的研制》，《语料库语言学》2016 年第 1 期。
⑤ （清）段玉裁：《说文解字注》，中华书局 2013 年版。

间,就很难有相似之处。既无相似之处,就难以拿来作比,就难以形成比喻义。"① 词素的比喻义与引申义的划分也是同样的道理,词素的引申义往往与词素本义在某一特征上具有相关性,词素的本义决定了在这种相关性约定之下会产生什么样的引申义,具有必然性;比喻义与词素本义则具有某种相似性,这种相似性是二者能够形成比喻的基础,但二者是不同域之间的投射,用什么事物来比喻某事物不具有必然性。下面举例说明。

【锋】①(刀、剑等)锐利或尖端的部分。②在前列带头的(多指军队)。③锋面。(《现代汉语词典》第 394 页)

【前锋】名①先头部队。②篮球、足球等球类比赛中主要担任进攻的队员。(《现代汉语词典》第 1041 页)

【先锋】名作战或行军时的先头部队,旧时也指率领先头部队的将领,现在多用来比喻起先进作用的人或集体。(《现代汉语词典》第 1416 页)

【锋面】名大气中冷、暖气团之间的交界面。(《现代汉语词典》第 394 页)

【冷锋】名冷气团插入暖气团的底部,并推着暖气团向前移动,在这种情况下,冷、暖气团接触的地带叫作冷锋。(《现代汉语词典》第 793 页)

【暖锋】名暖气团沿着冷气团慢慢上升,并推着冷气团向前移动,在这种情况下,冷、暖气团接触的地带叫作暖锋。(《现代汉语词典》第 965 页)

"锋"的本义指"(刀、剑等)锐利或尖端的部分",义项②与义项①之间具有一种位置和性质上的相似性,因此,我们断定"锋"的义项②由义项①比喻得来。"前锋"的义项①及"先锋"都是选取"锋"的义项②造的复合词,它们都是偏正式比喻复合词。"前锋"的义项②来自义项①的比喻义,作为义项②的"前锋"不属于偏正式比喻复合词。同理,"锋"的义项③"锋面"与义项②具有位置和性质的相似性,因此,

---

① 应雨田:《比喻义及其释义》,《辞书研究》1992 年第 4 期。

"锋"的义项③是义项②的比喻义,"冷锋""暖锋""锋面"也都是比喻复合词。

【酱】①名豆、麦发酵后,加上盐做成的糊状调味品。②动用酱或酱油腌(菜);用酱油煮(肉)。③像酱的糊状食品。(《现代汉语词典》第648页)

《说文解字·酉部》:"酱,醢也。""从肉者,醢无不用肉也。"① "醢"本义指肉酱,《现汉》义项①是"酱"在现代汉语中的基本义。由表示名称的义项①到表示动作的义项②是在意义相关性基础上的引申,这与上文提到的应文中关于引申义往往词性发生改变的看法相符。那么,由"酱"的基本义到义项③表示像酱的糊状食品是词义引申中意义的扩大还是发生了比喻呢?首先,义项③与义项①的语法意义相同,都是名词性的,符合应文关于比喻义的判定;其次,语法意义是否相同只是参考因素,更重要的是我们还要分辨两者之间具有相似性还是相关性,通过将"果酱""芝麻酱""虾酱""花生酱"等"像酱的糊状食品"与义项①进行对比,我们发现两者之间无论是制作原料还是制作工艺都不相同,两者只是一种外形上的相似。此外,义项③的释义中还明确使用了"像"字。综上,"酱"的义项③为义项①的比喻义,以义项③为词素所造复合词,如"果酱""芝麻酱""虾酱""花生酱"都是比喻复合词。

我们感觉不到比喻的意味是由于"酱"的概念与我们生活太过于密切,胡壮麟在《语言·认知·隐喻》中提到 Cormac 总结的隐喻的张力理论,即"由于隐喻多是不自然、不真实、或不熟悉的,读者或听者碰到隐喻便会产生张力感或不自然的反应。但这样的隐喻经过连续使用,张力感会消失,真值会增加,语句会成为可接受的常规语言"②。出于这种"张力感"的消失,义项③容易被错判为"酱"基本义的引申。

【天】①名天空。②位置在顶部的;凌空架设的。③名一昼夜二十四小时的时间,有时专指白天。④量用于计算天数。⑤名一天

---

① (清)段玉裁:《说文解字注》,中华书局2013年版,第758页。
② 胡壮麟:《语言·认知·隐喻》,《现代外语》1997年第4期。

里的某一段时间。⑥季节。⑦ 名 天气。⑧天然的；天生的。⑨自然界。⑩ 名 迷信的人指自然界的主宰者；造物。⑪ 名 迷信的人指神佛仙人所住的地方。⑫古代指君主或朝廷。⑬ 名 姓。(《现代汉语词典》第 1290 页)

【天价】 名 指极高的价格（跟"地价"相对）。(《现代汉语词典》第 1291 页)

【天量】 名 指极大的数量（跟"地量"相对）。(《现代汉语词典》第 1292 页)

【天梯】 名 很高的梯子，多装置在较高的建筑、设备上。(《现代汉语词典》第 1293 页)

通常来说，表示抽象事物的词素比表示具体事物的词素更难判断是否为比喻词素，"天"在"天价"和"天量"复合词中表示抽象的概念，"天"在该类复合词中是表示"像天一样高"还是表示价格或数量高，通过《现汉》"天"的释义我们无法得知，这时可以利用类比的方法来帮助判断。

"深"与"天"有许多相似性，都有具体意义，也有抽象意义。下面是《现汉》对"深"的释义：

【深】① 形 从上到下或从外到里的距离大（跟"浅"相对，下③—⑥同）。② 名 深度。③ 形 深奥。④ 形 深刻；深入。⑤ 形 （感情）厚；（关系）密切。⑥ 形 （颜色）浓。⑦ 形 距离开始的时间很久。⑧ 副 很；十分。⑨ 名 姓。(《现代汉语词典》第 1159—1160 页)

通过考察"深"的释义我们发现，义项③、④深奥、深刻义是由义项①具体的距离大引申出抽象的距离大得来，我们由此推理："天"由义项①的天空义引申出具体的高度很高之义，继而由具体的高度高之义引申出抽象的价格或数量高之义，但这些意义都没有形成独立义项，我们推断,"天量"和"天价"就是由"天"的义项①层层引申得来,不属于比喻复合词,而"天梯"对应引申的第一阶段,由义项①的天空义引申出具体的高度很高之义,因此"天梯"也不是一个比喻复合词。

2. 有些复合词的造词理据需要进一步考察

一些复合词看起来像是比喻复合词,但仅通过词素的字面组合意义难以发现其造词理据,词典释义也没有提及造词原理,这需要我们通过进一步查阅相关资料确定其是否为比喻复合词。

【鸡尾酒】 名 用几种酒加果汁、香料等混合起来的酒,多在饮用时临时调制。(《现代汉语词典》第 601 页)

网上关于鸡尾酒的起源有六七种不同的说法,举一例转述如下:

鸡尾酒起源于 1776 年纽约州埃尔姆斯福一家用鸡尾羽毛作装饰的酒馆。一天当这家酒馆各种酒都快卖完的时候,一些军官走进来要买酒喝。一位叫贝特西·弗拉纳根的女侍者,便把所有剩酒统统倒在一个大容器里,并用一根鸡尾羽毛把酒搅匀端出来奉客。军官们看看这酒的成色,品不出是什么酒的味道,就问贝特西,贝特西随口就答:"这是鸡尾酒哇!"一位军官听了这个词,高兴地举杯祝酒,还喊了一声:"鸡尾酒万岁!"从此便有了"鸡尾酒"之名。这是在美洲被认可的起源。(摘自搜狗百科"鸡尾酒"词条)

其他说法也大多与鸡尾羽毛有关,又或者是语音上的讹变,不管哪一种说法,"鸡尾"都不是一种比喻用法,由此我们排除"鸡尾酒"是比喻复合词的可能。

此外,对于词的造词理据有不同观点或暂时无法考证的情况都不纳入本书的语料范围。如"蚕豆"之名的由来,元代农学家王祯在《农书》中说:"蚕时始熟,故名";而明代医学家李时珍在《食物本草》中认为:"豆荚状如老蚕,故名。"按照王祯的说法,"蚕豆"不是一个比喻复合词,按照李时珍的说法,"蚕豆"是一个比喻复合词,这类来源难有定论的复合词不纳入本书语料。又如"滴虫"的"滴"是指的水滴型还是其他意义我们暂时无从考证,也不纳入语料范围。又如:

【梆】①打更等用的梆子。②〈方〉 动 用棍子等打；敲。③ 拟声 敲打木头的声音。(《现代汉语词典》第 40 页)

【梆硬】 形 状态词。形容很硬。(《现代汉语词典》第 40 页)

【梆】①梆子。②硬，生硬。参见"梆硬"。(《汉语大词典》第 6023 页)

【梆硬】形容很坚硬。亦形容态度生硬。(《汉语大词典》第 6023 页)

【梆】① 拟声 模拟敲击、碰撞木头的声音。→② 名 梆子① (《现代汉语规范词典》第 37 页)

【梆硬】 形 〈口〉形容十分坚硬。也说梆梆硬。(《现代汉语规范词典》第 37 页)

经过考察"梆"和"梆硬"在不同词典中的释义，我们仍无法确定"梆硬"中的"梆"表示的是"硬"义还是"梆子"的比喻义，因此，"梆硬"也不纳入本书语料。

3. 某些本义与基本义不一致的词素所造复合词问题

在现代汉语中有些词素的本义由于年代久远已基本不用，它们的比喻义成了词素的基本义，通过这些基本义造了许多新的复合词，那么这些复合词算不算比喻复合词？下面以"卵块""碧波"为例加以说明分析。

【卵块】 名 某些卵生动物的卵产生后粘在一起，形成块状，叫作卵块。(《现代汉语词典》第 855 页)

"块"的本义是"土块"，现在的基本义为"成疙瘩或成团儿的东西"，"土块"义与"成疙瘩或成团儿的东西"义之间是比喻关系。判断"卵块"是不是比喻复合词要看造词时选取的词素义项是不是具有比喻的性质，而在造词之时"块"的本义已经不再使用，"成疙瘩或成团儿的东西"义成为基本义，在造词时已经体会不到比喻的意味，"卵"和"块"的组合没有比喻成分的参与，最直接的证据是《现汉》关于"块"的释义中已经没有"土块"义项：

【块】①名成疙瘩或成团儿的东西。②量用于块状或某些片状的东西。③〈口〉量用于银币或纸币，等于"元"。(《现代汉语词典》第 756 页)

因此，"卵块"这一类复合词不是比喻复合词。再看"碧波"：

【碧波】名碧绿色的水波。(《现代汉语词典》第 73 页)

《说文解字·玉部》："碧，石之青美者。"①"碧"的本义是青绿色的玉石，后来"青绿色"之义是由"碧"的本义比喻而来，指"像青绿色玉石那样的颜色"，这个比喻义后来成了"碧"的基本义，组成了"碧波""碧空""碧蓝"等复合词。考察这类复合词是不是比喻复合词，方法与"卵块"类似，即要看复合词造词时"碧"的本义是否还在使用，如果"碧"的"玉石"义还在使用，"青绿色"义就是一个比喻义，由词素的比喻义造的复合词就是一个比喻复合词；如果造词时"碧"的"玉石"义已经消失，"青绿色"义是"碧"的唯一意义，"青绿色"义就不再是一个比喻义，那么由它造的复合词也不是比喻复合词。通过《汉语大词典》中的例句我们得知在清代"碧"的"玉石"义仍然存在(清·龚炜《巢林笔谈读编》卷上"能灭人之身家，而不能灭血可化碧之魂")，而"碧波""碧空"等词的出现时间并不会晚于清代。(唐李白《江夏送林公上人游衡岳序》："欲将振五楼之金策，浮三湘之碧波。"南朝梁简文帝《京洛篇》："夜轮悬素魄，朝光荡碧空。")更直接的证据在于，在《现汉》的"碧"释义中"玉石"义仍然存在：

【碧】①〈书〉青绿色的玉石。②青绿色。(《现代汉语词典》第 73 页)

因此，"青绿色"义是"碧"的比喻义，由之组成的复合词是比喻复合词。判定本义与基本义不一致的词素造词是否为比喻复合词，最直接的

---

① （清）段玉裁：《说文解字注》，中华书局 2013 年版，第 17 页。

辨别方式即查找这一词素在《现汉》释义中是否还保有其本义义项,如果没有本义义项,则说明其本义已经基本在现代汉语中消失,本义的比喻义所形成的义项不属于比喻义项,由该词素所造复合词也不是比喻复合词,反之,则说明词素本义仍然存在,本义的比喻义形成的义项是比喻义项,由该词素所造复合词是比喻复合词。

4. 三音节复合词的判定问题

在进行三音节复合词判定之前,需要明确一个问题,即三音节复合词内部成分是如何划分的,根据三音节偏正复合词内部结构关系的不同可以分为以下四类:1."蝴蝶结""糖葫芦"一类;2."老虎钳""高压脊"一类;3."狮子头""铁饭碗"一类;4."长蛇阵""椎间盘"一类。第一类是两个单纯词素组成的偏正式比喻复合词,没有争议;第二类,按照葛本仪先生提出的"合成词素"理论①,是一个单纯词素和一个合成词素组成的偏正式比喻复合词;第三类为整体比喻复合词;有关第四类如何界定争议最多,有些学者将第四类复合词中两个关系密切的音节与第二类复合词的合成词素归为一类统称为"复合语素"(唐韵②、胡裕树③)或"复合词素"(宋玉柱④),此外还有"语素组"(陆俭明⑤、刘中富⑥)、"语素组合体""语素群"等不同名称,葛本仪先生认为二四类不能混同。

本书赞同葛本仪先生关于第二类复合词的划分,第二类复合词内部的合成词素由合成词降级而来,合成词降级为构词成分合成词素,并与其他词素一起构成新的复合词。第四类复合词内部没有合成词素,因此本书认为将第二类和第四类划为一类是不合适的。第四类复合词内部具有两个结构层次和关系,本书根据与合成词素相似的划分思路,将除去单纯词素之外的其余成分的临时组合称为复合词素,即,第四类复合词是由一个复合词素和一个单纯词素两个词素组成的复合词。

判断三音节复合词是否为比喻复合词取决于三音节复合词内部的单纯

---

① 葛本仪:《论合成词素》,《山东大学学报(哲学社会科学版)》1988年第3期。
② 唐韵:《一种特殊的构词材料——条件复合语素》,《南充师院学报(哲学社会科学版)》1985年第1期。
③ 胡裕树主编:《现代汉语》(重订本),上海教育出版社2011年版。
④ 宋玉柱:《谈谈"复合词素"》,《语文学习》1989年第10期。
⑤ 陆俭明:《现代汉语语法研究教程》(第三版),北京大学出版社2005年版。
⑥ 刘中富:《现代汉语三音节词的判定问题》,《中国海洋大学学报(社会科学版)》2014年第2期。

词素、合成词素（或其组成成分）、复合词素（或其组成成分）是否发生比喻。

【牛脾气】名倔强执拗的脾气。（《现代汉语词典》第959页）

单纯词素"牛"在复合词中发生比喻，修饰限定"脾气"，"牛脾气"是一个比喻复合词。

【扁桃体】名分布在上呼吸道内的一些类似淋巴结的组织。通常指咽腭部的扁桃体，左右各一，形状像扁桃。旧称扁桃腺。（《现代汉语词典》第79页）

合成词素"扁桃"在复合词中发生比喻，"扁桃体"是一个比喻复合词。

【火烧云】名日出或日落时出现的红霞。（《现代汉语词典》第594页）

【血小板】名血液的组成部分之一，比红细胞和白细胞小，形状不规则，没有细胞核。有帮助止血和凝血的作用。（《现代汉语词典》第1491页）

"火烧云"是一个以单纯词素"云"为中心词素的定中结构复合词，第一层"火烧"限定修饰"云"，第二层"火烧"组成主谓结构的复合词素，"火烧"在复合词中表示"像被火烧了一样"的比喻义，"火烧云"是一个比喻复合词。

"血小板"以复合词素为中心词素，第一层是偏正结构，第二层的"小板"是定中关系的复合词素。由于复合词素的组成成分"板"发生比喻，"小板"是复合词的喻指词素，"血小板"是一个比喻复合词。类似的还有"百叶窗""三叶虫""重瓣胃"等。

在合成词素与复合词素的判定过程中需要注意，有些双音节词素离开复合词可以独立使用并在词典中存在相应释义，看似是一个合成词素，实质上却是复合词素。以"裙带菜"为例。

【裙带菜】 名 藻类植物，生长在海水中，长可达 1 米多，褐色，有多数羽状的柔软裂片，扁平如带状，边缘有缺刻。可以吃。(《现代汉语词典》第 1088 页)

【裙带】 形 属性词。跟妻女姊妹等有关的（含讽刺意）：～官（因妻女姊妹的关系而得到的官职）｜～关系（被利用来相互勾结攀缘的姻亲关系）｜～风（搞裙带关系的风气）。(《现代汉语词典》第 1088 页)

单独来看"裙带"是一个合成词，但在"裙带菜"这个复合词中作为词素的"裙带"与作为合成词的"裙带"指称不同的概念，前者指"裙上的带子"，在"裙带菜"中作复合词素，后者是通过转喻获得意义的合成词。因此，"裙带菜"是由复合词素和单纯词素构成的前喻式偏正复合词，其他类似的还有"大头菜""指南针""橡皮筋"等。

还有些词素看似是一个合成词素，实质上也是复合词素，如"鸡头米"的"鸡头"。

【鸡头】 名 芡①。(《现代汉语词典》第 601 页)

【鸡头米】 名 芡实。(《现代汉语词典》第 601 页)

【芡】 名 ①多年生草本植物，生长在水池中，全株有刺，叶子圆形，像荷叶，浮在水面。花紫色，浆果球形，略像鸡头，种仁可以吃，根、花茎、种仁可入药。也叫鸡头。②做菜时用芡粉调成的汁。(《现代汉语词典》第 1045 页)

作为词的"鸡头"是一个整体比喻的合成词，"鸡头米"表示芡实，与"鸡头"作为合成词所表示的"芡"在意义上有联系，因此，"鸡头米"中的"鸡头"看似是合成词"鸡头"降级为合成词素作构词成分。事实上，"鸡头米"中的"鸡头"是一个复合词素，表示"鸡的头部"；"米"不是比喻义，是"米"的基本义的扩大，泛指去掉壳或皮后的种子。"鸡头米"表示"像鸡的头部那样的东西所产出的种子"，而不是

"'鸡头'所产出的像米的东西",因此,"鸡头米"是一个复合词素和一个单纯词素组合而成的前喻式偏正复合词。

"龙胆"与"鸡头"不同,"龙胆"在"龙胆紫"中是一个合成词素:

【龙胆】名 多年生草本植物,叶子卵状披针形,花紫色。根可入药。(《现代汉语词典》第 841 页)

【龙胆紫】名 有机染料的一种,绿色有金属光泽的结晶,溶于水和酒精。医药上用作消毒防腐剂,杀菌力很强而没有刺激性,又可用来驱除蛲虫。溶液为紫色,通称紫药水。(《现代汉语词典》第 841 页)

"龙胆"是一个整体比喻的合成词,这一点与"鸡头"类似,但在参与构词时,"龙胆"的词素义由合成词"龙胆"降级得来,"龙胆"作为合成词素而非复合词素参与构词,"龙胆紫"指"像龙胆花那样的紫色的药水",是一个前喻式偏正复合词。

下面几个复合词的判定也需要特别注意。

【钟乳】①古钟面隆起的饰物。在钟带间,其状似乳,故称。②钟乳石。(《汉语大词典》第 16754 页)

【钟乳石】名 溶洞中悬在洞顶上的像冰锥的物体,与石笋上下相对,由碳酸钙逐渐从水溶液中析出积聚而成。也叫石钟乳。(《现代汉语词典》第 1700 页)

【北斗】①指北斗星。(《汉语大词典》第 1936 页)

【北斗星】名 大熊星座的七颗明亮的星,分布成勺形。用直线把勺形边上两颗星连接起来向勺口方向延长约五倍的距离,就遇到小熊座 α 星,即现在的北极星。(《现代汉语词典》第 55 页)

【佛手】名①常绿小乔木或灌木,是枸橼的变种,叶子长椭圆形,花上部白色,下部紫红色。果实黄色,基部圆形,上部分裂,像手指,有香气,可供观赏,也可入药。②这种植物的果实。(《现代汉语词典》第 397 页)

【佛手瓜】名①多年生草本植物,茎蔓生,叶子掌状分裂,花

黄色，果实像握起来的拳头，嫩的可做蔬菜。②这种植物的果实。(《现代汉语词典》第397页)

"钟乳石""北斗星""佛手瓜"在构词上具有共同点，即后一词素"石""星""瓜"都表示某种语义类别，而从字面来看，前一词素"钟乳""北斗""佛手"在词典中都独立成词，但实际情况要复杂得多。

"钟乳"的义项②指钟乳石，通过搜索BCC语料库我们发现，无论是古代汉语还是现代汉语"钟乳"都有义项②的用法：

  弘始十八年，师道懿，遣至河南霍山采钟乳，与同道道朗等四人共行。(北宋《太平广记》卷一百一十一》)
  "溪边桃李花如雾"的四月天虽刚过去，披覆苍苔的钟乳、摇动翠筠的坡冈、漫出凉飙的古洞、泉瀑飞泻的岩崖，皆可动人。(《人民日报》2001年9月20日)

"钟乳"的"钟乳石"义的来源有两种可能性：第一，来自义项①的比喻用法，是义项①的比喻义；第二，来自复合词"钟乳石"的缩略(词典编纂应另立一个词头)。"北斗"的"北斗星"义的来源也有两种可能性：第一，是一个整体比喻的合成词；第二，来自复合词"北斗星"的缩略。

分析了构词成分的来源，再来看复合词的产生。

根据"钟乳"来源的两种可能性，"钟乳石"的来源也有两种可能性：第一，"钟乳石"是一个前喻式偏正复合词，"钟乳"在词中表示义项①的比喻义，以合成词素的身份参与构词。第二，"钟乳石"是一个补充式复合词，"石"是"钟乳"所属语义类别的补充说明，这意味着先有独立成词表示钟乳石的"钟乳"，后有"钟乳石"，因此"钟乳"在词中表示义项②的第一种来源，"钟乳"义项②的第二种来源被否定了。通常来说，补充式比喻复合词都是后喻式复合词，如"瀑布""党羽""星球""坟山""脊柱"等，喻指词素通过发生比喻的方式对中心成分的外形等特征进行补充说明，如果补充成分是直指词素则意味着被补充成分也必须是直指词素，例如，补充所属物类的"松树""韭菜"，补充单位名称的"车辆""人口"，补充事物情状的"白茫茫""凉飕飕"等。这是因为被补充成分一旦发生比喻则将由中心成分自动转变为限定成分，整个复合词的结构关系将由补充式变为偏正式，这是现代汉语复合词的构词结构规律使然。我们再来看"钟乳石"，补充成分"石"为直指词素，那么"钟乳"必须不发生比喻才能保持补充式复合词的结构，但是"钟乳"的"钟乳石"义为义项②的第一种来源，即义项①的比喻义，不能不发生比喻，因此，"钟乳石"是一个补充式复合词的说法无法成立，"钟乳石"是由一个合成词素和一个单纯词素构成的前喻式偏正复合词。相应地，"石钟乳"是由一个单纯词素和一个合成词素构成的后喻式偏正复合词。

"北斗星"的来源也有两种可能性：第一，"北斗星"是一个前喻式偏正复合词，"北斗"以复合词素的身份参与构词。第二，"北斗星"是一个补充式复合词，"星"是"北斗"所属类别的补充说明。这意味着先有独立成词的"北斗"，后有"北斗星"，"北斗"的"北斗星"义的第二种来源被否定了。补充成分"星"是直指词素，"北斗"的义项①"北斗星"是"北斗"的基本义，没有发生比喻，因此，"北斗星"也可能是一个非比喻补充式复合词。

"佛手瓜"又是另一种情况。从释义可看出"佛手"是一个整体比喻的合成词，假如"佛手"以合成词素的身份参与造词，"瓜"是对"佛手"所属类别的补充说明，那么"佛手瓜"就不是一个比喻复合词。但巧合的是"佛手瓜"和"佛手"是两种不同的植物，"佛手瓜"中的"佛手"与整体发生比喻的"佛手"分别对应不同的概念，"佛手"在"佛手瓜"中是一个复合词素，通过比喻的方式表示"像佛之手"来限定修饰"瓜"的外形，"佛手瓜"是一个前喻式偏正复合词。

总结来说，"钟乳石"是由一个合成词素和一个单纯词素构成的前喻式偏正复合词，"石钟乳"是由一个单纯词素和一个合成词素构成的后喻式偏正复合词，"佛手瓜"是由一个复合词素和一个单纯词素构成的前喻式偏正复合词，这三例纳入本书语料；"北斗星"可能是由一个复合词素和一个单纯词素构成的前喻式偏正复合词，也可能是由一个合成词素和一个单纯词素构成的非比喻的补充式复合词，因此，不纳入本书语料。

5. 构词词素来自某个比喻复合词的缩略形式，复合词本身不是比喻复合词

有些复合词的词素从字面来看是一个喻指词素，从意义的角度分析却不具有比喻性。该词素以某个合成词的代表的身份参与造词，它的比喻作

用在构造之前的合成词时就已经完成了,再作为代表参与构造新词时并没有比喻成分的直接参与,这些构造的新词不是比喻复合词。例如:

【茶晶】 名 颜色像浓茶汁的水晶,多用来做眼镜的镜片。(《现代汉语词典》第 136 页)

【茶镜】 名 用茶晶或茶色玻璃做镜片的眼镜。(《现代汉语词典》第 136 页)

"茶镜"不是颜色像浓茶的眼镜,而是用茶晶或茶色玻璃做镜片的眼镜,词素"茶"指"茶晶"或"茶色玻璃",在"茶镜"中没有比喻的直接参与,因此"茶镜"不是比喻复合词。

【山脉】 名 成行列的群山,山势起伏,向一定方向延展,好像脉络似的,所以叫作山脉。(《现代汉语词典》第 1136 页)

【余脉】 名 从主要山脉延伸下来,高度较低的山脉。(《现代汉语词典》第 1595 页)

由释义可知"余脉"是"山脉"的一部分,"余脉"中的词素"脉"是"山脉"的省略形式,在"余脉"中不具有直接比喻性。情况相似的还有"心房"和"房颤"、"叶腋"和"腋芽"等,"房颤"中的"房"是"心房"的省略形式,"腋芽"是生在"叶腋"内的芽。

还有一些复合词看起来与本类复合词情况相似,但却属于比喻复合词。

【盆地】 名 被山或高地围绕的平地。(《现代汉语词典》第 987 页)

【山】 名 地面上由土、石形成的高耸的部分。(《现代汉语词典》第 1135 页)

【洋盆】 名 深度在 3000—6000 米之间的海底盆地,是大洋底的主体部分。也叫海盆。(《现代汉语词典》第 1518 页)

"洋盆"的"盆"虽然是"盆地"的缩略形式,"盆"在"洋盆"中表示"盆地",但同时"盆地"还是"洋盆"的喻体,"盆地"与"洋盆"有着不同的喻体,前者喻体指作为洗涤日用品的盆,突出盆地的形状像一个盆;后者的喻体是盆地,指的是一种像盆地一样的海底地貌。这是因为"盆地"指"被山或高地围绕的平地",而根据"山"的释义,只有在地面上的高耸部分才叫山,在海底的盆地只能是盆地的比喻义。总结来说,"盆"在"洋盆"中是"盆地"的缩略形式,同时又发生了比喻,"盆地"和"洋盆"都被归入比喻复合词。

还有一些喻指词素发生缩略的比喻复合词,由于只是喻指词素本身发生缩略,喻指词素并不是某个比喻复合词的省略形式,因此,仍然是比喻复合词,如"麻酱-芝麻酱""灯泡-电灯泡""宫颈-子宫颈"等。

二 偏正式比喻复合词概况

根据以上判定标准,我们从《现汉》中共统计出 1264 个偏正式比喻复合词,其中,前喻式偏正复合词 559 个,后喻式偏正复合词 705 个。

前喻式偏正复合词的喻指成分在前,直指成分在后,直指词素是复合词的中心成分,如:

带鱼 瓢虫 盆地 砂糖 睡莲 笔直 狐疑 蛇行 蜂聚 橙红 米黄 茶青

后喻式偏正复合词的直指成分在前,喻指成分在后,喻指词素是复合词的中心成分,如:

豆乳 米线 腐竹 油门 水枪 糖衣 田鸡 山脉 鱼苗 墙根 韵腹 林冠

从词长来看,偏正式比喻复合词以双音节词为主,共 985 个双音节词,约占全部偏正式比喻复合词的 77.9%,三音节比喻复合词 274 个,约占全部偏正式比喻复合词的 21.7%,此外,还有 5 个四音节词。双音节词为主、三音节词次之、少量四音节词的词长情况与现代汉语词汇系统的整体词长情况相一致。

从词类来看,偏正式比喻复合词有名词、动词、形容词三类,其中绝大多数为名词,表示事物或状态,共 1110 个,动词 62 个,形容词 92 个。

第二节 比喻及比喻复合词的构成要素

对比喻及比喻复合词构成要素的判定和分析是更深入研究比喻复合词的前提和必要条件。比喻的构成要素有本体、喻体、相似点三要素；比喻复合词的构成要素有直指词素和喻指词素。

一 比喻的构成要素

修辞学关于比喻要素的讨论一直没有间断过，比喻要素的判定是进行比喻后续研究的基础。比喻要素持续争论的重要原因之一是关于"要素"的看法没有统一，"要素"指的只是语言结构成分还是一个比喻成立需要的全部因素？如果指前一种，很显然本体喻体的相似点要被排除出去，因为相似点以意念的形式存在于人们的脑海中，是本体喻体的"黏合剂"，不是语言结构的必要构成成分，由此，比喻的要素包括本体、喻体和喻词，这也是传统修辞学"三要素"说的观点，在具体比喻句中某一个或两个要素没出现则被认为是要素的省略。如果指后一种，后来的"四要素"说即基于此种看法，将本体喻体的相似点加入到传统的"三要素"中成为"四要素"。

关于比喻的"三要素"说还有一种看法，认为比喻的"三要素"是本体、喻体和相似点。陈望道先生谈到比喻的成立"实际上共有思想的对象、另外的事物和类似点等三个要素，因此文章上也就有正文、譬喻和譬喻语词等三个成分"[①]。他将相似点列为比喻的三要素之一，同时将"三个要素"和文章上的正文、譬喻和譬喻语词分开讲，他意识到比喻要素和语言构成成分的不同。本书赞同比喻"三要素"为本体、喻体和相似点的看法。所谓"要素"不是语言结构中必不可少的成分，也不是一个比喻成立所需要的全部因素，而是能够反映比喻本质的成分，喻词只是比喻的形式标志，是理解、接受一个比喻的句法平面的自足成分，就像"把"字句、"被"字句中的"把"和"被"一样。从比喻的本质来说，比喻成立的前提是一个需要比喻的要素（本体）、一个用来比喻的要素（喻体）和两要素的相似特征（相似点）；从隐喻学角度来说，一个完整

[①] 陈望道：《修辞学发凡》，上海教育出版社 2006 年版，第 68 页。

的隐喻过程需要隐喻的源域（喻体）、目标域（本体）和由源域向目标域的映射，映射产生的前提条件是两个范畴之间相似点的存在。如果说在修辞学角度，语言结构中没有喻词的比喻句可以被认为是省略了喻词的话，从认知角度来说，人们头脑中比喻概念的形成与喻词这一外在形式本来也没有必然的联系，而与本体、喻体和相似点有关。

（一）"三要素"的含义

1. 本体和喻体

本体是一个比喻要描写或说明的对象，在比喻复合词中，本体事实上是指整个比喻复合词所要标记的客观对象。标记客观对象的过程也是一个范畴化的过程，关于本体的概念已经在人们头脑中形成，需要通过比喻的方式将这一概念表现在语言范畴。比喻复合词的本体是先于比喻存在的事物，是在为本体命名的过程中有了比喻的需要，一个比喻才得以产生。

喻体是用来进行比喻的对象，在比喻复合词中，喻体指被用来标记本体的客观对象。喻体往往是人们熟悉的、已经完成了命名活动的客观对象，人们利用喻体与本体的相似关系形成比喻，以词素组合的形式完成对本体的命名活动。

在复合词层面上，本体、喻体分别对应着相应的本体词素和喻体词素，也可以简称为本体、喻体，但本体、喻体不等同于本体词素和喻体词素。本体、喻体直接与客观世界中的概念相对应，是"本体/喻体←→概念"的关系，本体喻体之间是概念层面的比喻关系，以喻体比喻本体的过程实质上是以一个概念比喻另一个概念的过程。它们与比喻复合词的构词成分有某种对应关系，但不是构词单位，与复合词的语义结构也没有直接联系。概念可以通过词来表示，也可以通过词素、短语来表示，词素是概念的多种载体之一。偏正式比喻复合词的本体、喻体所对应的概念通过词素表现在语言层面，是"本体/喻体←→概念→词素"的关系，词素是概念在复合词中的表现形式之一，词素的首要任务是构词，受到复合词语义关系的制约。

2. 相似点

相似点是本体喻体之间的相似特征，是本体喻体能够进行比喻的前提，也可以说是喻体范畴能够向本体范畴映射的前提。在理解一个比喻复合词时，人们正是通过对喻体和本体相似点的把握来实现对本体的认知，可以说，没有相似点比喻复合词就无法成立，没有把握相似点就无法实现对本体的认知。这是因为，假如我们无从得知喻体范畴与本体范畴的哪个特征存在相似性，也就无从得知是喻体的哪一个特征向本体映射，因而也就无法通过喻体范畴来实现对本体范畴的认知。

相似点是比喻复合词隐喻成立的理据。莱考夫（Lakoff）所指的概念隐喻也有其理据，即隐喻存在的经验基础，但他认为"我们并不是很了解隐喻的经验基础。由于我们对此一无所知，所以我们对隐喻进行了分别描述，再对它们可能的经验基础加以推测。我们采取这种方法不是基于什么原则，而是因为对它知之甚少"①。莱考夫对经验基础的研究只能通过推测的形式进行，例如，在我们的认知中"好为上，恶为下"，但我们无法准确描述这种隐喻概念产生的基础，只能靠"幸福、健康、生命和控制力，这些是人美好生命的重要特征，他们都是向上的"这类推测来完成。对于比喻复合词来说，隐喻的经验基础是比喻复合词的相似点。本体和喻体的搭配决定了相似点的范畴，由于比喻复合词的造词活动是有意识的隐喻过程，本体喻体是人为选择的结果，就这一点而言，比喻复合词的经验基础要比隐喻性概念稳固得多、明确得多。

在偏正式比喻复合词范围内共有 8 个单纯角度的相似点和 4 个复合角度的相似点，单纯角度的相似点分别是：外形、位置、性质、功能、动作、颜色、声音、气味，复合角度的相似点分别是："外形+功能""位置+功能""外形+动作""颜色+性质"。其中，99% 以上的偏正式比喻复合词以外形、位置、性质、功能、动作、颜色、"外形+功能"等 7 个角度为相似点，以声音、气味、"位置+功能""外形+动作""颜色+性质" 5 个角度为相似点的复合词合计只有 12 个，数量很少。

（二）本体喻体的辨析

1. 前人关于比喻复合词本体喻体的辨析

前人关于比喻复合词本体喻体的辨析一般集中于部分比喻复合词。

贺水彬列举了三类部分比喻复合词：由比喻中的明喻凝缩而成；由比喻中的暗喻凝缩而成；状中关系比喻复合词。第一类是"喻体+本体"，第二类是"本体+喻体"，第三类未明确说明，事实上也是"喻体+本体"

---

① ［美］乔治·莱考夫、马克·约翰逊：《我们赖以生存的隐喻》，何文忠译，浙江大学出版社 2015 年版，第 18 页。

形式①。

应雨田认为隐喻型词语都是偏正式，除了名词性复合词，还包括动词性和形容词性复合词，正的部分是本体，偏的部分是喻体，且喻体都是名词素，明喻型词语都是成语②。

史锡尧认为名词明喻造词有"本体+喻体"和"喻体+本体"两种形式；名词借喻造词词面只出现喻体，不出现本体③。他还指出，动词明喻造词一般为喻体在前，本体在后，即"喻体+本体"，如"蚕食""瓜分""蚁聚"，他认为动词更多的是借喻造词，本体不出现在词面上，如"露馅""汲取""锤炼"；形容词明喻造词以"喻体+本体"为一般形式，颜色词居多，如"雪白""米黄""草绿"，也有极少量的借喻造词④。

侯友兰针对应文关于隐喻型比喻词的划分提出不同意见，认为应文所划分的名词性隐喻型比喻词应该是明喻型比喻词，词面出现本体和喻体；动词性、形容词性隐喻型比喻词词面只出现喻体，本体不出现在词面上，一般在具体上下文中出现，如"冰凉""龟缩"，前一语素是喻体，后一语素指明本体喻体相似的性状或行为动作⑤。

杨润陆着重探讨由比喻造词形成的语素义问题，虽未直接说明，通过行文中的相关表述可以判断，该文认为前喻式复合词都是"喻体+本体"形式，后喻式复合词有的是"本体+喻体"，有的复合词词面只有喻体，本体不体现在词面上。具体来说，他将后喻式复合词分为"名素+名素"（主从关系）、"动素+名素"（偏正关系）、"动素+名素"（动宾关系）和"形素+名素"（偏正关系）四类。"名素+名素"（主从关系）复合词又细分为五类：1."瀑布""菱角"等补充结构复合词；2."雪花""麦浪"等"事物+状态"复合词；3."石笋""煤砖"等"事物+材料"复合词；4."屋脊""蛛网"等领属关系复合词；5."木耳""年轮"等限定关系复合词。其中，1、2、3类复合词为"本体+喻体"，4、5类复合词的直指词素是修饰限定成分，本体没有体现在词面上。"动素+名素"（偏正关系）和"形素+名素"（偏正关系）复合词的直指词素也都是限定成分，

---

① 贺水彬：《汉语形象词语的构造及其与修辞的关系》，《辽宁师院学报》1982年第4期。
② 应雨田：《比喻型词语的类型及释义》，《中国语文》1993年第4期。
③ 史锡尧：《名词比喻造词》，《中国语文》1996年第6期。
④ 史锡尧：《动词、形容词的比喻造词》，《修辞学习》1995年第2期。
⑤ 侯友兰：《比喻词补议》，《汉语学习》1997年第4期。

本体没有体现在词面上①。

2. 偏正式比喻复合词本体喻体的辨析

当我们说某个比喻复合词为"喻体+本体"时，是以词素来称代本体或喻体，词素作为音义结合体，词素义对应着相应的概念，具有承担本体或喻体概念的能力。其中，称代本体的词素为本体词素，简称本体；称代喻体的词素为喻体词素，简称喻体。它们是该比喻复合词本体或喻体的承担者。

当词素不参与构词时，词素义与词典释义相一致，我们可以将其称作静态词素义；当词素参与构词时，词素受到其他词素及复合词语义结构关系的制约，词素义往往不同于词典释义，表现出一种动态的差异，我们可以将其称作动态词素义，即词素在复合词中的意义，是在其他构词成分相互作用下形成的临时词素义，离开复合词的语境动态词素义就不存在了。通常情况下，词素一旦进入造词环节词素义总会与其静态词素义相比发生一定程度的变化。就偏正式比喻复合词来说，凡是称代本体或喻体的词素，一般来说其词素义总会发生动态的变化，真正的本体或喻体是动态词素义所表示的概念；对于不称代本体或喻体的词素，其词素义可能是动态词素义，也可能与静态词素义相一致，需要分类讨论。

根据喻指词素的位置，将偏正式比喻复合词分为前喻式偏正复合词和后喻式偏正复合词来分别进行本体喻体的辨析。

（1）前喻式偏正复合词本体喻体的辨析

前喻式偏正复合词由"喻指词素+直指词素"构成，根据词素的语法性质可分为"名素+名素""名素+动素"和"名素+形素"三类，在前的喻指词素为喻体词素，在后的直指词素为本体词素，本体喻体在复合词中的分布情况为"喻体+本体"。如图1-1所示。

综观图1-1，上半部方框中的"喻体词素"和"本体词素"为喻体本体在复合词层面的外在表现，下半部圆圈中的"概念"才是真正的概念层面的喻体和本体，笔者认为，将两个层面的喻体和本体分开来辨析更具合理性。

喻指词素为喻体词素，直指词素为本体词素，具体来说，喻指词素的动态词素义所表示的概念为喻体，直指词素的动态词素义所表示的概念为

---

① 杨润陆：《由比喻造词形成的语素义》，《中国语文》2004年第6期。

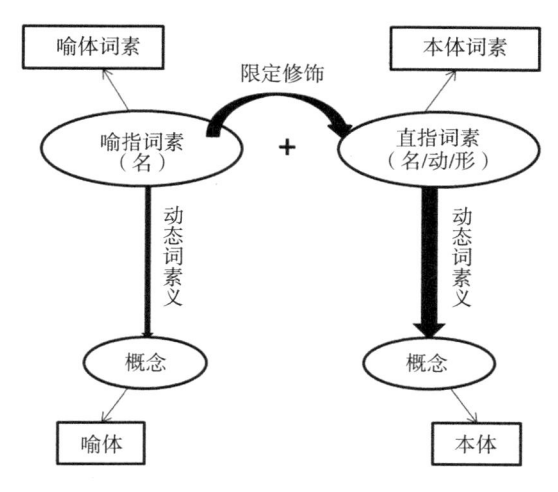

图 1-1 前喻式偏正复合词本体喻体辨析

本体。就直指词素和喻指词素的动态词素义来说，不同类型复合词词素义所发生的动态变化不同，下面以举例的形式辨析各类前喻式偏正复合词的本体和喻体。

【瓜皮帽】（~儿）名 像半个西瓜皮形状的旧式便帽，一般用六块黑缎子或绒布连缀而成。（《现代汉语词典》第473页）

"瓜皮帽"的喻指词素"瓜皮"表示喻体，直指词素"帽"表示本体。具体来说，喻体是喻指词素"瓜皮"的动态词素义对应的概念，本体是直指词素"帽"的动态词素义对应的概念。"瓜皮帽"的喻体"瓜皮"不是任意形状的瓜皮，而是特指"瓜皮"的动态词素义所表示的"半个西瓜皮"；"瓜皮帽"的本体"帽"也不是任意种类的帽子，而是特指"帽"的动态词素义所表示的"一种像半个西瓜皮形状的帽子"。

"瓜皮帽"本体喻体的辨析情况如图 1-2 所示。

喻指词素"瓜皮"表示喻体，但真正的喻体"半个西瓜皮"与喻指词素所表示的概念"瓜皮"之间是特指与泛指的关系，瓜皮可以有不同的形状，在这里特指"半个西瓜皮"，半个瓜皮是瓜皮形状的一种；直指词素"帽"表示本体，真正的本体"半个西瓜皮形状的帽子"与直指词素所表示的概念"帽子"之间是一种上下位的种属关系。这是绝大多数

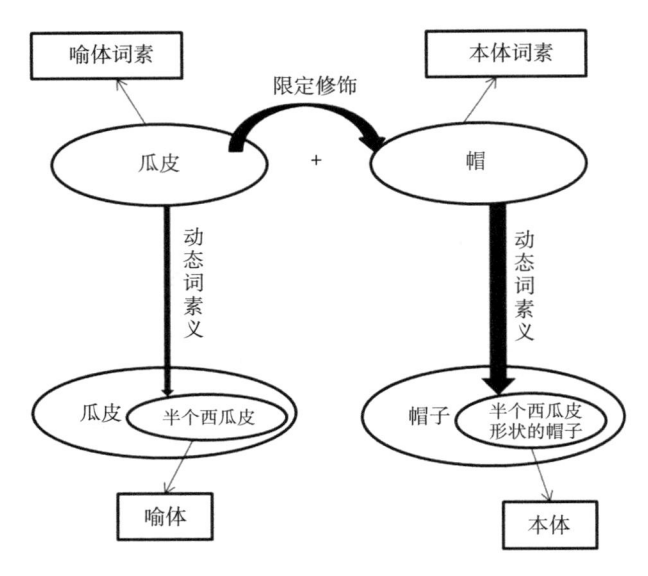

图 1-2 "瓜皮帽"本体喻体辨析

前喻式偏正复合词概念层面的本体喻体与词素层面的本体喻体之间的对应关系。其他类似的复合词还有"球果""梯田""须根""狼狗""砂糖""盆地""大头菜"等。

此外，还有个别"名素+名素"复合词喻体与喻指词素是部分与整体关系，相应地，其限定成分与中心成分之间也不是整体的相似，而是限定成分的一部分与中心成分相似，如"骆驼绒"是喻指词素"骆驼"的一部分"骆驼的绒毛"作喻体参与比喻，类似的还有"斑马线""斗鸡眼""鸡枞"等。与之相反，还有一些复合词的本体是直指词素的一部分，限定成分与中心成分的一部分相似，如"眼镜蛇"是喻体"眼镜"与"蛇"的一部分——蛇颈部的花纹之间的相似，类似的还有"梅花鹿""金丝猴""松花蛋""金钱豹""鸭舌帽""猫头鹰""米猪""丝瓜"等。

再看"名素+动素"和"名素+形素"复合词，这两类复合词的喻体和本体表示的都是动作或性状概念，而不是事物概念。

以"蜂聚"为例，"蜂"表示喻体，"聚"表示本体。看似以事物比动作，实则以动作比动作。具体来说，"蜂的动作"是喻体，更具体地说是"成群的蜂聚在一起的动作"是喻体，这是"蜂"在复合词中的动态词素义；"聚"的方式有很多种，受到"蜂"的限定，在这里特指"像蜂群聚集在一起那样地聚集"，这是"聚"的动态词素义所表示的本体。虽然喻体词素为名词性词素，但由于受到"聚"的制约，其真正的喻体是该名词性词素所表示的事物所特有的某种动作。"蜂"与"聚"是相互联系、相互制约的，表现为动态的选择关系。

"蜂聚"本体喻体的辨析情况如图 1-3 所示。

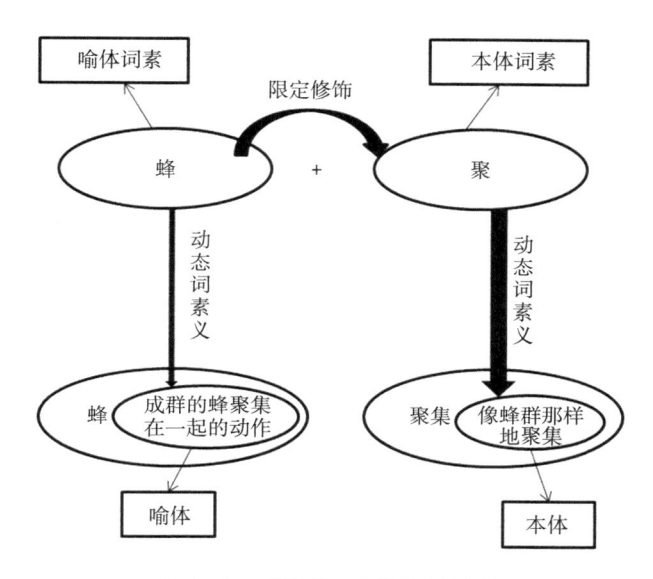

图 1-3 "蜂聚"本体喻体辨析

喻指词素"蜂"表示喻体，但真正的喻体与"蜂"之间是动作与动作主体的关系；直指词素"聚"表示本体，真正的本体与"聚"之间是一种上下位的种属关系。类似的还有"蜂拥""虎视""鲸吞""蝉联""猬集""鸟瞰""牛饮""棋布""云集""雀跃"等。

"名素+形素"也是类似的道理。以"枣红"为例，"枣"表示喻体，"红"表示本体。看似以事物比性状，实则以性状比性状。具体来说，"枣的颜色"是喻体，更详细来说是"枣的红颜色"是喻体，这是"枣"受到"红"的制约，在复合词中表示的动态词素义；"红"有各种各样的红色，在复合词中受到"枣"的限定，特指"像枣的颜色那样的深红色"，这是"红"的动态词素义，同时也是复合词的本体。"枣"与"红"也是相互联系、相互制约的动态选择关系。

"枣红"本体喻体的辨析情况如图 1-4 所示。

喻指词素"枣"表示喻体，但真正的喻体与"枣"之间是性状与性

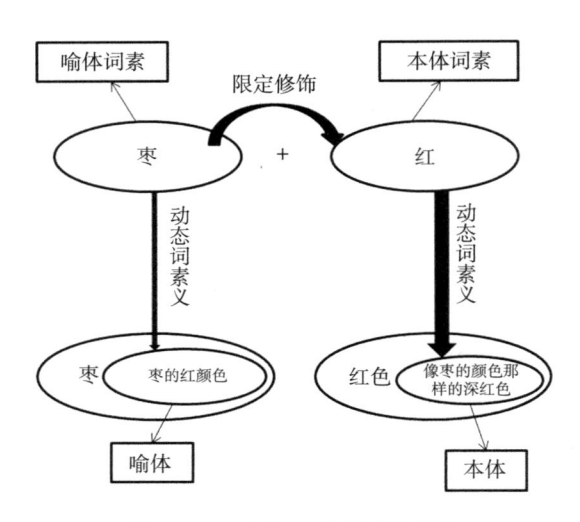

图 1-4 "枣红"本体喻体辨析

状主体的关系;直指词素"红"表示本体,真正的本体与"红"之间是一种上下位的种属关系。"名素+形素"的前喻式复合词以颜色词为主,如"豆绿""豆青""菜青""橙红""蜡黄""蜡白""米黄""墨黑""墨绿",还有一些表示状态的词,如"板实""板硬""笔直""狐媚""猴儿急""猴儿精"等。

侯友兰指出,像"龟缩""冰凉"这类动词性和形容词性隐喻型比喻词,前一语素是喻体,后一语素不是本体,而是指明本体和喻体相似的行为动作或性状,本体没有体现在词中,一般在具体的上下文中出现,如"这水冰凉的",则"水"是本体,"凉"只是指明喻体"冰"和本体"水"具有的相似的性质①。本书不赞成这种观点,首先,从词的产生之初看,是这种很凉的性质产生在前,对这种性质进行比喻造词在后,"冰凉"是针对这种非常凉的性状造词,人们发现冰的性质和这种非常凉的性状具有相似性,便把这种非常凉的性状叫"冰凉"。在本体不确定的情况下,先造出一个喻体与本体喻体相似性状的组合体,再去寻找与之匹配的本体来搭配使用,这是违反逻辑顺序的。其次,不是只有具体概念才可以作为本体,本体完全可以是一种抽象的性状或动作。此外,一个比喻复合词能够独立运用的前提是它有本体喻体和相似点,这是比喻复合词必不

---

① 侯友兰:《比喻词补议》,《汉语学习》1997 年第 4 期。

可少的"三要素",如果按照这个观点,每改变一个语境,都要改变一个本体,比喻复合词将失去独立使用的能力,这是将句法修辞与造词法相混淆了。

(2) 后喻式偏正复合词本体喻体的辨析

后喻式偏正复合词本体喻体辨析的情况要更复杂一些。主要是因为一部分后喻式偏正复合词本体喻体的辨析在学界存在争议,主要是指"逆序"说所讨论的这部分复合词,例如:

雪花 冰花 烟花 林海 火海 火舌 铁丝 钢丝 钨丝 雨丝 石林
米线 水网 蒜泥 枣泥 煤球 糖瓜 棉饼 豆饼 果酱 麻酱 虾酱
茶砖 冰砖 煤砖 纸钱 糖霜 盐霜 面筋 泪珠 水珠 车流 电流

这类复合词的喻指词素作喻体是普遍共识,争议主要集中于直指词素是否是本体。许多学者认为这类复合词是"本体+喻体"。贺水彬认为"林海""泪花"这类复合词为比喻中的暗喻凝结而成,本体语素在前,喻体语素在后[1];史锡尧对直指词素做了区分,他将后喻式定中复合词分为"本体+喻体"和"'偏'指别作用的成分+喻体"两类[2];胡中文认为"豆沙"的"豆"提示事物的类别或属性,"可以看作是本体"[3];杨润陆认为,这类词的直指是喻指所比拟的对象,所以是本体[4];应雨田认为这类词的前一语素为本体,后一语素为喻体[5]。

颜红菊将所有后喻式定中复合词都归入"语义特征+喻体"结构,将所有在前的直指词素都归入"语义特征",她认为"火海""火舌"中的"火"不是本体,而是语义特征[6]。

本书赞成颜红菊的分类方式,这部分词的直指词素是本体与其他概念的区别特征,而不是本体,词素间是"区别特征+喻体"关系,本体没有表现在词面上。为了突出限定成分的区别作用,本书用"区别特征"的

---

[1] 贺水彬:《汉语形象词语的构造及其与修辞的关系》,《辽宁师院学报》1982年第4期。
[2] 史锡尧:《名词比喻造词》,《中国语文》1996年第6期。
[3] 胡中文:《试析比喻构造汉语新词语》,《语文研究》1999年第4期。
[4] 杨润陆:《由比喻造词形成的语素义》,《中国语文》2004年第6期。
[5] 应雨田:《〈现代汉语词典〉某些比喻义献疑》,《辞书研究》2009年第4期。
[6] 颜红菊:《现代汉语复合词语义结构研究》,博士学位论文,首都师范大学,2007年。

说法来替代颜文的"语义特征"。理由如下：

首先，偏正式比喻复合词的前一词素限定修饰后一词素，前一词素是限定词素，后一词素是中心词素，这是现代汉语偏正结构复合词的普遍规律。如果限定成分作本体，中心成分作喻体就等于承认本体限定说明喻体或本体是喻体的区别特征，这就使本体与喻体原本的比喻修辞关系在结构和意义两个角度发生错位，是违背逻辑的。

其次，从本体作为某种事物的本质来说，"雪花"的本质确实是"雪"，"糖瓜"也确实是"糖"，但在复合词的动态环境中，作为"花"和"瓜"的真正的本体，并不是笼统的"雪"或"糖"这种原材料，而是处于"特殊状态"的"雪"和经过加工具有"特定形态"的"糖"，作为限定成分的"雪"只表示处于某种状态的主体，"糖"只表示用来制造特定形态事物的原材料，本身并不能表示比喻的本体。

帕卡德（Packard，J. L.）根据汉语的特点将中心词概念扩展为"结构中心"（structural head）和"语义中心"（semantic head）两部分，并认为通常情况下二者是重叠的[①]。作为偏正式复合词，结构中心自然由后一词素充当，但语义中心的判定存在一部分争议，主要指"人海""火舌""雪花""煤球""米线"这类被认为是"本体+喻体"结构的后喻式偏正复合词。有些学者认为其语义中心在左侧词素[②]，王军指出，这种根据"人海"是"人"而不是"海"、"火舌"是"火"而不是"舌"从而判定复合词语义中心在左侧的结论是以"语义真值"为判定标准，而该标准不具有通用性[③]。例如，在"桃李""蛇蝎""龙眼"等整体发生比喻的复合词中"语义真值"的判定标准就不再适用。不仅如此，通过复合词与其他词语的搭配，例如：

一片蔚为壮观的人海
被火舌舔到

也能够看出，右侧词素不仅是结构中心，也是语义表达上信息聚焦的

[①] ［英］帕卡德（Packard，J. L.）：《汉语形态学：语言认知研究法》，外语教学与研究出版社2001年版，第194—196页。
[②] 刘正光、刘润清：《N+N概念合成名词的认知发生机制》，《外国语（上海外国语大学学报）》2004年第1期。
[③] 王军：《论汉语N+N结构里中心词的位置》，《语言教学与研究》2005年第6期。

中心。假如我们真的将"雪"或"糖"作为本体，那么就等于否定了偏正式比喻复合词的结构，而使之成为一个补充结构复合词，如此一来，"雪"和"糖"为本体，表示处于特殊状态的雪和经过加工具有特定形态的糖，而"花"和"瓜"则作为喻体补充说明二者的外形特征。

因此，我们认为这一部分后喻式偏正复合词直指词素表示区别特征，喻指词素表示喻体，本体不体现在词面上，而是隐含在喻指词素之中，为"区别特征+喻体"。喻指词素既是复合词的结构中心，也是语义聚焦的中心。下面举例说明：

【林海】 名 像海洋一样一望无际的森林。（《现代汉语词典》第824页）

"林海"是森林的其中一种存在状态，直指词素"林"限定这一状态发生的主体。喻体是"海"的基本义，即真实存在的大海，本体则是"海"的比喻义，即像大海一样的状态，加上静态动态的考虑，喻体是基本义的动态形式，本体是比喻义的动态形式。具体来说，喻体不是任意形态的海，而是特指那种一望无际的海面；本体在复合词中表示"海"的比喻义，同时受到"林"的限定，指森林的像一望无际的海的那种状态。"林海"本体喻体的辨析如图1-5所示。

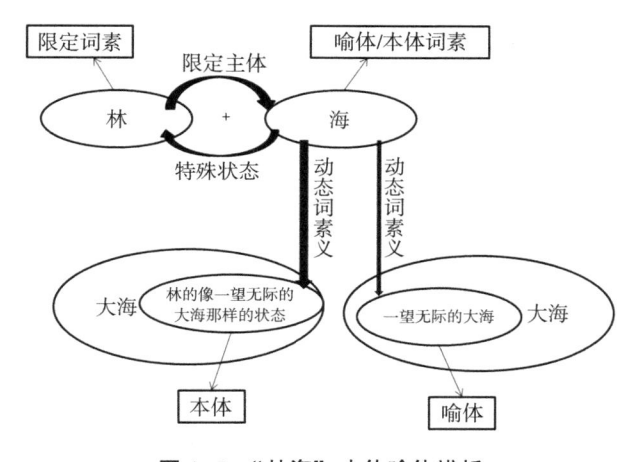

图1-5 "林海"本体喻体辨析

又如"冰砖"：

【冰砖】 名 冷食，把水、奶油、糖、果汁等混合搅拌，在低温下冷冻而成，形状像砖。（《现代汉语词典》第92页）

"冰砖"是以"冰"为原材料制成的一款砖状的冷食，直指词素"冰"限定这一冷食的原材料。喻体是"砖"的基本义，即真实存在的砖，本体是"砖"的比喻义，即像砖形状的东西，加上静态动态的考虑，喻体是基本义的动态形式——特指那类方形的砖，本体是比喻义的动态形式——用冰制成的像方形的砖的东西。"冰砖"本体喻体的辨析如图1-6所示。

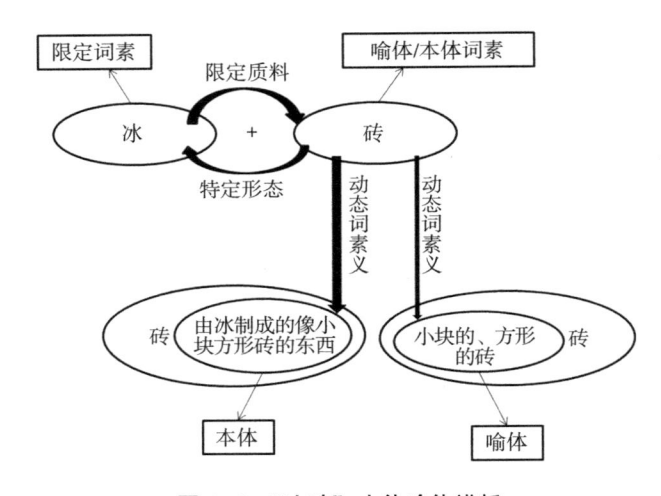

图1-6 "冰砖"本体喻体辨析

"特殊状态"是"主体"发生变化的结果，"特定形态"是"质料"被加工后的结果，无论是"特殊状态"还是"特定形态"，都是"主体"或"质料"所限定的一种结果，"主体"或"质料"处于相对独立的地位，基本不受后一成分的主动限制，因此，表示"主体"或"质料"的直指词素在复合词中的词素义常常与其静态词素义保持一致，例如"雪花""冰柱""雨丝""水珠"。

但也不总是如此，有些"主体"或"质料"入词后的词素义与静态词素义相比还是发生了一定程度的动态变化。例如，"石笋"的"石"作为状态改变的主体，其静态词素义可以表示各类石头，范围更广，入词后特指那类可以变为石笋状态的石头，即喀斯特地貌中的石灰岩；又如

"豆沙"的"豆",静态词素义可以表示各类豆子,入词后一般特指红豆或绿豆。

除了上面这类有争议的后喻式偏正复合词,其他类型的后喻式偏正复合词本体喻体的辨析都比较明确,学界的观点比较统一,认为其直指词素起限定修饰作用,喻指词素表示喻体,本体没有体现在词面上。例如:

鱼翅 鳖裙 帽翅 蝉衣 棋盘 蚕沙 蜂房 蛛网 冰刀 海狗 木耳 江豚
米象 海牛 海参 河豚 地衣 书亭 电线 电瓶 电力网 奖杯 话筒
内网 硬盘 干冰 绞盘 围裙 悬臂 刨床 熨斗 漏斗 磨床 吊床 触须
翻斗 刮刀 卫生球 圆锥 活化石 暖锋 硬盘 快门 寒流 旱冰 活门

这一部分复合词与前一类复合词本体喻体的情况一致,也是"区别特征+喻体",直指词素表示区别特征,喻指词素表示喻体,本体隐含于喻指词素之中。例如:

【鱼翅】名 鲨鱼的鳍经过加工之后,其软骨条叫作鱼翅,是珍贵的食品。也叫翅或翅子。(《现代汉语词典》第1596页)

直指词素"鱼"与喻指词素"翅"是一种领属关系,喻指词素"翅"既表示喻体又表示本体。喻体是"翅"的基本义,即翅膀,本体是"翅"的比喻义,即外形像翅膀的东西,考虑到静态动态的差别,喻体是基本义的动态形式——特指与鱼翅外形相似的翅膀,本体是比喻义的动态形式——鲨鱼的外形像翅膀的部位。"鱼翅"本体喻体的辨析情况可以用图1-7来表示。

直指词素在限定喻指词素各个方面的同时,也被喻指词素反过来影响和制约,有些直指词素也发生了动态的变化,表示其动态词素义。例如"鱼翅"的"鱼"入词后发生了动态变化,特指鲨鱼;"木耳"的"木"作为"耳"生长环境的限定者,一般只特指腐朽的木头;"松针"的"松"作为"针"的领属者,只能特指那类叶子呈针形的松树,与静态词素义相比范围更小了。

除了"名素+名素"复合词外,还有"动素+名素""形素+名素"复合词,其本体喻体的辨析同样是"区别特征+喻体",如"绞盘""围裙""悬

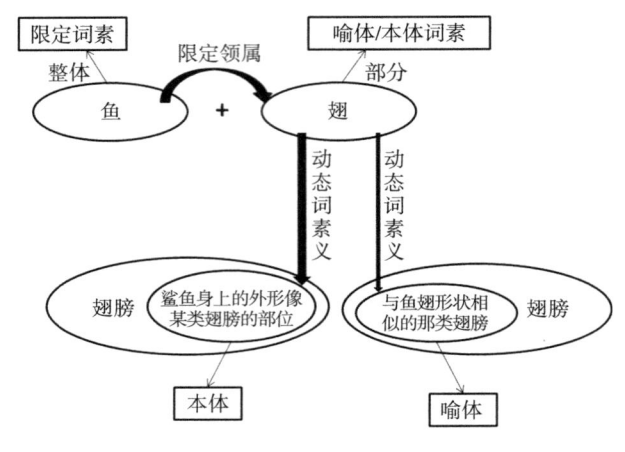

图 1-7 "鱼翅"本体喻体辨析

臂""热浪""安全岛""卫生球"等。此外，还有 5 个"名素+动素"的状中结构复合词："沙浴""笔耕""笔战""舌耕""舌战"，其本体喻体的辨析情况也是"区别特征+喻体"，喻指词素表示某种动作，直指词素限定说明动作所凭借的工具，喻指词素表示喻体，本体隐含于喻指词素之中。

下面，就本体喻体在复合词中的辨析问题作一总结：所有前喻式偏正复合词为"喻体+本体"；所有后喻式偏正复合词为"区别特征+喻体"，本体隐含于喻指词素中。就概念层面来说，前喻式偏正复合词的喻体和本体分别是喻指词素、直指词素的动态词素义对应的概念；后喻式偏正复合词的喻体和本体分别是喻指词素基本义和比喻义的动态词素义对应的概念。

二 比喻复合词的构成要素

直指词素和喻指词素是比喻复合词的构成要素。

直指词素指比喻复合词中不发生比喻的词素，喻指词素指比喻复合词中发生比喻的词素。与其他偏正式复合词相比，偏正式比喻复合词在词素构成方面具有特殊性，即偏正式比喻复合词由直指词素和喻指词素构成，喻指词素总是在某个角度发生比喻。

根据前文本体喻体的辨析，前喻式偏正复合词的喻指词素表示喻体，直指词素表示本体；后喻式偏正复合词的直指词素标记区别特征，喻指词素既表示本体又表示喻体。

在讨论复合词的本体喻体时，人们往往以相应的本体词素、喻体词素称代本体、喻体。例如"柿子椒"，往往有"柿子"是喻体，"椒"是本体或"柿子椒"的喻体在前、本体在后这样的说法。事实上，词素是本体喻体在词面上的表现形式，而词素义是词素在复合词中的意义，它们都不等于本体或喻体，本体喻体属于概念范畴。"柿子椒"的喻体不是词素"柿子"，也不是所有种类的柿子这一概念，而是特指那类与柿子椒外形相似的柿子的概念；本体不是词素"椒"，也不是包含所有类型的辣椒这一概念，而是专指那种"果实近球形，略扁，表面有纵沟，味不很辣，略带甜味"的这一类辣椒的概念。本体、喻体与本体词素、喻体词素存在的意义在于完成各自不同的任务，前者为了标记参与比喻的双方，后者是为了标记概念、构成比喻复合词。

第三节　各构成要素的对应关系

本体、喻体、相似点是比喻的"三要素"，同时也是比喻复合词在语义角度的构成要素，而直指词素和喻指词素则是比喻复合词在构词角度的构成要素。比喻的"三要素"，特别是其中的本体喻体需要以词素的形式表现在词面上。本体喻体的存在是直指词素和喻指词素得以组合的前提，而直指词素和喻指词素是本体喻体在词面上的外在表现，这是比喻及比喻复合词的构成要素整体的对应关系，下面详细说明本体与直指词素、喻体与喻指词素之间具体的对应关系。

一　本体与直指词素的对应关系

前喻式偏正复合词的直指词素表示本体；后喻式偏正复合词的本体没有表现在词面上，通过喻指词素间接表示，但有一部分直指词素表示本体的主体或构成本体的原材料。这是偏正式比喻复合词本体与直指词素的对应关系，下面分别论述。

（一）前喻式偏正复合词

前喻式偏正复合词本体与直指词素的对应关系为直指词素表示本体。具体来说，由于限定成分不同，直指词素相同的复合词本体往往不同，例如，直指词素"果"可以组成"翅果""腰果""角果""球果"，四词的限定成分不同，本体也各不相同；反过来说，直指词素不同的复合词本体往往也不同，这是因为不同直指词素往往代表不同的语义类别，相应的本体也会不同。这是两者间关系的常态，在常态之外还存在一些特例，主要表现为：

1. 限定成分不同、直指词素相同，本体仍相同

由于一部分复合词的喻指词素有缩略形式（"蛋青-鸭蛋青""柳眉-柳叶眉"），或人们对喻指词素的称呼习惯不同（"处女秀-处子秀""酒糟鼻-酒渣鼻"），或为同一概念选择了不同的喻体（"蜂巢胃-网胃""米猪-豆猪"），造成了尽管限定成分不同，本体却相同的情况。

2. 直指词素不同，本体仍相同

出现这种情况的原因主要是在为同一个概念命名时，人们选择了不同的直指词素来表示，不同直指词素之间是同义或近义关系。有的直指词素之间语体不同，如"犬牙-犬齿"，"鼎立-〈书〉鼎峙"，前者直指词素是口语语体，后者是书面语语体；有的是由于人们的习惯或关注角度不同而选择不同的直指词素造词，如"裙房-裙楼""兰花手-兰花指"。

（二）后喻式偏正复合词

后喻式偏正复合词的本体喻体都由喻指词素来表示，但本体没有表现在词面上，直指词素是复合词的限定成分，本体与直指词素没有直接联系，但在一部分比喻复合词中，作为限定成分的直指词素表示本体的主体或制作本体的原材料。

1. 直指词素表示本体的主体

当后喻式偏正复合词的本体表示的是某事物的特殊状态，直指词素作为限定修饰成分，表示本体的主体，即发生特殊状态的主体。例如：

蒜泥 冰砖 车流 林海 雪花 水网 煤球 虾米 烟柱

"蒜"是"蒜泥"这种特殊形态的主体，"煤"是"煤球"这一特殊状态的主体，直指词素表示本体的原始形态。

2. 直指词素表示制作本体的原材料

有一部分复合词所指代的本体是人们以某事物为原材料加工后的产物，直指词素限定制作本体的原材料。例如：

粉丝 果酱 糖瓜 豆沙 豆饼 米线 木马 腐竹

"粉"是加工"粉丝"的原材料,"糖"是制作"糖瓜"的原材料,直指词素表示制作本体所需要的原材料。

二 喻体与喻指词素的对应关系

语料范围内的所有偏正式比喻复合词都有其相应的喻指词素,而所有的喻指词素都表示喻体,喻体与喻指词素的对应关系是非常直观的。在1264个偏正式比喻复合词中共有喻指词素504个,喻体465个,这说明在绝大多数情况下喻体与喻指词素是一一对应的,同一个喻指词素表示同一个喻体,同一个喻体由同一个喻指词素来表示,如"冰毒""冰糖""冰片""旱冰""干冰""冰释"都以冰为喻体,也都以喻指词素"冰"来表示喻体。而之所以出现504个喻指词素和465个喻体的差异既与喻指词素有关,也与喻体有关,主要有下面两种情况:

1. 喻指词素相同,喻体不同

由于个别复合词的喻指词素发生缩略,缩略后的喻指词素可能与其他喻指词素在字面上相同,实际表示的喻体并不相同。例如:

鱼白-衣鱼:两者的喻指词素都是"鱼",但"鱼白"的"鱼"是"鱼肚"的缩略形式,喻体是"鱼的肚子","衣鱼"的喻体是"鱼"。

柳眉-柳腰:两者的喻指词素都是"柳","柳眉"的"柳"是"柳叶"的缩略形式,喻体是柳叶,"柳腰"的喻体是柳条。

蜂糕-蜂聚:两者的喻指词素都是"蜂","蜂糕"的"蜂"是"蜂巢"的缩略形式,喻体是蜂巢,"蜂聚"的喻体是蜜蜂。

还有个别情况,在不同复合词中喻指词素选择的是同一个词素的不同义项,分别对应不同的喻体。例如:

【盲】①看不见东西;瞎。②眼睛失明的人。③指对某种事物不能辨别或分辨不清的人;缺乏某方面常识、能力的人。④盲目地。(《现代汉语词典》第878页)

"法盲""文盲""电脑盲"中的喻指词素"盲"是名词性词素,对应"盲"的义项③,喻体是人;"盲审""盲打"中的"盲"是副词性词素,尚未在词典中形成义项,指匿名或不看着对象做某事,喻体是某种方式方法。

2. 喻体相同,喻指词素不同

不同喻指词素表示同一喻体,主要有两种情况:喻指词素之间是缩略形式和原形关系;喻指词素之间是同义或近义关系。前者如"蜂糕-蜂巢胃""鱼白-鱼肚白""驼色-骆驼绒""蝶泳-蝴蝶结""虎将-老虎钳",后者如"碑头-碑首""网眼-网目""鼻翅-鼻翼"。

小结

绝大多数偏正式比喻复合词可以根据词典释义得到判定,有一部分复合词的判定需要特别注意,容易引起误判的问题主要包括比喻义和引申义的区分、造词理据问题、词素本义的考察、三音节复合词的判定以及当词素来自某个比喻复合词的缩略形式时复合词的判定等五个问题。通过对以上问题的分别考察,基本可以完成对《现汉》(第7版)收录的所有偏正式比喻复合词语料的收集工作。

通过综合前人研究成果,笔者认为比喻复合词的比喻要素为本体、喻体、相似点三要素,并分别阐述了"三要素"的含义。本章还着重考察了本体喻体在比喻复合词中的辨析问题。本体喻体与概念相对应,我们所说的复合词中某个词素是本体或某个词素是喻体,实际上是将本体词素或喻体词素简称为本体或喻体,它们是本体喻体在复合词层面的外在表现,但不等于真正的本体喻体。本章将本体喻体在词素层面和概念层面分别进行了辨析。

本体喻体是复合词的比喻要素成员,直指词素和喻指词素是复合词的构词要素成员,本体与直指词素、喻体与喻指词素相互之间包含某些对应关系。就本体与直指词素的对应关系来说,直指词素相同、本体不同或直指词素不同、本体也不同是前喻式偏正复合词的本体与直指词素关系的常态;后喻式偏正复合词的直指词素与本体没有直接联系,在一部分复合词中表示本体的主体或制作本体的原材料。就喻体与喻指词素的对应关系来说,喻体与喻指词素也不是一一对应的关系,语料内共有喻体465个,喻指词素504个,这主要与喻指词素相同、喻体不同,喻体相同、喻指词素不同这两类特殊情况有关。

第二章

偏正式比喻复合词本体喻体的语义类别及分布特征

本章将比喻复合词本体喻体的语义类别及其在比喻复合词中的分布特征作为研究对象。为本体喻体在概念层面划分语义类别，考察本体喻体在不同语义类别中的分布特征及造词数量，同时，考察不同语义类别本体喻体与相似点的搭配规律，从侧面揭示出在造词过程中人们对本体喻体语义类别选择的倾向性。

第一节 本体喻体的语义类别

本体喻体都与特定概念相对应，而概念都有其相应的语义类别，因此，本体喻体同样归属于相应的语义类别，我们能够对比喻复合词的本体喻体进行语义类别的划分。

一 本体的语义类别

本体的语义类别是本体所对应概念的类别在语言层面的体现。由于本体所对应的概念与比喻复合词所对应的概念是一致的，我们对本体的分类也参照词语的分类系统进行。

我国最早的词典《尔雅》就是按照词语所对应概念的类别进行分类的，将词语分为2091个条目，分别归入释诂、释言、释训、释亲、释宫、释器、释乐、释天等19篇，除了"释诂""释言""释训"三篇为语词分类外，其余16篇都为词语所对应概念的语义类别的分类[1]。《释名》也是

---

[1] （晋）郭璞注，（宋）邢昺疏：《尔雅注疏》，中华书局1980年影印本。

一部"义类词典",分类比《尔雅》更细致,全书共 1500 余条目,按照词语对应概念的语义类别分为释天、释地、释山、释水、释丘、释道等 27 篇①。现代汉语也陆续出现按照意义编排的词典,如《同义词词林》②、《简明汉语义类词典》③、《现代汉语分类大词典》④、《现代汉语分类词典》⑤ 等。叶文曦根据前人的研究,总结出汉语双字格局的义类框架"义摄",分为"人物""动物""植物""器用""宫室""地理""天文""形体""姿容""形状"等十个义类⑥。吕晓玲将现代汉语三音节名词分为具体事物、抽象事物、过程、时间、空间等五大类,其下再设小类⑦。由于研究范围和研究目的不同,按照意义对词语的分类因人而异。

在 1264 个偏正式比喻复合词中共包含 1200 个本体,按照语义类别将本体划分为 10 类,分别是:部件类、人造类、自然类、植物类、动物类、人类、状态类、动作类、颜色类、抽象类。

部件类本体主要指事物的某一部件,大致分为两类:一类从复合词的结构关系角度可以判定是某事物的某一部件,限定成分与中心成分是整体与部分关系,如:

帽翅 帽舌 屋脊 帽耳 山腰 年尾 手背 鱼翅 鳖裙

另一类复合词的结构关系没有明确表示,但是所表示的概念是位于某个整体中的一部分,如:

鸡心领 白齿 剑眉 羽冠 玻璃体 网胃 板牙 胆囊

人造类本体主要指人造的各类事物,如:

---

① (汉)刘熙撰,(清)毕沅疏证:《释名疏证》,广文书局 1971 年版。
② 梅家驹等编:《同义词词林》,上海辞书出版社 1983 年版。
③ 林杏光、菲白编:《简明汉语义类词典》,商务印书馆 1987 年版。
④ 董大年主编:《现代汉语分类大词典》,上海辞书出版社 2007 年版。
⑤ 苏新春主编:《现代汉语分类词典》,商务印书馆 2013 年版。
⑥ 叶文曦:《汉语字组的语义结构》,博士学位论文,北京大学,1996 年,第 56 页。
⑦ 吕晓玲:《现代汉语三音词语义研究》,博士学位论文,山东大学,2015 年,第 70—76 页。

电线 米线 避雷针 灯伞 煤球 面包车 梯田 斗笠

自然类本体主要包括各种自然物质、自然现象等存在于自然界的事物，如：

林海 云海 流星雨 寒流 鹅卵石 水晶 泥煤 山脉 雪花

植物类本体不仅包括植物的整株，还包括植物的根、茎、叶、花、果实、枝条，甚至花的花丝、花柱，叶的叶脉、叶轴等，虽然从整体来看都是植物的部件，但为了明确界限，避免部件类本体的划分过于宽泛，还是将这些植物的部件归入植物类。例如：

发菜 佛手瓜 燕麦 柳丝 球茎 棉铃 花丝 花柱 叶脉 叶轴

动物类本体包括哺乳类、鸟类、鱼类、昆虫类等各种动物，也包括个别动物的制造物（"蜂房""蛛网"）或产物（"蚕沙"），如：

海狗 猫豹 鲸鲨 驼鹿 刀鱼 虾米 蜂房 蛛网 蚕沙

人类本体包括不同身份、不同职业等不同特征的人，如：

虎将 鹰派 戏骨 蛙人 校花 文盲 钉子户 蜘蛛人

状态类本体指的是事物呈现出的某些抽象或具体的状态，都是形容词，如：

赤贫 沸热 狐媚 笔直 粉碎 板硬 金贵 火热

动作类本体表示人类、动物或其他事物发出的动作，都是动词，如：

笔战 脉动 虎视 牛饮 雀跃 蠕动 林立 瓜分 云集

颜色类本体包括各种颜色，既有名词性的也有形容词性的，如：

肉色 牙色 米色 血色 茶色 桃色 咖啡色
豆绿 茶青 鹅黄 橘红 杏黄 铁灰 乳白 金黄

抽象类本体包括除了状态、动作、颜色类中的抽象概念之外的抽象概念。需要特别说明的是，如果按照是否有实体来划分抽象与具体的界限，那么，有一部分状态类、动作类和颜色类成员也应属于抽象类，但在本书的分类中，抽象类是与这几类平行的类别，特指除了状态、动作、颜色中的抽象概念之外的抽象概念，绝大多数是名词。如：

虎劲 情网 峰年 心潮 祸根 海量 剪刀差 黄金周

在句法比喻修辞中，本体往往以抽象概念为主，而比喻复合词的本体绝大多数为具体事物。这是由于句法比喻主要是出于修辞的需要，以具体比喻抽象，目的是使抽象概念得到更好的表达和理解；比喻复合词的比喻主要出于为事物命名的需要，复合词中的比喻存在的意义除了修辞之外更重要的是完成一个造词过程，以比喻方式造的复合词更具有形象性。

二　喻体的语义类别

喻体的语义类别是喻体所对应概念的语义类别在语言层面的体现。语料范围内共计 465 个喻体，我们将喻体按照语义类别划分为 8 类，分别是：部件类、人造类、自然类、植物类、动物类、人类、状态类、动作类。将拥有相应喻体的比喻复合词进行分类。

与本体相比，喻体减少了抽象类和颜色类语义类别，这是由于作为用来打比方的对象，喻体以具体事物为主，除了少量表示动作和状态概念之外，喻体都是具体的名词性概念。喻体语义类别的判定与本体语义类别的判定标准相似。

部件类喻体主要包括人和动物身体的部件，如脊、齿、腰、颈、耳、舌、脖子、马蹄、马尾等。部件类喻体复合词，如：

山脊 锯齿 山腰 颈联 词尾 木耳 马蹄袖 火舌 马尾辫

人造类喻体主要指刀、球、衣、纺锤、剃刀等人造物，另外，人造物的部件由于充当喻体的数量较少且难以明确划分，也归入人造类，如门、窗、轴、灯芯、车轮等。人造类喻体复合词，如：

　　骨盆　松球　莲房　鼓膜　鼎立　冰刀　纺锤虫　剃刀鲸

自然类喻体指海、湖、雪、雾、电、峰等自然存在的事物。自然类喻体复合词，如：

　　海星　蚕沙　云鬟　海碗　银发　驼峰　珍珠米　黄金周　钻石婚

植物的整株、花朵、果实、叶子、根茎等作喻体都归入植物类。植物类喻体复合词，如：

　　棉桃　石笋　腰花　茶晶　草珊瑚　兰花手　芝麻官　豆绿　杏黄

动物类喻体以牛、马、狗、虎、蜂等动物为主，个别动物的产物或动物制作的东西，如鹅蛋、鸭蛋、窝、巢等也归入此类。动物类喻体复合词，如：

　　蚁蚕　驼鹿　蜂鸟　牛蛙　蝉联　蛇行　鲸吞　狼狗　米象　雀鹰

人类作喻体，如处女秀的"处女"、子母钟的"子母"、和尚头的"和尚"。人类喻体复合词，如：

　　人参　乌贼　处女秀　娃娃鱼　将军肚　童子鸡

状态类喻体数量最少，只有盲、焦、赤、沸四个喻体，相应的复合词有：

　　盲打　盲审　盲棋　赤贫　沸热　焦黑

动作类喻体指削、滚、骑、跑、蛀等动作。动作类喻体复合词，如：

削壁 滚雷 抱厦 骑楼 摆渡车 笔战 笔耕 跑表 火烧云 蛀牙

偏正式比喻复合词的本体喻体在词素层面的对应关系已经辨析完毕，接下来继续探讨本体喻体在语料范围内的分布特征。与上一节本体喻体的辨析相似，这里的本体喻体指的也是复合词在概念层面的本体和喻体。本体喻体与概念相关，不直接参与构词，但需要通过构词成分表现在词法层面。本体喻体与复合词及构词词素具有一定的对应关系，这种对应关系反映了本体喻体在比喻复合词中的分布特征。本体喻体的分布特征以语料范围内的所有偏正式比喻复合词为考察对象，分别考察本体与复合词、直指词素的对应关系，喻体与复合词、喻指词素的对应关系。下面分别展开论述。

三 本体喻体与偏正式比喻复合词的对应关系

（一）本体与偏正式比喻复合词的对应关系

本体是比喻复合词命名的对象，表现为具体或抽象的概念。本书语料共包括1264个偏正式比喻复合词，共有1200个本体。在绝大多数情况下，本体与比喻复合词是一一对应的，一个本体由一个比喻复合词来表示，一个比喻复合词对应一个本体，如"梯田"将阶梯状的农田比喻为阶梯，本体指的是阶梯状的农田这一概念，而阶梯状的农田这一概念在现代汉语词汇系统中一般只由"梯田"这一个比喻复合词来表示。

此外，还有一部分本体与比喻复合词不是一一对应的关系，主要是由于一部分本体概念由不止一个比喻复合词来表示。

葛本仪先生在谈到造词活动时说过："造词活动就是人们在认识的基础上给事物命名的活动。有时人们在造词时，由于认识和考虑问题的角度不同，所以，同一个事物，也可以获得不同的名称。如'西湖'和'西子湖'就是同一个湖的两种不同的称呼，'西湖'是着眼于湖的位置在杭州的西部而得名，'西子湖'则是着眼于湖的美而得名。"[1] 对于偏正式比喻复合词来说，由于造词角度不同或在造词、用词过程中缩略形式与原形

---

[1] 葛本仪：《现代汉语词汇学》，山东人民出版社2001年版，第91页。

并存等原因，有一部分概念有不止一个名称，它们同时存在于词汇系统中。两个或三个比喻复合词称代同一个本体的现象共涉及 121 个比喻复合词和 57 个本体，也就是说，共有 57 个本体有不止一个名称。我们按照本体相同的原则将这 121 个比喻复合词分为 57 组，根据复合词称代本体的不同情况，我们将这 57 组本体相同的复合词分为以下六种类型：

（1）复合词的本体相同，其中一个复合词的喻指词素有相应缩略形式。

   鱼白-鱼肚白   凤眼-丹凤眼
   蛋青-鸭蛋青   葱绿-葱心儿绿
   瓣胃-重瓣胃   柳眉-柳叶眉

词素有缩略形式可能是用词的结果，也可能在造词之初就有两种形式，我们已无从分辨。根据两类词素内部结构关系的不同可以将这 6 组复合词分为两类：

A. 缩略形式与原形相比，喻指词素只保留限定成分，喻体不变。"鱼白-鱼肚白"中的"鱼"和"鱼肚"相比只保留了限定成分"鱼"，"鱼"和"鱼肚"之间是整体与部分关系。"葱绿"和"葱心儿绿"，"柳眉"和"柳叶眉"也是如此。

B. 缩略形式与原形相比，喻指词素只保留中心成分，喻体不变。"凤眼-丹凤眼"中的"凤"和"丹凤"相比只保留了中心成分"凤"，"蛋青"和"鸭蛋青"，"瓣胃"和"重瓣胃"也是如此。

两种形式共同存在于现代汉语词汇系统中，有的语境出于经济原则使用缩略形式，有的语境为了表达更加细致形象则选择使用原形。

（2）复合词的本体相同，其中一个复合词的直指词素有相应缩略形式。例如：

   火网-火力网   电眼-电子眼
   宫颈-子宫颈   灯泡-电灯泡

根据词素的缩略形式不同可分为两类：

A. 缩略形式与原形相比，直指词素只保留限定成分。如"火网"与

"火力网","电眼"与"电子眼"。

B. 缩略形式与原形相比,直指词素只保留中心成分。"宫"是"子宫"的缩略形式,"灯"是"电灯"的缩略形式,直指词素发生缩略后只保留中心成分。

(3) 复合词的本体相同,语体色彩不同。例如:

鼻翅-鼻翼　　　碑头-碑首
网眼-网目　　　犬齿-犬牙
鼎立-〈书〉鼎峙　芙蓉花-木芙蓉

复合词表示的概念是相同的,不同的是复合词的语体,主要指口语和书面语的不同。有些复合词的喻指词素来源于古汉语,如"翼""首""目"等,发展到现代有了相应的现代汉语形式"翅""头""眼"与之对应,体现在复合词中是不同语体的喻指词素构成的复合词在不同的语境中并行不悖。直指词素也有语体色彩的不同,如"齿"和"牙","立"和"峙"。"木芙蓉"和"芙蓉花"是学名和俗称的不同。

(4) 复合词的本体相同,人们的称呼习惯或造词时关注的角度不同。例如:

内网-局域网　　　玫瑰红-玫瑰紫
话柄-谈柄　　　　钻石婚-金刚石婚
处女秀-处子秀　　蚁蚕-蚕蚁
砖茶-茶砖　　　　花菜-菜花
酒糟鼻-酒渣鼻

同一个本体用不同复合词表示的主要原因是人们的称呼习惯或关注角度不同。从构词词素角度可以分为三类:

A. 直指词素称呼习惯不同,如"内网-局域网""玫瑰红-玫瑰紫""话柄-谈柄",选择哪一个复合词取决于个人习惯和视角。

B. 喻指词素是同义或近义关系,如"钻石婚-金刚石婚""处女秀-处子秀""酒糟鼻-酒渣鼻",选择哪一个比喻复合词主要取决于个人习惯。

C. 直指词素和喻指词素互换位置，有"蚁蚕-蚕蚁""砖茶-茶砖""花菜-菜花"，词素位置不同，内部语义结构关系不同，侧重点也不同，这是造词者关注的角度不同造成的，选择用哪一个比喻复合词与个人习惯和要强调的内容有关。

（5）复合词的本体相同，喻体不同。

山脊-山梁　　　　触角-触须
蜂巢胃-网胃　　　鱼花-鱼苗
米猪-豆猪

这一类复合词共 5 组，本体相同，喻体不同，这是在造词的时候人们从不同角度为同一个概念进行命名的结果。山的高起的部分，从外形上看像兽类的脊梁骨，又像支撑房顶的横木，前一角度的造词结果是"山脊"，后一角度的造词结果是"山梁"，其他复合词之间也与此类似。

（6）复合词的本体相同，内部包含不止一种上述关系类型。

〈方〉秤花-秤星　　　　冰锥-冰柱-凌锥
乳腐-腐乳-豆腐乳　　　乌贼-墨鱼-墨斗鱼
〈方〉数码港-〈方〉数位港-数字港

"秤花"和"秤星"，本体相同，喻体不同，"秤花"属于方言词；"冰锥""冰柱"的本体相同，喻体不同，"冰锥""凌锥"本体相同，直指词素是同义关系，是人们的称呼习惯不同；"乳腐""腐乳"本体相同，人们的称呼习惯不同，"腐乳""豆腐乳"本体相同，"腐乳"是"豆腐乳"的直指词素发生缩略形成的。其他不再一一列举。

（二）喻体与偏正式比喻复合词的对应关系

在本书语料范围内共有 1264 个偏正式比喻复合词，有 465 个喻体，平均一个喻体可以造 2.72 个词。从理论上来说，喻体与比喻复合词不是一一对应的关系。一方面，同一个喻体往往有不止一个角度的特征，这些特征可以分别被用来参与创造不同的比喻复合词；另一方面，有些被命名的对象之间也存在相似之处，具有共用同一个喻体的客观现实条件。但从偏正式比喻复合词的实际情况来看，仍有一大部分喻体只与一个复合词相对应，如"悬臂""发菜""海豚泳"等。这些被命名对象与喻体之间只是暂时的唯一的对应，假如再有在某个角度与手臂、头发或海豚相似的概念需要命名时，这些喻体有可能就会参与造词，现在出现的"海豚音"就是一例，只是尚未被词典收录；而假如人们发现这些已被命名的概念又与其他概念有相似之处，也可能会以其他喻体为其再次命名，当然，出于语言的经济性原则，这种可能性较小。

第二节 本体喻体在不同语义类别中的分布特征及造词数量

不同语义类别的本体喻体数量不同，造词数量也不同，通过分析不同语义类别本体喻体的分布特征及搭配情况可以发现，造词时人们对本体喻体语义类别的选择及搭配具有一定倾向性。

一 本体在不同语义类别中的分布特征及造词数量

经统计，10 个语义类别的本体数量及相应比喻复合词的数量如表 2-1 所示：

表 2-1　　　　　　　10 个语义类别的本体与相应复合词数量

本体语义类别	部件类	人造类	自然类	植物类	动物类	人类	状态类	动作类	颜色类	抽象类	总数
本体数量	205	459	139	55	90	39	17	62	82	52	1200
造词数量	230	477	142	57	96	39	17	63	89	54	1264
平均造词数量	1.12	1.04	1.02	1.04	1.07	1	1	1.02	1.09	1.04	1.05

不同比喻复合词拥有同一个本体的情况共有 57 组，共涉及 121 个比喻复合词，只占全部偏正式比喻复合词的 9.6%。可见在现代汉语词汇系统中，一个比喻复合词对应一个本体是偏正式比喻复合词的普遍状态，这与现代汉语词汇系统的经济性原则相适应。

从本体数量及本体造词数量来看，人造类本体数量最多，造词数量也最多，这与人造类事物本身数量众多有关，相应地，为其比喻性命名的数量也最多。其次是部件类和自然类本体。就部件类来说，几乎每个事物都有其相应的组成部件，部件类事物本身数量众多，用作比喻造词的本体数量相应也较多，造词数量也较多；就自然类来说，自然类事物总数不一定多于动物类、颜色类、植物类等类别,但自然类事物的外形、动态等特征更适宜使用比喻造词法来表现,因此,自然类本体数量比动物类、颜色类、植物类等类别的本体数量更多,造词数量也更多。

平均造词数量最多的是部件类和颜色类本体。一方面,部件类的三音节词往往发生缩略,如"螺丝母-螺母""柳叶眉-柳眉""子宫颈-宫颈";另一方面,同一个部件可以用不同喻体进行比喻,如"网胃-蜂巢胃""秤星-秤花"。同一个事物的颜色往往可以从不同角度命名,如"玫瑰红"和"玫瑰紫","豆绿"和"豆青",分别指的是同一种颜色。此外,为了更细致地表达某种颜色,一些三音节词被创造出来,有个别三音节词具有相应的缩略形式,如"茶褐色-茶色""鸭蛋青-蛋青""鱼肚白-鱼白"。人类和状态类本体与比喻复合词一一对应,这两类本体数量有限,适用范围相对固定,比喻更具严密性和准确对应性。

二 喻体在不同语义类别中的分布特征及造词数量

经统计,8个语义类别的喻体数量及相应比喻复合词的数量如表2-2所示:

表2-2　　　　　　　　8个语义类别的喻体与相应复合词数量

喻体语义类别	部件类	人造类	自然类	植物类	动物类	人类	状态类	动作类	总数
喻体数量	65	156	65	62	73	15	4	25	465
造词数量	171	472	237	143	167	39	6	29	1264
平均造词数量	2.63	3.03	3.65	2.31	2.29	2.6	1.5	1.16	2.72

从喻体数量及喻体的造词数量来看,人造类喻体数量最多,造词数量也最多。在造词数量排名前10的10个喻体中有5个便是人造类喻体("盘""床""门""网""板"),这与人造类事物与人们日常生活联系密切且数量众多有关。其次是动物类、自然类、植物类、部件类喻体,状态类喻体数量最少,造词数量也最少,这是由于状态类事物总数少且形象性弱,构成比喻复合词的能力有限。

从平均造词数量来看,自然类喻体平均造词数量最多,平均每个喻体可造3.65个比喻复合词。这是由于表示自然类喻体的词素以单音节喻指词素为主,词素义的模糊性强,适用范围更广,如"金(黄金)"可以构成"金瓜""金橘""金贵"等18个比喻复合词,"海"可以构成"商海""会海""火海""脑海""人海"等15个比喻复合词,一个自然类喻体造一个比喻复合词的情况只占所有自然类喻体的33.8%,如"铅灰""地峡""流星雨""汗碱"等,与这一部分喻体的使用频率低、使用范围小有关。

其次是人造类喻体,造词能力主要集中于"盘""床""门""网""板"等高频喻体,而在多数情况下,一个喻体只造一个复合词,这种情况占所有人造类喻体的54%以上。这与人造类事物数量众多且各具特色有关,能够用来充当喻体的概念十分丰富,降低了重复使用同一个喻体的概率,如"鼓膜""笼罩""冰壶""墨斗鱼""漆黑"等。

部件类、人类、植物类和动物类喻体的平均造词数量依次递减,相差不大,其中,部件类喻体的造词能力主要集中于"眼(目)"和"头(首)"两个喻体,约占部件类喻体全部造词量的19.9%。这一方面是由于"眼(目)"和"头(首)"与人们生活密切相关,且在现实世界中有"眼(目)"和"头(首)"的事物数量众多;另一方面,作喻指词素的"眼"和"头"有多个义项,不同义项参与比喻造词,造词数量也相应地增多。

动作类喻体平均造词数量最少。一方面,动作作为喻体具有特指性和唯一性,如"睡莲""削壁""骑楼";另一方面,特定的行为动作往往由特定的动词性成分来表达,除了一些特殊的动作之外很少通过比喻的方式表达,动作类喻体整体造词数量就比较少,相应地,平均造词数量也较少。

从单个喻体的造词数量来看,我们统计了造词数量前10位的10个喻体,分别是"花""盘""床""门""网""眼(目)""金(黄金)""板""丝""头(首)"。其中,以"花"为喻体造词32个,是造词数量最多的喻体;以"头(首)"作喻体的造词数量16个,是前10位中造词数量最少的喻体。

喻体造词数量众多是由喻体的自身特点决定的:从喻体对应的概念来看,以人造类居多,往往与人们生活联系密切,使用频率高,并且有自身显著而独特的属性,更容易被用来作为喻体进行比喻。例如,"门""头(首)"有相对固定的位置或功能,"花""盘""丝""板"有独特的外形,等等。从词素的角度来看,除"黄金"是合成词素外("黄金"也只构成了2个比喻复合词),其他喻体都由单纯词素表示,单纯词素往往都是多义词素，所指范围宽泛，用作喻指词素的概率比合成词素或复合词素都要高得多，如造词数量最多的喻体"花"共有 18 个义项，其中有 7 个都是比喻义项。

造词数量只有 1 个的喻体共 240 个，约占偏正式比喻复合词喻体总数的 51.6%。喻体造词数量少的原因，主要可以从喻体本身和表示喻体的喻指词素两个角度来解释。

从喻体本身来看，有些喻体在生活中的使用频率低或使用范围有限，如"橡笔""颔联""饾版"的喻体"橡""颔""饾"在现代汉语中已经很少使用，仅在特定语境中出现，这些喻体很难用以制造新的比喻复合词；有些喻体对应的概念只在某一个特定的方面具有形象性特征，用作比喻的范围有限，如"蟹青""坟起""咖啡色"的喻体"蟹""坟""咖啡"；有些喻体表示某个动作或动作持续的状态，喻体本身形象性弱，只在特定比喻复合词中充当喻体，如"滚雷""削壁""睡莲"的喻体"滚""削""睡"；有些喻体表示的事物具有特指性，表现在字面上常常是为了充当喻体而临时组合起来的短语，主要指复合词素所表示的喻体，如"火烧云""瓜皮帽""云片糕""金针菜"等复合词的喻体。

从表示喻体的喻指词素来看，在造词数量为 1 个的喻体所对应的词素中，单纯词素 150 个，合成词素 44 个，复合词素 46 个，合成词素与复合词素占造词数量为 1 个的喻指词素的 37.5%，这些词素绝大多数为单义词素，能产性低。此外，即使是单纯词素，造词数量为 1 个的单纯词素的义项数量往往比其他单纯词素义项数量更少，其中能作为比喻义项的则更加有限，如"枣红"的喻指词素"枣"只有"枣树"和"枣树的果实"两个义项，"敌焰"的喻指词素"焰"只有"火苗"一个义项，这类单纯词素所表示的概念能够被用作喻体的概率更低，造词数量少。

三 本体喻体语义类别的搭配特征

比喻复合词的成立以本体喻体的搭配为前提。在偏正式比喻复合词造词之初，哪个语义类别的事物更常被用来对某类事物进行比喻构成复合词，或者说，当我们为某类事物命名时更常用哪个语义类别的事物来进行比喻，这在比喻复合词内部有一定的分布规律。

偏正式比喻复合词不同语义类别本体喻体搭配组合的造词数量见表 2-3。

表 2-3　　　　　　　不同语义类别的本体喻体搭配造词数量

喻体＼本体	部件类	人造类	自然类	植物类	动物类	人类	状态类	动作类	颜色类	抽象类	总数
部件类	75	41	20	18	4	2	0	1	5	5	171
人造类	92	248	44	11	22	7	4	15	9	20	472
自然类	17	82	50	7	6	4	5	12	36	18	237
植物类	23	37	17	10	14	6	0	1	33	2	143
动物类	14	47	3	8	46	11	5	21	6	6	167
人类	7	15	5	2	4	6	0	0	0	0	39
状态类	0	1	0	0	0	0	3	2	0	0	6
动作类	2	6	3	1	0	3	0	11	0	3	29
总数	230	477	142	57	96	39	17	63	89	54	1264

从总体来说，本体喻体都是人造类、部件类、自然类或动物类时，在相应语义类别中的造词数量更多。也就是说，当人造类、部件类、自然类、动物类等事物作喻体时更多被用来比喻与之相同语义类别的事物，而当人们为人造类、部件类、自然类、动物类等事物命名时，更倾向于用与之相同语义类别的喻体来比喻。比喻是从源域到目标域的映射，二者往往在大的语义范畴中属于同一类别，从而在外形、功能、性质等多个方面存在广泛的相似性。本体喻体是相同语义类别所造的复合词的数量占所有偏正式比喻复合词总数量的 35.5%，可见相同语义类别的本体喻体相搭配造词的情况是本体喻体语义类别搭配的重要方式。

从喻体角度来说，主要有以下分布规律：

部件类喻体更多被用来比喻部件类本体，共有 75 个比喻复合词，约占部件类喻体造词总数的 43.9%，如"帽舌""榜尾""书脊""山腰""锯齿""宫颈""触须"；其次是部件类喻体被用来比喻人造类事物，共 41 个比喻复合词，约占部件类喻体造词总数的 24.0%，如"悬臂""马蹄袖""耳房""脚蹼""电眼""电脑"。

人造类喻体与人造类本体相搭配造词数量最多，共 248 个复合词，占人造类喻体造词数量的 52.5%，如"煤球""柿饼""肠衣""板鸭""墙裙""茶砖""水枪""米线"；其次是与部件类和自然类本体相搭配，分别构成 92 个、44 个比喻复合词，占全部人造类喻体造词数量的 19.5% 和 9.3%，前者如"胎盘""门牙""鼓膜""盆腔""白齿"，后者如"河网""扫帚星""大陆架""盆地""雨幕"。

自然类喻体更多被用来比喻人造类本体，共构成82个比喻复合词，占自然类喻体造词的34.6%，如"冰毒""枣泥""烟丝""糖霜""月饼"；其次是与自然类和颜色类本体搭配，分别构成50个和36个比喻复合词，占自然类喻体造词总数的21.1%和15.2%，前者如"汗碱""云海""流星雨""水晶""丘疹"，后者如"湖绿""蜡白""铁灰""乳黄""雪白"。

植物类喻体更多用来比喻人造类、颜色类和部件类本体，构成比喻复合词的数量分别是37个、33个和23个，占植物类喻体造词的25.9%、23.1%和16.1%，颜色类如"果绿""桃红""茶色""葡萄紫""咖啡色"，人造类如"烛花""蘑菇云""石榴裙""糖瓜""橄榄球"，部件类如"杏眼""瓜子脸""柳叶眉""兰花手"。

动物类喻体更多用来比喻人造类和动物类事物，造词数量分别是47个和46个比喻复合词，各占动物类喻体造词数量的28.1%和27.5%。比喻人造类本体，如"鼠标""跳马""木鱼""棉猴儿""鱼雷"，比喻动物类本体，如"狼狗""海象""猪獾""豹猫""牛蛙"。

人类喻体更多比喻人造类事物，占全部人类喻体造词的38.5%，如"宾语""洋娃娃""处女秀""机器人"。

状态类共有4个喻体（"盲""赤""焦""沸"），分别用来比喻3个状态类本体（"赤贫""焦黑""沸热"）、2个动作类本体（"盲打""盲审"）、1个人造类本体（"盲棋"）。

动作类喻体更多比喻动作类本体，共构成11个比喻复合词，占动作类喻体造词的37.9%，如"笔战""笔耕""涌现""剥夺""沙浴"。

从本体角度来说，主要有以下分布规律：

当为部件类事物比喻性命名时，人们更多选择人造类和部件类事物作为喻体，造词数量分别为92个和75个，占部件类事物造词总数的40%和32.6%。

当为人造类事物命名时，用相同语义类别的人造类事物作为喻体构造比喻复合词的情况最多，共造词248个，占人造类本体造词数量的52.0%，其次是用自然类事物作喻体，造词82个，占人造类本体造词数量的17.2%。

为自然类事物命名时，人们更多考虑用自然类和人造类事物作为喻体进行比喻造词，造词数量分别为 50 个和 44 个，占自然类本体造词总数的 35.2%和 31.0%。

为植物类事物命名时没有明显的倾向性，主要选择部件类、人造类、植物类等事物作为喻体，如"腰果""木耳""鸡头米""板栗""球果""剑麻""水葫芦""莴笋""柿子椒"。

为动物类事物命名时，更多选取其他动物类事物作为喻体进行比喻，共造词 46 个，约占动物类本体造词数量的 47.9%，如"猫豹""海狗""河马""海燕""猪獾""马鹿"。

当为人类命名时，人们更多选择与人类存在更多相似性的动物作为喻体，以动物为喻体的造词数量占全部人类本体造词的 28.2%，如"蛙人""虎将""雏妓""鹰派"。

状态类事物数量有限，分别选择的是自然类、动物类、人造类和状态类事物作喻体，如"金贵""火烫""猴儿急""狐媚""笔直""焦黑""沸热"。

为动作类事物命名，人们更多选择富于动态的动物和人造类事物作为喻体，造词数量分别占全部动作类本体造词的 33.3%和 23.8%，前者如"鲸吞""鸟瞰""猬集""虎视"，后者如"板结""瓦解""被覆""棋布"。

为某种颜色命名时，人们更多选择颜色丰富的自然类事物和植物作喻体，造词数量分别是 36 个和 33 个，占颜色类本体造词数量的 40.4%和 37.1%，前者如"月白""雪青""蜜色""火红""湖绿"，后者如"栗色""姜黄""茶青""桃红""藕灰"。

抽象类事物造词更多以人造类和自然类事物作喻体，分别占抽象类本体造词总数的 37.0%和 33.3%，前者如"扇形""话柄""轨度""情网""剪刀差"，后者如"峰值""海量""脑海""心潮""黄昏恋"。

第三节 偏正式比喻复合词本体喻体与相似点的对应分布特征

在偏正式比喻复合词的造词活动中，复合词的本体喻体与两者的相似点之间有一定的对应关系。不同语义类别的本体或喻体在造词时通常是哪个（些）特征参与比喻，即本体喻体与相似点之间的对应分布特征如何，通过本节可以发现其中的一些规律。

一 本体与相似点的对应分布特征

本体与相似点的对应分布特征表现为不同相似点的偏正式比喻复合词的分布特征。

由于有一部分本体可以用不同比喻复合词表示，本体总数少于比喻复合词的总数，因而本体总数也少于相似点的总数。因此，本体与相似点的对应分布特征不能以本体的数量为分布标准，而每个复合词都有相应的本体和相似点，因此，本体与相似点的对应分布特征以偏正式比喻复合词的分布为标准。

绝大多数复合词的本体各不相同，也各有其相应的相似点，这是本体与相似点对应分布的主要状态。对于个别本体相同的复合词，大部分情况下其相似点也相同，如"触须""触角"都是外形的相似，"鱼花""鱼苗"都是性质的相似，也有个别相似点不同的情况，如"墨鱼""墨斗鱼""乌贼"的相似点分别是颜色、外形和性质角度的相似。偏正式比喻复合词本体与相似点的对应分布情况见表2-4。

表2-4　　　　10个语义类别的本体与相似点对应分布情况

相似点 本体	外形	位置	性质	功能	动作	颜色	外形+功能	声音	位置+功能	气味	外形+动作	颜色+性质	总数
部件类	130	44	5	22	0	0	25	0	3	0	0	1	230
人造类	310	7	48	60	14	3	33	1	0	0	0	1	477
自然类	91	5	16	4	10	9	4	2	0	1	0	0	142
植物类	51	1	0	0	0	5	0	0	0	0	0	0	57
动物类	75	0	9	1	2	5	1	2	0	0	1	0	96
人类	3	5	26	2	1	1	1	0	0	0	0	0	39
状态类	2	0	14	0	1	0	0	0	0	0	0	0	17
动作类	14	0	11	0	38	0	0	0	0	0	0	0	63
颜色类	0	0	1	0	0	88	0	0	0	0	0	0	89
抽象类	7	4	33	7	2	0	0	0	0	0	0	0	54
总数	683	66	163	96	68	112	64	5	3	1	1	2	1264

通过观察表2-4本体的语义类别与相似点的分布特征我们发现，在造词之初人们为不同语义类别的事物命名时的侧重点是不同的，主要表现

为不同语义类别的事物命名时所选取的相似点的角度是不均衡的。

从相似点的角度来看，外形相对于颜色、功能或性质来说是事物的典型特征，外形上的相似是最直观的，是显性的，以外形特征为相似点造词的数量最多，达到683个，占偏正式比喻复合词总数的54.0%。人们在为部件类、人造类、自然类、植物类和动物类事物命名时最先注意到的也是它们的外形特征，更多从外形角度寻找相似的喻体进行比喻；其次是以性质特征为相似点的本体所构成的复合词，占全部偏正式比喻复合词的12.9%；再次是颜色、功能相似点。通过比喻可以很好地将事物在性质（"钉子户""活化石"）、颜色（"海蓝""蜡白"）、功能（"肠衣""面肥"）等角度的抽象特征生动形象地展示出来。对于在两个特征角度都发生比喻的本体来说，相似点为"外形+功能"的本体造词数量最多，许多外观相似的事物功能也相近，如"房车"，不仅有房子的外形，人们还可以住在里面，兼有房子的功能，"悬臂"不仅外形像手臂，还有手臂抓举的功能。

从本体的角度来看，各语义类别的本体内部相似点的分布情况又是不同的。

为部件类事物命名人们更多考虑外形的相似，以外形为相似点的本体造词数量为130个，占全部件类本体造词的56.5%，如"鳖裙""臼齿""驼峰""骨盆""兰花手"；其次突出部件类事物的位置，部件往往在某物体中占据一定位置，这决定了部件类事物在位置方面具有显著特征，以本体的位置特征为相似点的造词数量占全部部件类本体造词的19.1%，如"柱头""词尾""门牙""林冠"。

为人造类事物命名也更多从事物外形特征入手，以外形为相似点的本体造词数量为310个，占全部人造类本体造词数量的65.0%，如"柿饼""梯田""蘑菇云""橄榄球""斑马线"；其次是从事物的功能特征入手造词，人造类事物往往具有某种特定功能，以功能为相似点的本体造词数量占人造类本体造词总数的12.6%，如"电脑""水枪""电梯""电门""激光刀"。

自然类事物通常具有独特的外形特征，为自然类事物命名也主要从事物的外形角度寻找喻体，占全部自然类事物造词的64.1%，如"石林""盆地""火海""星河""雨丝"。

外形也是不同植物和动物最显著的差异，是分辨不同种类动植物的基本方式，当为植物和动物命名时，它们的外形特征得到凸显，植物、动物以外形为相似点的造词数量分别是 51 个和 75 个，占各自类别本体造词数量的 89.5% 和 78.1%，前者如"剑麻""金针菜""芙蓉花""柿子椒""人参"，后者如"猪獾""钉螺""驼鹿""海豚""金枪鱼"。

人类、状态类、抽象类事物的性质特征是突出特征，除人类之外，状态类、抽象类事物都没有具体形态，在造词时主要从性质相似的角度寻找喻体，以性质为相似点的本体造词数量分别占各类本体造词总数的 66.7%、82.4%、61.1%，如"枭雄""钉子户""板硬""赤贫""牛脾气""黄金周"。

为动作类事物命名，往往先从动作相似的角度进行喻体的选择，动态特征是动作类事物的突出特征，以动作为相似点的造词数量占所有动作类本体造词数量的 60.3%，如"鲸吞""云集""蠕动""冰释""脉动"。同理，为颜色类事物命名，人们更多从颜色相似的角度寻找喻体，颜色特征是颜色类事物的突出特征，以颜色为相似点的造词数量占颜色类本体造词总数的 98.9%，如"天青""肉红""漆黑""玫瑰紫""橄榄绿"。

二 喻体与相似点的对应分布特征

和本体与相似点的对应情况相似，喻体与相似点的总数也不同。同一个喻体由于构成的比喻复合词不同，有可能对应不同的相似点，如"眼"分别是"腰眼"和"电子眼"的喻体，相似点分别是外形和"外形+功能"；同一个相似点也可能对应不同的喻体，如"冰糖""砂糖""花菜"都是以外形为相似点的复合词，其喻体各不相同。因此，对喻体与相似点对应分布特征的考察不能以喻体的分布为标准，而要以比喻复合词的分布情况为标准。偏正式比喻复合词喻体与相似点的对应分布情况见表 2-5。

表 2-5　　　　8 个语义类别的喻体与相似点对应分布情况

喻体＼相似点	外形	位置	性质	功能	动作	颜色	外形+功能	声音	位置+功能	气味	外形+动作	颜色+性质	总数
部件类	92	44	10	7	1	7	8	0	2	0	0	0	171
人造类	284	19	26	72	3	12	56	0	0	0	0	0	472
自然类	109	0	45	2	28	49	0	2	0	0	0	2	237
植物类	86	3	13	2	0	37	0	0	0	0	0	0	143
动物类	94	0	28	7	28	6	0	2	0	1	1	0	167

续表

喻体\相似点	外形	位置	性质	功能	动作	颜色	外形+功能	声音	位置+功能	气味	外形+动作	颜色+性质	总数
人类	10	0	23	4	1	0	0	1	0	0	0	0	39
状态类	0	0	5	0	0	0	0	0	0	0	0	0	6
动作类	8	0	13	2	6	0	0	0	0	0	0	0	29
总数	683	66	163	96	68	112	64	5	3	1	1	2	1264

不同语义类别的喻体在与本体发生比喻时相似点侧重的角度是不同的，主要表现为不同语义类别的喻体与不同相似点的对应存在数量上的差别。

从相似点的角度来看，外形相似点的造词数量最多，其次是性质、颜色、功能、动作、位置相似点，就两个角度发生比喻的相似点来说，"外形+功能"相似点的数量最多。

从喻体角度来看，与本体和相似点的对应规律相似，部件类、人造类、自然类、植物类和动物类事物作喻体，更多从其外形角度发生比喻，外形相似点的数量是最多的。

对于部件类喻体来说，位置特征仅次于外形特征，部件类事物往往分布于某个整体的不同位置，在位置方面有其独特性，如"门额""耳房""词头""鞋脸""颔联"。

对于人造类喻体来说，除了外形特征，功能和"外形+功能"特征也是其突出特征，有15.3%和11.9%的人造类喻体复合词的相似点是功能和"外形+功能"，这是由于大多数人造类事物具备某种功用性，而功能相似的事物外形也常常具有相似性。前者如"糖衣""水刀""河床""血栓""电梯"，后者如"天桥""纸巾""夜幕""帽檐""糯米纸"。

对于自然类和植物类喻体来说，除了外形特征，颜色也是显著特征，分别有20.7%和25.9%的自然类和植物类喻体复合词的相似点是颜色特征。自然事物和植物往往有丰富的色彩，前者如"银杉""乳黄""金糕""铁青""云片糕"，后者如"茶晶""葱绿""姜黄""芙蓉石""龙胆紫"。

对于动物类喻体来说，除了动物的外形特征，动物的性质和动作特征也常被用来作为相似点，各占动物类喻体的16.8%，这与某些动物的生活习性、行为动作具有某种突出特征或给人某种主观感受有关，前者如

"狐媚""鹰派""牛市""老鼠仓""老虎灶",后者如"蜂聚""鼠窜""蛙泳""猬集""龟缩"。

人类、状态类、动作类事物作喻体,在性质角度的特征最凸显,以性质为相似点的复合词数量占相应语义类别的喻体造词数量的59.0%、83.3%和44.8%。人类喻体复合词,如"处女地""童子鸡""贼风""宾语",状态类喻体复合词,如"盲打""赤贫""沸热",动作类喻体复合词,如"舌耕""笔战""遁词""绞痛"。

小结

本章是针对比喻复合词本体喻体的语义类别及分布特征的专题研究。通过将本体喻体按照语义类别进行分类,我们发现,不同语义类别的本体喻体在比喻复合词中有不同的分布规律。

就本体与复合词的对应关系来说,绝大多数本体与比喻复合词是一一对应的关系,有57个本体可以由不同复合词来表示,这57组复合词之间具有6种对应关系。就喻体与复合词的对应关系来说,在1264个偏正式比喻复合词中共有465个喻体,从理论上来说,喻体与偏正式比喻复合词不是一一对应的关系,但现实是有相当多一部分喻体只对应一个比喻复合词。

就本体喻体本身来说,无论作喻体还是本体,人造类事物的数量最多,造词总量也最多,状态类事物的数量最少,造词总量也最少。就本体喻体的对应关系来看,相同语义类别的本体喻体相互搭配造词是比喻复合词造词的主流,占所有比喻复合词的35.5%。此外,在与其他语义类别事物搭配构成比喻时,人造类事物无论作喻体还是本体都在整体数量上处于优势地位。

就本体喻体与相似点的对应关系来看,以外形为相似点的喻体数量最多、最普遍,而人类、状态类、动作类喻体更多凸显其性质特征;当为一个事物命名时,人们更多关注的是事物的外形特征,外形相似点占所有本体相似点的一半以上,此外,人们为人类、状态类、抽象类事物命名时更多从其性质特征入手,为动作类、颜色类事物命名则更多从动作和颜色角度寻找相似概念。

第三章

偏正式比喻复合词的语义关系与语法关系

语义关系与语法关系问题是词法研究的基本问题之一。对于偏正式比喻复合词来说，其内部的语义关系、语法关系与普通复合词相比具有独特的性质。

偏正式比喻复合词的语义关系与语法关系包括词素之间的语义、语法关系和词素与词之间的语义、语法关系两个角度。其中，词素之间的语义关系中的比喻关系以及词素与词之间的语义关系（表现为造词活动中造词者对词素的选择）是本章重点探讨内容。

第一节 比喻复合词语义关系与语法关系概况

现代汉语复合词的语义关系与语法关系研究主要包括词素之间的关系和词素与词的关系两个层面。比喻复合词作为现代汉语复合词的组成部分，对比喻复合词语义关系与语法关系的研究也主要从这两个层面展开。

一 词素之间的语义、语法关系

静态的词素义是造词者在造词时挑选词素的主要依据，而静态的词素一旦进入某种结构关系之中，便受结构关系的制约，词素义发生动态的变化。也就是说，词素间静态的、潜在的语义关系使词素组成一定的语法关系成为可能，而已经构成的语法关系又反过来对词素义形成限定和制约，使之发生动态的变化，成为词素间的某种语义关系。词素间的语义关系与语法关系是在造词时同时生成的。词素间的语义关系受语法关系的制约，语法关系又以词素间潜在的语义关系为前提。语法关系像一个模型，不同词素进到相同模型里面会产出不同的语义关系。

以上是现代汉语复合词词素间语义关系与语法关系的通常情况，而本书的研究对象——比喻复合词在此基础上还有其独有的特点，即在造词时比喻复合词比普通复合词还多了一个比喻的过程。就语法结构关系来说，本书研究对象都是偏正结构复合词，与普通复合词一样，词素间的语法关系只有定中结构和状中结构，因此需要着重考察的是词素间的语义关系，特别是语义关系中的比喻关系。

二　词素与词之间的语义、语法关系

词素是造词的基本单位，这是词素与词最重要的语法结构关系。词素与词之间研究的重点在于词素与词的语义关系研究，也可以认为是词素义与词义的关系研究。

词素是词的组成成分，词素相加构成一个完整的复合词，但除了"悲哀""比武""处事"等少数复合词的词义基本等于词素义相加之外，对于绝大多数复合词来说，词素义相加不等于完整的词义。词素义是词义表现在词面的"明示"的部分，而词义不仅包括词素义，还包括没有表现在词面的其他方面的特征。讨论词素义与词义关系的首要问题在于造词者选择什么样的词素来表示词义，词素的选择决定了词素义与词义的关系，这是我们讨论词素义与词义关系的出发点，将在下一节展开关于词素选择的详细论述。

三　前人研究成果

根据上文分类，前人关于语义、语法关系的研究成果也将分为词素之间、词素与词之间两个角度介绍，其中，词素与词之间的研究成果主要集中于语义关系的研究。研究成果既包括普通复合词也包括比喻复合词的研究。

（一）前人关于词素之间语义、语法关系的研究

前人研究分为语法关系研究和语义关系研究两个方向。

1. 词素之间的语法关系研究成果

上世纪20年代前后，受到西方结构主义影响，人们倾向从构词法角度对比喻词语进行词法分析。第一次详细、系统地分析词的结构是薛祥绥，他在《中国言语文字说略》中指出，汉语双音节词可分为连语（如"契阔""通达""山林"）、限定（如"剑匣""白璧""雪白"）、带数

(如"三坟""二八")等小类①。他将用修辞方式造出来的复合词加以分析,将"雪白""橙黄"这类词归入为"限定"小类,约类似于今天所说的偏正结构,是从结构角度做出的分析。他已经注意到比喻词语的特殊性。黎锦熙的研究更为详细,在《汉语复合词构成方式简谱》中,将复合词按构成方式分为三大类,分别是合体的复合词、并行的复合词和相属的复合词,下又有小类,比喻词语散见于相属复合词下层小类的例词之中,包括"两名相属"中"以'上名'别下名"中的"喻形"(如"马蚁""人参""狗熊")、"以'下名'辅上名"中的"下名判形质"(如"光线""眼球""乳浆")等类别②。夏丏尊将比喻词语分为副状(名+形),如"冰冷""火急";并列,如"耳目""笔墨"等③。陈望道《修辞学发凡》作为第一部研究修辞的专著,就词汇的产生而言,"词语上的辞格"一章中总结出种种修辞方式,就比喻词语而言,书中分别提到了隐喻词语和借喻词语④。

上世纪50年代,相关研究基本上承袭早期思想,但内容更为系统,分析得也更为深入细致,可以说是结构主义在词语研究上的辉煌时刻。陆志韦鲜明地提出,"一个类型,单就它的各部分的意义上的关系来说,可以是构词法和造句法所同有的"⑤。周祖谟将复合词分为"联合式""偏正式""支配式""补充式""表述式""重叠式"⑥,这一分类成为后来高等学校现代汉语教材讲授构词法的基本内容,除名称有变更、分类略作调整外,至今没有太多改变。周祖谟与陆志韦的指导思想是一致的,即认为复合词的词义是由词素义和词素之间的语法结构关系意义综合起来推知而成的。

上世纪80年代,关于比喻构词问题有不同看法。以贺水彬为代表,以比喻的方式划分造词的种类,将比喻造词分为五类:明喻凝缩而成;暗喻凝缩而成;借喻产生;明喻和借喻联合产生;古代产生的状中关系,喻

---

① 薛祥绥:《中国言语文字说略》,《国故》1919年第4期。
② 黎锦熙:《汉语复合词构成方式简谱》,载《黎锦熙语言学论文集》,商务印书馆2004年版,第324—336页。
③ 夏丏尊:《双字词语的构成方式》,《国文月刊》1946年第41期。
④ 陈望道:《修辞学发凡》,上海教育出版社2006年版,第73—76页。
⑤ 陆志韦:《构词学的对象和手续》,《中国语文》1956年第12期。
⑥ 周祖谟:《汉语词汇讲话》,人民教育出版社1959年版,第5—7页。

体在前①。贺水彬主要从比喻关系角度划分造词种类,下文比喻关系研究中还有更加详细的介绍。还有的更重视修辞手段对比喻词语的决定作用,但也不否认句法构词的作用,从而对比喻结构进行分类,以孙云、王桂华为代表,将比喻结构分为全喻型、正喻型、偏喻型②。正如潘文国所言:"进入八十年代,学者们不仅看到了汉语在构字、构词上的某种一致性,更在发掘汉语特点的过程中,发现并强调汉语的词、短语和句子在结构上的一致性。这样一来,词的解剖成为句子、短语解剖的显微和缩影。"③

词、短语、句子毕竟是不同的语言单位,刘叔新认为,"复合词的结构成分是词素,而不是词,词素之间的结构关联当然不能是句法现象",因为"复合词结构无论其词素的顺序形式还是意义关系,都无句法性质,也非词法现象,而只是词汇性的","无论词性还是词素意义关系类型,都往往不与特定的词素序形式相照应",当然,大部分复合词内部的结构形式与句法相似,但"句法结构充其量只在复合词的大部分结构格式中有个模糊的投影,绝不应把这比喻性的模糊影子看作实质"④。

上世纪90年代以后,认知语言学方兴未艾,由于认知理论的应用,比喻词语的研究有了突破性的进展。以往人们对比喻的理解偏向于增强表现力的修饰功能,比喻词语归属是辞格;现在人们认识到,比喻是人们认识世界的一种普遍认知手段,比喻词语归根结底与思维密切相关。在这种理论指导下比喻词语的范围变得更大更宽。

戴浩一以非客观主义的哲学观为指导,即后来通行的认知语言学的经验哲学基础,详细讨论了汉语的时间顺序原则⑤。谢信一则着重讨论了汉语的临摹性与汉语的意象⑥。刘宁生认为汉语偏正结构中的"中心语"和"修饰语"的认知基础是"目的物"和"参照物"⑦。张敏利用距离象似原则来解释汉语名词短语结构里的各种现象,还提出了"汉语复合名词假说",是国内最早用认知方法研究名词短语的专著之一⑧。刘正光概括

---

① 贺水彬:《汉语形象词语的构造及其与修辞的关系》,《辽宁师院学报》1982年第4期。
② 孙云、王桂华:《比喻构词刍议》,《天津师范大学学报》1982年第6期。
③ 潘文国等:《汉语的构词法研究》,华东师范大学出版社2004年版,第3页。
④ 刘叔新:《汉语描写词汇学》,商务印书馆1990年版,第80—84页。
⑤ 戴浩一:《时间顺序和汉语的语序》,黄河译,《国外语言学》1988年第1期。
⑥ 谢信一:《汉语中的时间和意象(上)》,叶蜚声译,《国外语言学》1991年第4期。
⑦ 刘宁生:《汉语怎样表达物体的空间关系》,《中国语文》1994年第3期。
⑧ 张敏:《认知语言学与汉语名词短语》,中国社会科学出版社1998年版。

了 N+N 概念合成名词的五种语义关系：联合型；关系型；特征映射型；混合型；合成型。这些语义特征充分反映了 N+N 概念合成的创造性特征①。

2. 词素之间的语义关系研究成果

关于词素间的语义关系，前人进行了深入的研究，研究成果丰富。下面将包括比喻复合词在内的复合词词素间语义关系研究成果和只针对比喻复合词词素间的比喻关系研究成果分开来进行说明。

（1）词素间的语义关系研究

"由于语义标准的设立颇有弹性，从不同的角度考虑，可以设立不同的标准"②，前人关于词素语义关系的分类有不同标准。

廖庶谦把"名物修饰语+名词"和"名词+名物修饰语"的情况分析成 17 类。1956 年，孙常叙在《汉语词汇》中提出分化造词中"语义作用"的概念，对分化造词的语义进行了最详尽的分析，对偏正式复合词修饰成分的"语义作用"分析出了 26 种。此后，崔复爱、刘伶、许威汉和李润生、任学良相继提出了他们对偏正式合成词的语义分类③。

周荐对《现代汉语词典》所收录的 32346 个双音节复合词两个词素之间的意义结构关系进行了分析。将定中格分为：n+x、v+x、a+x 和"逆序"四类，将状中格分为 n+x、a+x、adv+x、v1+v2、"逆序"五类，然后再为每一类进行更加细致的划分④。

李仕春将现代汉语复合词的语义构词法分为并立式和主从式两大类，主从式又分为三类，"以表名物义词素为主词根"的复合词又分为性质义+名物、颜色义+名物等 15 类，"以表动作义词素为主词根"的复合词又分为方式义+动作、程度义+动作等 9 类，"以表性质义词素为主词根"的复合词又分为形状义+性质、性质义+性质等 5 类⑤。

颜红菊指出，偏正式复合词的语义结构是"一个特征语素义+一个义类语素义→一个词义"。她将偏正式复合词的语义结构分为定中、状中偏正复合词来分别论述。定中偏正式复合词的语义结构为"一个事物特征+

---

① 刘正光：《语言非范畴化——语言范畴化理论的重要组成部分》，上海外语教育出版社 2006 年版，第 164—167 页。
② 潘文国等：《汉语的构词法研究》，华东师范大学出版社 2004 年版，第 277 页。
③ 潘文国等：《汉语的构词法研究》，华东师范大学出版社 2004 年版，第 271—278 页。
④ 周荐：《汉语词汇结构论》，上海辞书出版社 2004 年版，第 96—97 页。
⑤ 李仕春：《汉语构词法和造词法研究》，语文出版社 2011 年版，第 225—227 页。

第三章　偏正式比喻复合词的语义关系与语法关系　　　　　　　　83

一个事物义类→一个事物义"。她根据定中偏正复合词表示语义类的词素在复合词中的不同表现，将语义类分为本体语义类和转义语义类，转义语义类又分为转喻语义类和隐喻语义类；将语义特征按照名语素、动语素、形容语素划分为三大类，在周荐划分方法的基础上进行精简，各自划分更加细致的小类。她将状中偏正式复合词分为"x+v"和"x+a"两类，语义结构分别为"一个行为动作特征+一个行为动作义类→一个行为动作义"和"一个性状特征+一个性状义类→一个性状义"，各自再划分不同小类①。

（2）词素间的比喻关系研究

就比喻复合词词素间的语义关系而言，除了具有与一般复合词一致的语义关系之外，词素间还存在着一个比喻关系。前人对比喻复合词词素间的比喻关系也进行了深入的研究，主要围绕比喻辞格在复合词结构中的对应情况展开，下面仅列举具有代表性的贺水彬②、史锡尧③④、颜红菊⑤的分类结果进行比对。

贺水彬将比喻造词分为五类：

A. 由比喻中的明喻凝缩而成，表示喻体的语素在前。如：

　　雪白　金贵　鹅黄　墨绿　剑麻　油亮　蜜月　眉批　柳眉　斗室
　　马尾松　鹅毛雪　眼镜蛇　姐妹篇　贴心人　瓜子脸

B. 由比喻中的暗喻凝缩而成，喻体语素在后。如：

　　林海　泪花　夜幕　心田　情网　人梯　车流　笑柄　地衣　辞锋
　　松涛　驼峰　木耳　墨猪

C. 本身不具比喻结构，其比喻义是用词的结果（由借喻产生）。如：

---

① 颜红菊:《现代汉语复合词语义结构研究》，博士学位论文，首都师范大学，2007年，第70—101页。
② 贺水彬:《汉语形象词语的构造及其与修辞的关系》，《辽宁师院学报》1982年第4期。
③ 史锡尧:《动词、形容词的比喻造词》，《修辞学习》1995年第2期。
④ 史锡尧:《名词比喻造词》，《中国语文》1996年第6期。
⑤ 颜红菊:《现代汉语复合词语义结构研究》，博士学位论文，首都师范大学，2007年。

包袱 糟粕 关节 操纵 酝酿 爪牙 枷锁 盘踞 后台 炮灰
挤牙膏 咬耳朵 开夜车 和稀泥

D. 明喻和借喻联合而产生。与 A 不同在两个语素均具有形象意义；与 C 不同在本身是比喻结构。如：

铁拳 铁骨 银耳 青纱帐 铁饭碗

E. 从古代汉语名词作状语的语法关系固定下来的状语中心词关系，喻体在前。如：

蚕食 瓜分 鲸吞 壁立 狐疑 尘封 席卷 狼顾

史锡尧把动词比喻造词分为明喻造词和借喻造词。明喻造词，喻体在前，本体在后，主要来源为主谓短语凝结为词，如：

蚕食 鲸吞 龟缩 蚁聚 林立 瓦解

借喻造词，本体不出现，只出现喻体，用喻体借指本体事物，来源较多：
A. 动宾短语长期借喻凝结为词：露馅 顶牛 碰壁 砸锅
B. 偏正短语长期借喻凝结为词：长眠 起飞 倾吐 鞭挞
C. 意思相近的两个词长期借喻凝结为一个词：推敲 斟酌 锤炼 耕耘
D. 特殊搭配的短语长期借喻凝结为一个词：装蒜 骑墙 溜须 拍马

形容词比喻造词分为明喻造词和借喻造词。明喻造词，喻体在前，本体在后，如：

雪白 米黄 漆黑 杏黄 雪亮 冰凉 火热

借喻造词数量很少，主要为短语凝结为词：

露骨 盲目 坎坷 赤裸裸

史锡尧把名词比喻造词分为两类十种：

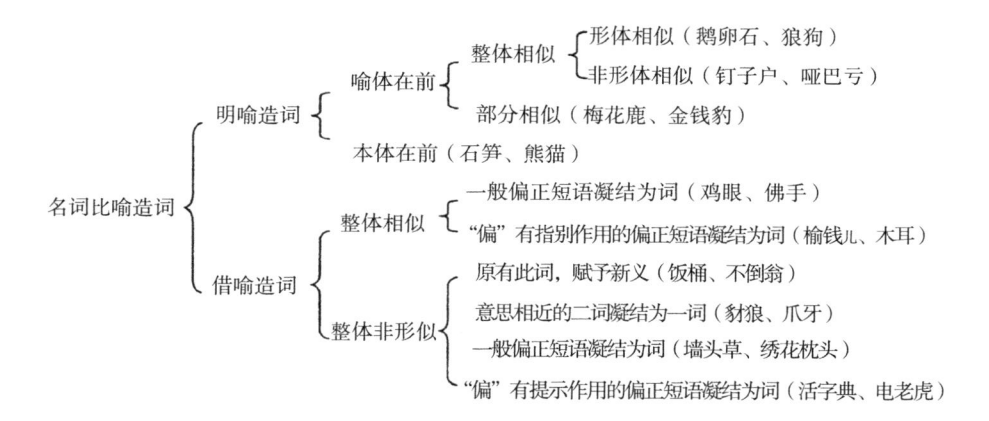

名词比喻造词 {
　明喻造词 {
　　喻体在前 {
　　　整体相似 {
　　　　形体相似（鹅卵石、狼狗）
　　　　非形体相似（钉子户、哑巴亏）
　　　}
　　　部分相似（梅花鹿、金钱豹）
　　}
　　本体在前（石笋、熊猫）
　}
　借喻造词 {
　　整体相似 {
　　　一般偏正短语凝结为词（鸡眼、佛手）
　　　"偏"有指别作用的偏正短语凝结为词（榆钱儿、木耳）
　　}
　　整体非形似 {
　　　原有此词，赋予新义（饭桶、不倒翁）
　　　意思相近的二词凝结为一词（豺狼、爪牙）
　　　一般偏正短语凝结为词（墙头草、绣花枕头）
　　　"偏"有提示作用的偏正短语凝结为词（活字典、电老虎）
　　}
　}
}

颜红菊将偏正式复合词隐喻造词分为暗喻造词和借喻造词两大类：

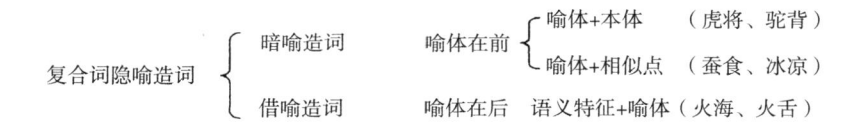

复合词隐喻造词 {
　暗喻造词　喻体在前 {
　　喻体+本体　（虎将、驼背）
　　喻体+相似点　（蚕食、冰凉）
　}
　借喻造词　喻体在后　语义特征+喻体（火海、火舌）
}

在以上几种比喻关系的分类中，与偏正式比喻复合词有关的内容包括贺水彬第 A、B、E 类，史锡尧（1995）文中的明喻造词、史锡尧（1996）文中的明喻造词、借喻造词—整体相似—"偏"有指别作用的偏正短语凝结为词（"榆钱儿""木耳"），颜红菊的暗喻造词、借喻造词。

下面就从比喻方式和本体喻体的分布两个角度分别对以上几类偏正式比喻复合词的分类结果展开对比。将偏正式比喻复合词分为定中式和状中式：

A. 定中式比喻复合词

在比喻方式角度：

贺水彬将前喻式定中复合词归入明喻造词，将后喻式定中复合词归入暗喻造词；史锡尧将定中式比喻复合词分为明喻造词和借喻造词两类，明喻造词既包括前喻式（"狼狗""梅花鹿"）也包括后喻式定中复合词（"石笋""熊猫"）；颜红菊将所有前喻式定中复合词归入暗喻造词，将所有后喻式定中复合词归入借喻造词，她认为明喻造词应改为暗喻造词，理由在于复合词隐喻构成要素为本体、喻体、相似点，"喻词"不是复合词的构成要素，而明喻与暗喻的划分依据恰恰为是否有喻词，因此，"复合词构词中没有明喻"，前喻式偏正复合词"其底层的词义结构是一个完整的隐喻结构，只是最后实现为语素的语义成分不同，与贺水彬指出的'由明喻/暗喻凝缩而成'是一致的"①。

在本体喻体的分布角度：

贺水彬将前喻式定中复合词归入"喻体+本体"结构，将后喻式定中复合词归入"喻体在后"结构，"林海""车流""木耳"等都被归入这一类；史锡尧认为前喻式定中复合词为"喻体+本体"结构，后喻式定中复合词被分为两类，一类为"本体+喻体"结构，一类为"'偏'有指别作用的成分+喻体"结构；颜红菊将前喻式定中复合词归入"喻体+本体"结构，将后喻式定中复合词归入"语义特征+喻体"结构。

B. 状中式比喻复合词

在比喻方式角度：

贺水彬将形容词性偏正复合词归入明喻造词，将动词性偏正复合词归入名词作状语的状中短语凝结为词；史锡尧将动词性和形容词性偏正复合词都归入明喻造词；颜红菊将动词性和形容词性偏正复合词都归入暗喻造词。

在本体喻体的分布角度：

贺水彬和史锡尧都认为状中式比喻复合词为"喻体+本体"结构；颜红菊认为状中式比喻复合词为"喻体+相似点"结构，理由在于侯友兰所提出的，"冰凉""龟缩"这一类，前一语素是喻体，但后一语素不是本体，而是本体与喻体相似的性状或行为动作，本体并未在词中出现，一般在上下文中出现②。

（二）前人关于词素与词之间语义关系的研究

符淮青探讨了词义和构成词的语素义的关系，他认为语素义与词义之间存在五种类型：语素义直接地完全地表示词义；语素义直接地但部分地表示词义；语素义和词义的联系是间接的，语素义间接表示词义；合成词中的一个语素完全不用原有意义表示词义；合成词中的所有语素意义都不

---

① 颜红菊：《现代汉语复合词语义结构研究》，博士学位论文，首都师范大学，2007年，第90页。
② 侯友兰：《比喻词补议》，《汉语学习》1997年第4期。

显示词义①。

王树斋分别从质和量两个方面描述词素和词的语义关系。质指的是词素和词所传达的内容，分为等质型和异质型；量指的是词素义和词义内涵的丰富程度和外延的大小，分为等量型和变量型。等量型的不一定等质，变量型的不一定变质，等质型的不一定等量，异质型的多为变量②。

黎良军指出，"（合成）词的结构本质上是提示性语义结构"，词义相当于构建了一个原型场景，词素义属于场景中被凸显的角色或特征，是词义中"明示"的部分，没有被凸显的角色或特征成为词义中"暗示"的部分，词素义包含于词义之中③。

朱彦以象类双音名物词为例探讨了复合词的语义结构和词素义的提示机制。该文指出词素义对词义具有提示性，分别是：词素义体现词义两个"点"上的有关语义特征的狭义提示和词素义暗示了词义整个"面"上的全部场景角色关系状况的广义提示。狭义提示的实现依赖汉字的语义特征，广义提示的实现依赖词汇系统中的相似聚合。该文还指出，词义结构的本质是内包含型的，词义内包含词素义④。

符淮青指出，语素的同一意义所表示的语义范畴随着构成合成词指示对象的不同，随着同它组合的另一语素意义的不同，其间语义关系的不同而发生变化。语素在构词中语义范畴改变后，意义同原义有明显的差异，往往分出不同义项，义项分属于不同的意义单位和语义范畴⑤。

李晋霞、李宇明将词义可从构成要素的意义上推知的难易度定义为词义的透明度，词义透明度被分为四个梯级：完全透明，词义基本上可从构成要素的意义上得出；比较透明，构成要素是词义的"示意图"；比较隐晦，部分构成要素基本上不具有词义示意作用；完全隐晦，所有构成要素均不大具有词义示意作用⑥。

---

① 符淮青：《词义和构成词的语素义的关系》，《辞书研究》1981 年第 1 期。
② 王树斋：《汉语复合词词素义和词义的关系》，《汉语学习》1993 年第 2 期。
③ 黎良军：《汉语词汇语义学论稿》，广西师范大学出版社 1995 年版，第 155 页。
④ 朱彦：《复合词的语义结构与词素义的提示机制——以象类双音名物词为例》，硕士学位论文，广西师范大学，2000 年。
⑤ 符淮青：《组合中语素和词语义范畴的变化》，《江苏大学学报（社会科学版）》2007 年第 1 期。
⑥ 李晋霞、李宇明：《论词义的透明度》，《语言研究》2008 年第 3 期。

第二节　偏正式比喻复合词词素间的语义、语法关系

据前文分类，偏正式比喻复合词作为现代汉语复合词的组成部分，其词素间的关系也可以分别从语法和语义两个角度进行探讨。下面分别说明。

一　偏正式比喻复合词词素间的语法关系

偏正式比喻复合词词素间的语法关系主要表现为词素间的结构层次和结构关系。本书共收录偏正式比喻复合词 1264 个，其中双音节复合词 985 个，占总数的 77.9%，三音节复合词 274 个，占总数的 21.7%，四音节复合词 5 个，约占总数的 0.40%。

（一）偏正式比喻复合词的结构层次

偏正式比喻复合词都由两个词素构成，根据音节与词素的对应分布情况，双音节偏正复合词内部结构层次都为"1+1"式，下面重点讨论三音节和四音节偏正复合词。

1. 三音节复合词的结构层次

"2+1"式：

"1"必定为单纯词素，根据"2"的词素类别，"2+1"式又分为：

[单纯词素+1]

共 23 个，例如：

　　玻璃砖　玻璃体　蛤蟆镜　鹦鹉螺　咖啡色　骆驼绒　蜘蛛人　蝴蝶结　和尚头

这些复合词中的双音节单纯词素都是成词词素，其中，"咖啡色""和尚头"中的"咖啡"和"和尚"独立使用时属于外来音译词，其他复合词中的双音节单纯词素作为单纯词时都是联绵词。

[合成词素+1]

共 130 个，例如：

　　糯米纸　高压脊　流星雨　电话亭　交通岛　面巾纸　墨斗鱼　面包车　柿

子椒

复合词中的合成词素在单独使用时是合成词，造词时是合成词素，合成词与合成词素的身份无法同时兼得。

[复合词素+1]

共 95 个，例如：

  超声刀 长命锁 椎间盘 避雷针 鸭嘴兽 龙须面 竹节虫 丁字街 火烧云 鸡头米

在"复合词素+1"结构的复合词中，有 80 个是前喻式偏正复合词，占所有该结构复合词的 82.8%。例如：

  鸭嘴笔 马齿苋 猫头鹰 鱼尾纹 长蛇阵 草履虫 麦秆虫 云片糕 鸡血石

只有 15 个是后喻式偏正复合词，只占该结构所有复合词的 15.8%。例如：

  变色龙 超声刀 穿堂门 高架桥 避雷针 指南针 橡皮泥 鸡内金

这说明在偏正式比喻复合词中，复合词素更经常用作喻指词素，较少作直指词素，更经常用作限定成分，较少用作中心成分。人们在造词过程中，出于经济原则，往往优先选择语言中已经存在的语言成分作为构词要素，但有时为了更恰当、更准确地表现某个事物或现象的某个特征，不惜新造复合词素。相对于直指词素来说，这种新造复合词素更多作为喻指词素，喻指词素是发生隐喻的部分，是隐喻的源域。为了尽可能恰当、准确地限定、描述隐喻的目的域对象，以复合词素的形式增加喻指词素的内涵是有效合理的一种方式。作为喻指词素的复合词素，有的是整体与部分关系的偏正结构，如"鸭嘴（笔）""马齿（苋）""猫头（鹰）""鸡血（石）"；有的是普通限定关系的偏正结构，如"长蛇（阵）""金枪（鱼）""绿柱（石）""百叶（箱）"；有的是主谓结构，如"火烧（云）"；有的是动宾结构，如"啃老（族）""避雷（针）""指南（针）"；有的是并列结构，如"金银（花）""子母（弹）""龙凤（胎）"。

"1+2"式：

"1"必定为单纯词素，根据"2"的词素类别，"1+2"式又分为：

[1+单纯词素]，共5个，分别是：

水葫芦 糖葫芦 油葫芦 木芙蓉 草珊瑚

5个都是后喻式偏正复合词。

[1+合成词素]，共18个，例如：

火筷子 台柱子 腿肚子 地黄牛 靶细胞 枪乌贼 牛脾气 洋娃娃

其中，有的合成词素由附加式合成词转化而来，如"（火）筷子""（台）柱子""（腿）肚子"；有的合成词素由复合式合成词转化而来，如"（地）黄牛""（靶）细胞""（枪）乌贼""（牛）脾气"；有的合成词素由重叠式合成词转化而来，如"（洋）娃娃"。

[1+复合词素]

共3个：血小板 石钟乳 金晃晃

下面将三音节偏正复合词的结构层次列表如下：

表 3-1　　　　三音节偏正复合词的结构层次、例词及数量

		例词	数量
2+1式	单纯词素+1	玻璃砖 芙蓉花 骆驼绒 蜘蛛人 蝴蝶结 葡萄胎	共23个
	合成词素+1	糯米纸 高压脊 流星雨 电话亭 交通岛 面巾纸	共130个
	复合词素+1	超声刀 长命锁 椎间盘 避雷针 鸭嘴兽 龙须面	共95个
总数		共248个	
1+2式	1+单纯词素	水葫芦 糖葫芦 油葫芦 木芙蓉 草珊瑚	共5个
	1+合成词素	火筷子 台柱子 地黄牛 靶细胞 枪乌贼	共18个
	1+复合词素	血小板 石钟乳 金晃晃	共3个
总数		共26个	

通过表3-1我们发现,三音节偏正式比喻复合词中绝大多数都是"2+1"式,占全部三音节偏正式比喻复合词的90.5%,"1+2"式仅占总数的9.5%。我们借鉴吕晓玲对现代汉语三音词以"2+1"式为主的论述,她认为"2+1"式之所以占到这么高的比例,与汉语词的韵律结构有很大关系,她参照冯胜利《汉语的韵律、词法与句法》一书中的有关论述,指出"韵律构词学认为,汉语最基本的'标准音步'是两个音节,三个音节是一个'超音步',单音节是'蜕化音节'。韵律词和复合词之间存在着主次、从属的关系:韵律词不必是复合词,但是原始复合词必须是一个韵律词。该理论可以很好地解释为什么两个单音节成分组合的短语经常发生固化以致词化的现象——'韵律为它们的固化提供了物质条件——使二者被紧紧地套在音步这个模型里,中间不能有停顿,而反复地使用又为它们的固化创造了现实基础。这就是双音短语固化(idiomatization)以致词化(lexicalization)的来源'(冯胜利,1997,11)这种双音节的短语在韵律构词系统中是'短语—韵律词',根据从右向左的'音步'实现方式,'双—单'式结构是韵律词的合法结构,[2+1]式'超音步'可以成词。因此,在现代汉语三音词中,2+1式远远多于1+2式"[1]。

无论是偏正式比喻复合词的喻指词素还是直指词素作限定成分,双音节词素作限定成分都占绝对优势,这与整个现代汉语三音词的结构层次相一致,这是受到汉语词韵律结构制约的结果。为了更深入地挖掘三音节复合词的结构规律,我们将各三音节复合词按照喻指词素所在位置再列一个表格:

表3-2　　按喻指词素位置划分三音节偏正复合词的结构层次

2+1式	单纯词素+1	前喻式20个,后喻式3个	共23个
	合成词素+1	前喻式74个,后喻式56个	共130个
	复合词素+1	前喻式80个,后喻式15个	共95个
总数		前喻式174个,后喻式74个	共248个
1+2式	1+单纯词素	前喻式0个,后喻式5个	共5个
	1+合成词素	前喻式6个,后喻式12个	共18个
	1+复合词素	前喻式1个,后喻式2个	共3个
总数		前喻式7个,后喻式19个	共26个

---

[1] 吕晓玲:《现代汉语三音词语义研究》,博士学位论文,山东大学,2015年,第35页。

通过表 3-2 我们发现，"2+1"式的前喻式复合词占多数，"1+2"式的后喻式复合词占多数，因此可以说，在三音节复合词中，双音节喻指词素占绝对优势。喻指词素为双音节的三音节复合词共 193 个，占三音节偏正比喻复合词总数的 70.4%，喻指词素为单音节的三音节复合词共 81 个，只占三音节偏正比喻复合词总数的 29.6%。

对于单纯词素与合成词素来说，在进入复合词之前都是汉语词汇系统中已经存在的成分，被拿来用作喻指词素还是直指词素取决于词素所对应的概念是否适合复合词的需要，因此，对于单纯词素与合成词素的选择更多取决于其所表示的概念。例如，双音节单纯词素"玻璃"在"玻璃丝""玻璃砖""玻璃钢"中充当直指词素，在"玻璃体"中充当喻指词素，也有的双音节单纯词素无论是在前喻式还是后喻式复合词中都充当喻指词素，如"芙蓉石""芙蓉花""木芙蓉"的"芙蓉"，"草珊瑚""珊瑚绒"的"珊瑚"；合成词素作喻指词素，如"梅花鹿""灯芯绒""荷包蛋""雪花膏""脚脖子"；合成词素作直指词素，如"子宫颈""交际花""豆腐脑儿""大陆桥""江珧柱""牛脾气"。综上，双音节单纯词素和双音节合成词素作喻指还是直指取决于词素所对应的概念在复合词中需要承担的角色。

如果说单纯词素和合成词素作喻指还是直指词素取决于其本身所对应的概念，那么，双音节喻指词素多于单音节喻指词素不是一种巧合的唯一解释就存在于复合词素之中。只有复合词素不是词汇系统已有的成分，有些是语言中的自由短语，有些则是出于造词需要临时产生，复合词素是对于这个结论真正有影响的成分。含有复合词素的三音节偏正比喻复合词共 98 个，其中复合词素作喻指词素的有 82 个，占 83.7%。正如前文所述，直指词素往往是词汇系统中已有的成分，为了更好地限定修饰直指词素，人们对喻指词素的挑选范围往往更大，当词汇系统中已有的成分不足以用来限定修饰直指词素时，便采用复合词素来充当喻指词素。双音节喻指词素，特别是复合性的喻指词素更便于描写和说明事物。因此，由于复合词素的参与，双音节喻指词素的总数多于单音节喻指词素，但由于双音节单纯词素与合成词素作喻指还是直指的偶然性，这也不是必然的结果，只是在现有的语料条件下，双音节喻指词素多于单音节喻指词素。

2. 四音节复合词的结构层次

偏正比喻复合词中共有 5 个四音节复合词。出于语用经济原则，多音节复合词的数量较少，且多数有各自的省略形式。

"3+1"式，共4个，分别是：

〈口〉手指头肚儿 石榴子石 金刚石婚 车轱辘话

其中，"手指头肚儿"也叫"指头肚儿"，"金刚石婚"也叫"钻石婚"。

"2+2"式，只有"冰糖葫芦"1个，也叫"糖葫芦"。

（二）偏正式比喻复合词的结构关系

既为偏正式比喻复合词，内部结构关系便都为偏正式。下面按照前喻式和后喻式偏正复合词的顺序分类讨论。

1. 前喻式偏正复合词

前喻式偏正复合词共559个，根据复合词中心成分的语法性质，又可分为定中式比喻复合词和状中式比喻复合词。

（1）前喻式定中复合词

前喻式定中复合词都是与事物概念相对应的名词，共410个，根据词素的语法性质，分为：

"名+名"式，共385个。例如：

驼鹿 斗笠 虎将 笋鸡 耳房 门齿 枕木 鼓膜

"动+名"式，共14个。例如：

蛀牙 睡莲 抱厦 骑楼 滚雷〈书〉将指 跑表 摆渡车 发烧友 火烧云

"形+名"式，共1个：盲棋
"名+动"式，共8个：

阶乘 囊肿 马趴 蛙泳 蝶泳 罗圈儿揖 海豚泳 麦粒肿

"名+形"式，共2个：龙胆紫 狐臭

除了单纯词素和合成词素之外，复合词素也有相应的语法性质，也可以根据语法性质被归入以上几类之中。例如，"火烧云""啃老族"的复合词素"火烧""啃老"都是动词性词素,复合词属于"动+名"式;"丹凤眼""鸡血石""柳叶眉""鸡心领"的复合词素"丹凤""鸡血""柳叶""鸡心"都是名词性词素,复合词属于"名+名"式。

"名+动"和"名+形"式复合词的中心成分虽然不是名词性成分,但对应的概念是名词性概念,例如"囊肿"的"肿"表示"肿瘤","马趴"的"趴"表示"趴着的动作","龙胆紫"的"紫"表示"紫色的药水"等,复合词依然是名词性复合词。

(2) 前喻式状中复合词

状中式比喻复合词除了"笔战""舌战""笔耕""舌耕""沙浴"是后喻式复合词之外都是前喻式复合词,是分别与性状和动作概念相对应的形容词和动词,前喻式状中复合词共149个。

性状类复合词都是形容词,语法性质主要为"名+形"式,共87个,占所有性状类复合词的94.6%。例如:

血红 米黄 豆绿 海蓝 天青 铅灰 银白 姜黄 猴儿精 狐媚 金贵

个别复合词的语法性质具有特殊性:
"动+形"式,2个:绞痛 填鸭式
"形+形"式,2个:赤贫 焦黑
"名+动"式,1个:吻合

动作类复合词都是动词,语法性质主要为"名+动"式,共48个,占所有前喻式动作类复合词的84.2%。例如:

雀跃 鼠窜 云集 鸟瞰 猬集 鼎立 棋布 蜗旋

个别复合词的语法性质具有特殊性:
"动+动"式,共5个:浮现 涌现 剥夺 筛查 蹿升
"动+形"式,1个:蹿红
"形+动"式,2个:盲打 盲审
"名+形"式,1个:飙高

比喻复合词内部的语法结构关系是词汇层面的分类,与直指词素和喻

指词素的比喻关系没有直接的关联，复合词本体、喻体在外形、性质、动作、颜色、功能、位置等角度的相似点与复合词词素的语法结构没有必然的对应关系。例如，同为"名+名"式复合词，"驼鹿""斗笠"的本体喻体在外形角度存在相似性，"虎将""笋鸡"在性质角度存在相似性，"耳房""门齿"在位置角度存在相似性，"枕木""鼓膜"在外形和功能角度存在相似性，"鱼雷""水袖"在动作角度存在相似性，"鸡血石""胭脂鱼"在颜色角度存在相似性。

2. 后喻式偏正复合词

后喻式偏正复合词共 705 个，绝大多数为定中结构复合词，是与事物概念相对应的名词，根据词素的语法性质分为：

"名+名"式，共 579 个，占所有后喻式偏正复合词的 82.1%。例如：

　　蚕沙　葱花　电笔　火苗　车流　腐竹　海报　火箭　林海　雪花　眼球　棉饼

"动+名"式，共 81 个。例如：

　　撞针　吸盘　熨斗　漏斗　跳伞　滚轮　戒尺　焊枪　游丝　传送带　变色龙　指南针

"形+名"式，共 39 个。例如：

　　圆锥　干冰　暖锋　热潮　快门　正轨　洋娃娃　安全岛

"名+动"式，共 1 个：北漂

只有 5 个后喻式偏正复合词为"名+动"的状中结构复合词，分别是：

　　笔战　舌战　笔耕　舌耕　沙浴

偏正式比喻复合词的结构关系如表 3-3 所示。

表 3-3　偏正式比喻复合词按结构关系及语法性质分类、例词及数量

	按结构关系	按词素语法性质		例词	数量
前喻式偏正复合词	定中结构	名+名		斗笠 耳房 笋鸡 门齿 驼鹿	385
		动+名		蛙牙 抱厦 骑楼 跑表 滚雷	14
		形+名		盲棋	1
		名+动		阶乘 囊肿 蝶泳 蛙泳 马趴	8
		名+形		龙胆紫 狐臭	2
	状中结构	性状类	名+形	米黄 血红 铅灰 狐媚 金贵	87
			动+形	赤贫 绞痛 填鸭式	3
			形+形	焦黑	1
			动+动	吻合	1
		动作类	名+动	鼠窜 云集 蜂聚 蛇行 棋布	48
			动+动	浮现 涌现 剥夺 筛查 蹿升	5
			动+形	蹿红	1
			形+动	盲打 盲审	2
			名+形	飙高	1
	总数				559
后喻式偏正复合词	定中结构	名+名		蚕沙 葱花 火苗 林海 眼球	579
		动+名		吸盘 撞针 跳伞 焊枪 游丝	81
		形+名		绝壁 干冰 暖锋 快门 热潮	39
		名+动		北漂	1
	状中结构	名+动		笔战 舌战 笔耕 舌耕 沙浴	5
	总数				705

后喻式偏正复合词的数量比前喻式偏正复合词更多，原因在于许多后喻式偏正复合词的喻指词素已经通过比喻的方式获得称代事物或状态的能力，而这种称代能力形成的是语义更加概括的上位概念。如"眼球""松球""卫生球"的"球"可以称代一切形状像球的事物，"林海""火海""人海""云海"的"海"可以称代一切外形像海的状态。人类思维的类比性促使人们用同一种造词理据为不同事物或状态命名，而其潜在的动力在于这些被命名事物或状态的语义类别在语言中处于缺位状态，当有一个概括、贴切的上位概念产生，造词者自然更倾向于以之作为新词的语义类别，因此，后喻式偏正复合词喻指词素的造词能力更强。前喻式偏正复合

词的喻指词素表示区别特征，对直指词素表示的语义类别进行区别性命名，这种造词模式与后喻式复合词相比缺乏类比的动力性，喻体被用来重复提供同一区别特征参与造词的概率相对更低。前喻式复合词喻指词素的平均造词数量为 1.26 个，而后喻式复合词喻指词素的平均造词数量为 1.86 个。因此，是后喻式偏正复合词喻指词素较强的能产性使其在数量上大大超过前喻式偏正复合词。

二 偏正式比喻复合词词素间的语义关系

偏正式比喻复合词词素间的语义关系既有与其他非比喻的偏正式复合词一致的地方，也有其独特的特点。我们可以将比喻复合词词素间的语义关系分为基本语义关系和比喻关系两部分。其一致性表现在词素间的基本语义关系与其他偏正式复合词相似，都是前一词素提供限定修饰性的区别特征，后一词素充当被限定修饰的语义类别；其独特性表现在基本语义关系的表现形式与其他偏正式复合词不同，偏正式比喻复合词词素间在含有限定修饰的基本语义关系的同时还存在一个比喻的过程，词素需要以发生比喻的方式进行限定修饰或充当语义类别。

总结来说，偏正式比喻复合词从复合词整体角度来看，词素作为构词要素，相互之间有其相应的基本语义关系；从复合词内部的比喻角度来看，词素间又有其相应的比喻关系。一方面，比喻关系是比喻复合词词素间语义关系的一部分，归属于比喻复合词词素间的语义关系；另一方面，比喻复合词词素间的比喻关系是基本语义关系得以成立的前提条件，相应的构词词素需要发生比喻才能发挥应有的语义功能。下面就分别从基本语义关系和独有的比喻关系这两个角度入手探讨偏正式比喻复合词词素间的语义关系。

（一）词素间的基本语义关系

"区别特征+语义类别"是所有偏正复合词词素间的基本语义关系，"区别特征"是造词者使命名对象的"语义类别"区别于其他"语义类别"的特征。从复合词词素间的语义关系来说，"区别特征"同时还是"语义类别"的限定成分，限定说明"语义类别"在某个角度的特征。

对于偏正式比喻复合词来说，词素间的基本语义关系同样也是"区别特征+语义类别"，"区别特征"既把"语义类别"与其他"语义类别"区别开来，同时也是对"语义类别"的限定说明。与普通偏正复合词不同的是，偏正式比喻复合词的"区别特征"或"语义类别"不是由词素的基本义直接表示，而总是以某个词素发生比喻的方式表示出来。下面从定中式比喻复合词和状中式比喻复合词两个角度分别讨论。

1. 定中式比喻复合词词素间的基本语义关系

根据发生比喻的词素的位置，定中式比喻复合词分为前喻式定中复合词和后喻式定中复合词。

（1）前喻式定中复合词词素间的基本语义关系

前喻式定中复合词的区别特征发生比喻，语义类别不发生比喻，区别特征与语义类别的语义关系可分为以下几类：

A. 外形特征+名物。例如：

带鱼 瓢虫 刀螂 人参 剑麻 豆猪 丝糕 筒裤 线香 抱厦 骑楼 睡莲 荷包蛋 扁桃体 珍珠米 蘑菇云 瓜皮帽 麦粒肿 龙须面 鱼尾纹 金枪鱼

喻指词素通过发生比喻的方式限定说明直指词素的外形特征，以外形作为直指词素所表示的事物与其他事物的区别特征，语义关系为"外形特征+名物"的前喻式定中复合词共266个，是前喻式定中复合词数量最多的词素间的语义关系。绝大多数名物都具有某种形状，若不是在其他角度有非常突出的特征，造词者普遍优先选择外形为区别特征，占所有前喻式定中复合词的64.9%。

B. 颜色特征+名物。例如：

金鱼 金星 金瓜 金橘 银杉 银发 碧波 虹鳟 湖色 烟色 驼色 茶色 咖啡色 胭脂鱼 鸡血石 鸡冠石

喻指词素通过发生比喻的方式限定说明直指词素的颜色特征，以颜色作为直指词素所表示的事物与其他事物的区别特征，语义关系为"颜色特征+名物"的前喻式定中复合词共42个，占所有前喻式定中复合词的10.2%。

C. 位置特征+名物。共11个：

第三章　偏正式比喻复合词的语义关系与语法关系　　99

颈联　颔联　耳房　耳门　门牙　门齿　锋面　腹地　扉页　扉画　卫星城

　　喻指词素通过发生比喻的方式限定说明直指词素的位置特征，以位置作为直指词素所表示的事物与其他事物的区别特征，语义关系为"位置特征+名物"的前喻式定中复合词数量较少，只占所有前喻式定中复合词的2.7%。

　　D. 动作特征+名物。共12个：

蛙泳　蝶泳　海豚泳　狐步舞　人鱼　水袖　马趴　猫步　虎步　鱼雷　滚雷　尺蠖

　　喻指词素通过发生比喻的方式限定说明直指词素的动作特征。名词性事物普遍在动态特征角度缺乏突出特征，以动作为区别特征的复合词只占所有前喻式定中复合词的2.9%。

　　E. 功能特征+名物。共4个：

摆渡车　拾音器　靶细胞〈书〉将指

　　喻指词素通过发生比喻的方式限定说明直指词素的功能特征。以功能为区别特征的复合词只占所有前喻式定中复合词的1.0%。

　　F. 性质特征+名物。例如：

胶泥　斗室　虎将　金曲　海碗　峰年　峰值　夹板气
笋鸡　海量　金婚　钉子户　芝麻官　牛脾气　黄金周

　　喻指词素通过发生比喻的方式限定说明直指词素的性质特征。对于一些抽象事物，没有具体的外形或颜色，在性质角度具有突出特征，造词者往往选择以喻指词素在性质角度发生比喻的方式限定直指词素，以之作为直指词素所表示的事物与其他事物的区别特征，共有64个，占所有前喻式定中复合词的15.6%。

　　G. "外形+功能"特征+名物。

　　喻指词素通过发生比喻的方式限定说明直指词素的"外形+功能"特

征，以外形特征及功能特征作为直指词素所表示的事物与其他事物的区别特征，这一类前喻式定中复合词共6个：

房车 枕木 鼓膜 盾构 餐巾纸 面巾纸

H. 其他特征+名物。
有一些词素间的语义关系数量比较少，将其统一归入"其他特征+名物"类语义关系中。主要有"'外形+动作'特征+名物"（"蜂鸟"）、"'颜色+性质'特征+名物"（"雪花膏"）、"声音特征+名物"（"牛蛙""娃娃鱼"）和"气味特征+名物"（"狐臭"）四类。

（2）后喻式定中复合词词素间的基本语义关系
后喻式定中复合词词素间的语义关系既与表示区别特征的直指词素从哪些角度限定说明表示喻体的喻指词素有关，又与喻指词素从哪些角度发生比喻有关，后喻式定中复合词词素间的语义关系比前喻式定中复合词更加复杂。

杨润陆将后喻式复合词分为四种类型："名素+名素"构成的主从关系的名词，"动素+名素"构成的偏正关系的名词，"动素+名素"构成的动宾关系的动词，"形素+名素"构成的偏正关系的名词。其中，"名素+名素"的后喻式复合词又分为五种类型：A. 直指为本名，在本名的基础上进行修辞性命名，如"瀑布""泉眼""菱角"；B. 直指为某种事物，对此种事物的状态进行修辞性命名，如"雪花""露珠""云海"；C. 直指为某种物质或材料，对由此种物质或材料所构成的事物进行修辞性命名，如"石笋""煤砖""铁饼"；D. 直指和喻指构成领属关系：a. 喻指所比拟的事物是直指的一部分，如"叶脉""橘络""屋脊"，b. 喻指从属于直指，但不是直指的一部分，如"蛛网""蚕沙""蜂房"；E. 直指和喻指构成限定关系，如"木耳""年轮""文盲"①。

其中，与本书后喻式偏正比喻复合词有关的是"名素+名素"中的B、C、D、E四类（A类为补充结构复合词）复合词，以及"动素+名素""形素+名素"构成的偏正关系复合词。除此之外，后喻式偏正复合词还有"沙浴""笔耕""笔战""舌耕""舌战"5个"名素+动素"的

---

① 杨润陆：《由比喻造词形成的语素义》，《中国语文》2004年第6期。

状中结构复合词，杨文有所提及，但由于数量太少，没有将其单列一种类型，状中结构复合词将在下文论述。

杨文对后喻式复合词的分类对本书有很大启发，笔者在杨文分类基础上重新整合，将后喻式定中复合词词素间的语义关系分为四类：1. "主体+特殊状态"（"雪花""水网""火舌""火海"）；2. "质料+特定形态"（"木鱼""糖瓜""铁丝""芝麻酱"）；3. "领属关系"（"帽舌""山脊""蚕沙""门臼"）；4. "其他限定关系"（"海狗""书亭""热浪""焊枪"）。其中，学界对于1、2类复合词的争议较大，主要围绕其是否是"逆序"词以及本体喻体的辨析等问题，这些问题在前文已有过详细论述，不再赘述。下面仅就1、2类复合词的区别做一归纳，以示区分。

"主体+特殊状态"复合词所表示的事物具有以下几方面特点：

（1）往往是自然形成的或无意识中形成的状态，如"火柱""冰柱""冰锥""河网""碑林""石林""人海""人潮""火海""火龙""星河""星云"。

（2）往往是一种暂时的、动态的状态，随时会改变形态或消失，如"火舌""声浪""气浪""水花""冰花""蜡花""油花""电流""车流""雨丝""雨雾"。

（3）只是形态的改变，不用很复杂的工序，如"蒜泥""虾米""葱花""柿饼""腰花""月牙""泪珠""泪花"。

"质料+特定形态"复合词所表示的事物具有以下几方面特点：

（1）往往以人造物居多，是人们有意识地制造的特殊形态的东西，如"木马""木鱼""土牛""米线""棉饼""皮筋""钨丝""铁丝""烟丝"。

（2）有一种相对稳定的形态，如"羽冠""肉冠""肉鳍""铁饼""煤砖""煤球""玻璃砖""茶砖"。

（3）工序比较复杂或制作用时较久，如"豆乳""腐竹""糖衣""糯米纸""石锁""豆花""石笋""石柱"。

现在再来看整个后喻式定中复合词词素间的语义关系。根据喻体与本体间的相似角度，喻指词素分别从外形、位置、动作、功能、性质等角度发生比喻，表示与本体分别在外形、位置、动作、功能、性质等角度相似的名物。下面就结合上文后喻式定中复合词的分类，分别论述不同类别后喻式定中复合词词素间的语义关系。

A. 主体+特殊状态。表示特殊状态的喻指词素分别从外形、动作、功能、性质、"外形+功能"角度发生比喻：

主体+特殊状态（外形相似），例如：

  火海 林海 柿饼 煤球 冰砖 石柱 烟柱 蒜泥 雪花

主体+特殊状态（动作相似），例如：

  电流 气流 车流 人潮

主体+特殊状态（功能相似），例如：

  光刀 中子刀 水刀 超声刀

主体+特殊状态（性质相似），例如：

  鱼秧子 鱼花 鱼苗 火星

主体+特殊状态（"外形+功能"相似），例如：

  火网 冰床 人梯 肉鳍

B. 质料+特定形态。表示特定形态的喻指词素分别从外形、功能、"外形+功能"角度发生比喻：

质料+特定形态（外形相似），例如：

  钢筋 钢丝 粉丝 芝麻酱 棉饼 糖瓜 腐竹 豆乳 酱油

质料+特定形态（功能相似）：

  糖衣

质料+特定形态（"外形+功能"相似），例如：

  胶囊 糯米纸 纸巾 沙盘

C. 领属关系。直指词素与喻指词素之间是领属关系，根据喻指词素是否是直指词素的一部分又可以分为"整体+部分"和"领有+从属"两类，前者的喻指词素表示的概念是直指词素表示概念的一部分，后者的喻指词素表示的概念从属于直指词素所表示的概念，但不是它的一部分。表示"部分"或"从属"的喻指词素分别从外形、位置、功能、性质、"外形+功能""位置+功能"、声音角度发生比喻：

整体+部分（外形相似），例如：

  帽翅 鸡冠 松针 表针 帽花 驼峰 花丝 山嘴

领有+从属（外形相似），例如：

  蚕沙 蛛网 蝉衣 蜂房 灯花 门臼

整体+部分（位置相似），例如：

  山腰 柱头 刀背 瓶颈 耳根 韵腹

整体+部分（功能相似），例如：

  扇骨 胎衣 肠衣 轨枕 外耳门

领有+从属（功能相似），例如：

  精巢 炮衣 贼窝 土匪窝

整体+部分（性质相似），例如：

戏眼 诗眼 词根 螺母

领有+从属（性质相似），例如：

敌焰 洪峰 词锋 祸根

整体+部分（"外形+功能"相似），例如：

帽檐 莲房 笔帽 磨盘

领有+从属（"外形+功能"相似），例如：

精囊 毛囊 气囊 电瓶 脚蹼

整体+部分（"位置+功能"相似）：

报眼 路肩 细胞核

领有+从属（声音相似）：

林涛 松涛

D. 其他限定关系。我们将除了前面三种语义关系之外的定中复合词词素间的语义关系归入其他限定关系，喻指词素分别从外形、位置、动作、功能、性质、"外形+功能"、声音角度发生比喻，其他限定关系内部还可以有更细致的划分。

生活环境+主体（外形相似），例如：

木耳 海狗 海狮 水葫芦 海米

功用+主体（外形相似），例如：

书亭 邮亭 话亭 报亭 指针 绞盘

重要成分+主体（外形相似），例如：

麻花 糖葫芦 灯塔 藻井 镜箱 袋鼠

属性+主体（外形相似），例如：

草珊瑚 木芙蓉 莴笋

位置+主体（位置相似），例如：

偏锋 前锋 中锋 边锋

性质+主体（动作相似），例如：

暖流 寒流 热浪 热潮

功能+主体（功能相似），例如：

奶嘴 锯床 磨床 钻床 赌窝 截门

位置+主体（性质相似），例如：

北漂 校花 田鸡 壁虎

使用方法+主体（"外形+功能"相似），例如：

围裙 吊床 蹦床 刮刀

位置+主体（声音相似）：

地黄牛

2. 状中式比喻复合词词素间的基本语义关系

根据发生比喻的词素的位置，状中式比喻复合词分为前喻式状中复合词和后喻式状中复合词。

（1）前喻式状中复合词词素间的基本语义关系

绝大多数状中式比喻复合词都是前喻式复合词，区别特征发生比喻，语义类别不发生比喻。根据复合词的语法性质分为动词性状中比喻复合词和形容词性状中比喻复合词。

A. 动词性状中比喻复合词词素间的基本语义关系。

动词性状中比喻复合词词素间的基本语义关系可分为以下几类：

a. 动作特征+动作。例如：

（a）蜂聚 蜂起 蜂拥 牛饮 雀跃 鼠窜 蛇行 龟缩 鹊起 蠕动 鸟瞰 蝉联

（b）流逝 星散 云集 云散 冰释 风行 波动 瓜分 瓦解

（c）浮现 涌现 剥夺 筛查 蹿升

喻指词素通过发生比喻的方式限定说明直指词素的动态特征，（a）类喻指词素所表示的动作特征是由生命体主动发出的，（b）类喻指词素的动作特征为非生命体由于自然力量（"星散""云散"）或人类力量（"瓜分""瓦解"）的干预产生，（c）类喻指词素本身表示某种与直指词素相似的动作。语义关系为"动作特征+动作"的动词性状中比喻复合词数量最多，共 38 个，占所有动词性前喻式状中复合词的 66.7%。

b. 外形特征+动作。例如：

棋布 笼罩 板结 被覆 壁立 鼎立 林立

喻指词素通过发生比喻的方式限定说明直指词素的外形特征，以外形作为直指词素所表示的动作与其他动作的区别特征。这类动作往往是长时间的、相对静态的动作，与动态特征相比，外形角度的特征更突出。语义关系为"外形特征+动作"的动词性状中比喻复合词共 13 个，占所有动词性前喻式状中复合词的 22.8%。

c. 性质特征+动作，共 6 个：

　　幻灭　蹿红　海涵　飙高　盲打　盲审

喻指词素通过发生比喻的方式限定说明直指词素的性质特征，主要为抽象动作，在性质角度的特征突出，只占所有动词性前喻式状中复合词的 10.5%。

B. 形容词性状中比喻复合词词素间的基本语义关系。

形容词性状中比喻复合词词素间的基本语义关系可分为以下几类：

a. 颜色特征+性状，例如：

　　蜡黄　蜡白　瓦灰　墨黑　橄榄绿　苹果绿　雪白
　　雪青　橙红　橙黄　豆绿　豆青　茶青　蛋青　蟹青

喻指词素通过发生比喻的方式限定说明直指词素的颜色特征，词素间的语义关系为"颜色特征+性状"的形容词性状中比喻复合词数量最多，共 70 个，占所有形容词性前喻式状中复合词的 76.1%。

b. 性质特征+性状，例如：

　　（a）猴儿急　猴儿精　狐媚　驽钝
　　（b）板实　板硬　雪亮　沸热
　　（c）金贵　绞痛　赤贫

喻指词素通过发生比喻的方式限定说明直指词素的性质特征，除了颜色性状之外，普通性状概念的突出特征往往也在于性质角度，（a）类喻指词素所表示的性状特征来自动物的生活习性带给人的主观感受，（b）类喻指词素所表示的性状特征来自事物的客观性状，（c）类喻指词素所表示的性状是人类社会所赋予的性质。

c. 外形特征+性状，共 4 个：

　　鸭蛋圆　粉碎　吻合　笔直

喻指词素通过发生比喻的方式限定说明直指词素的外形特征，这类性状往往是长时间相对静止地保持某种稳定的性状，外形特征比性质特征更加突出，只占所有形容词性状中比喻复合词的 4.3%。

（2）后喻式状中复合词词素间的基本语义关系

绝大多数后喻式复合词都是名词性的定中复合词，状中复合词只有"笔战""舌战""笔耕""舌耕""沙浴"5 个动词性复合词，词素间都是"工具+动作（性质相似）"的语义关系。

（二）词素间的比喻关系

前人关于比喻复合词的造词方式与内部比喻关系的看法既有相似之处，又有不同，不同观点之间错综复杂，本书借鉴前人的研究成果，在此基础上重新进行整理归纳。

传统修辞学普遍认为比喻复合词是句法比喻修辞的凝缩，所以将比喻复合词的比喻方式与句法修辞的比喻方式相对应也是很自然的，但同时也存在一些问题。

首先，认为比喻复合词是比喻句的凝缩这一看法忽略了词法的个性特征。从认知语言学角度来看，比喻复合词的隐喻映射关系与比喻句内部的隐喻映射不同，比喻复合词的产生动因和产生过程也与比喻句不同，虽然比喻复合词可以扩展为一个比喻句，两者在比喻方式和表义特点方面存在许多相似性，但比喻复合词来源于造词活动，比喻句来源于句法修辞，两者分别属于词法和句法范畴，比喻复合词内部不仅有一个比喻的过程，还有一个造词的过程，本体喻体在词中和在句中的功能和意义都是不同的。在造词过程中，人们不是先造一个比喻句，再将句子压缩成比喻复合词，也不是先考虑造一个明喻、暗喻还是借喻的复合词。其次，这种看法容易忽视复合词内部的语义结构关系，如"报眼"和"龙眼"，词面都只出现了喻体，都属于借喻造词，而前者是部分比喻复合词，后者是整体比喻复合词，复合词发生比喻的方式不同。因此，我们不主张将比喻复合词看作句法比喻的凝缩，但考虑到两者在比喻方面存在的共性，本书也不反对将比喻复合词内部的比喻情况与句法比喻进行比对。例如，我们可以说"山脊""海狗"这类本体没有直接出现在词面的复合词相当于比喻句中的借喻，"梯田""蘑菇云"这类本体喻体都出现在词面的复合词相当于比喻句中的明喻。

复合词词素间的比喻关系主要表现在两个方面：一方面在于比喻中的

本体喻体与复合词词素的对应关系;另一方面在于词素构成的比喻的类别,即词素间的比喻属于明喻、暗喻、借喻造词还是由其他结构固定下来。下面分类阐述偏正式比喻复合词的比喻关系。

1. 定中式比喻复合词词素间的比喻关系

关于前喻式定中复合词本体喻体的对应关系,贺水彬、史锡尧和颜红菊的看法是一致的,都认为是"喻体+本体"结构,笔者也赞成这种观点,所有前喻式定中复合词词素间的比喻关系都是"喻体+本体",例如:

盆腔 杆菌 杏眼 梯田 酱色 老虎钳 房车 蜂鸟 蛇瓜 砂糖

关于比喻类别的判定前人有不同看法,贺水彬、史锡尧认为这类复合词中的比喻属于明喻造词①②,颜红菊以复合词中没有比喻词为由认为这类复合词是暗喻造词③。本书的观点是,比喻词是句法比喻中的标记符号,除一部分包含比喻的成语之外,绝大多数比喻复合词中本来就不存在比喻词,将句法中的成分在词法层面进行比较是不合理的,比喻词也不是比喻必需的要素之一,比喻复合词中不存在暗喻造词,"喻体+本体"关系的前喻式定中复合词为明喻造词。

后喻式定中复合词本体喻体的对应关系,前人的分歧较大。贺水彬将所有后喻式定中复合词都归入"喻体在后"结构,未对直指词素的不同类型做出更细致的划分④;史锡尧对直指词素做了区分,他将后喻式定中复合词分为"本体+喻体"和"'偏'有指别作用的成分+喻体"两类⑤;颜红菊将所有后喻式定中复合词都归入"语义特征+喻体"结构,将所有在前的直指词素都归入"语义特征",她认为"火海""火舌"中的

---

① 贺水彬:《汉语形象词语的构造及其与修辞的关系》,《辽宁师院学报》1982年第4期。
② 史锡尧:《名词比喻造词》,《中国语文》1996年第6期。
③ 颜红菊:《现代汉语复合词语义结构研究》,博士学位论文,首都师范大学,2007年,第90页。
④ 贺水彬:《汉语形象词语的构造及其与修辞的关系》,《辽宁师院学报》1982年第4期。
⑤ 史锡尧:《名词比喻造词》,《中国语文》1996年第6期。

"火"不是本体，而是语义特征①。本书赞成颜红菊的看法。在第一章第二节关于后喻式偏正复合词本体喻体的辨析中有过详细论述，像"雪花""林海""棉饼""粉丝"这类后喻式偏正复合词的直指词素并不是本体，而是与"木耳""海狗""棋盘""屋脊"等复合词的直指词素一致，是本体与其他概念的区别特征，同时也是喻指词素的限定修饰成分，直指词素不直接参与比喻。所有后喻式定中复合词都是"区别特征+喻体"的对应关系，本体不体现在词面上，词素间不包含比喻关系。

关于后喻式定中复合词比喻类别的判定，贺水彬认为"林海""泪花"一类属于暗喻造词②，史锡尧认为"石笋""熊猫"类属于本体在前的明喻造词③，颜红菊认为是本体不出现的借喻造词④，本书赞同颜红菊的观点，后喻式定中复合词的词面只出现喻体，为借喻造词。

2. 状中式比喻复合词词素间的比喻关系

绝大多数状中式比喻复合词都是前喻式复合词。根据复合词的语法性质分为动词性复合词和形容词性复合词。动词性复合词，如：

虎视 牛饮 蜂聚 坟起 瓜分 鼠窜 云集 云散 冰释 林立 棋布 鼎立

形容词性复合词，如：

笔直 杏黄 海蓝 火红 乳白 月白 橙黄 桃红 板硬 金贵 火烫

后喻式复合词只有5个，分别是：

笔战 舌战 笔耕 舌耕 沙浴

---

① 颜红菊：《现代汉语复合词语义结构研究》，博士学位论文，首都师范大学，2007年，第91页。
② 贺水彬：《汉语形象词语的构造及其与修辞的关系》，《辽宁师院学报》1982年第4期。
③ 史锡尧：《名词比喻造词》，《中国语文》1996年第6期。
④ 颜红菊：《现代汉语复合词语义结构研究》，博士学位论文，首都师范大学，2007年，第90—91页。

贺水彬和史锡尧都认为状中式比喻复合词为"喻体+本体"的对应关系①②，颜红菊赞成侯友兰的观点，认为状中式比喻复合词是"喻体+相似点"③。本书赞成贺水彬、史锡尧的观点，"火红""火烫""牛饮"中的"红""烫""饮"是比喻的本体，不是本体喻体的相似点，状中式比喻复合词本体喻体的对应关系为"喻体+本体"。在本书第一章第二节中笔者对这一问题做过较详细的论述，这里不再重复。

关于状中复合词的比喻类别，贺水彬认为"蚕食""瓜分"等动词性复合词来源于古汉语名词作状语结构的固定化，"雪白""金黄"等形容词性复合词为明喻造词；史锡尧（1995）认为动词性和形容词性复合词分别可以分为明喻造词和借喻造词两类。颜红菊将状中复合词都归入暗喻造词。本书认为，状中式复合词与定中式复合词一样，无论是动词性还是形容词性，前喻式状中复合词都是明喻造词；后喻式状中复合词都是借喻造词。

根据以上关于定中式和状中式比喻复合词比喻关系的论述，偏正式比喻复合词的比喻关系如下：

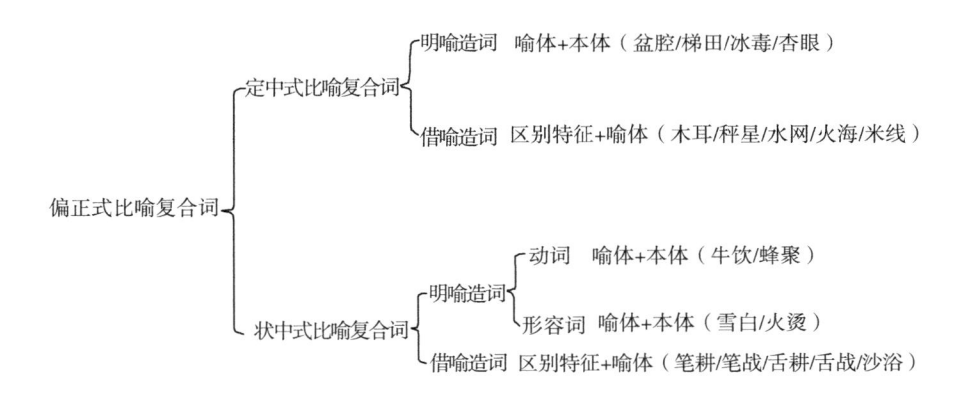

偏正式比喻复合词
├─ 定中式比喻复合词
│   ├─ 明喻造词　喻体+本体（盆腔/梯田/冰毒/杏眼）
│   └─ 借喻造词　区别特征+喻体（木耳/秤星/水网/火海/米线）
└─ 状中式比喻复合词
    ├─ 明喻造词
    │   ├─ 动词　喻体+本体（牛饮/蜂聚）
    │   └─ 形容词　喻体+本体（雪白/火烫）
    └─ 借喻造词　区别特征+喻体（笔耕/笔战/舌耕/舌战/沙浴）

前喻式偏正复合词都是"喻体+本体"的明喻造词；后喻式偏正复合词都是"区别特征+喻体"的借喻造词。

---

① 贺水彬：《汉语形象词语的构造及其与修辞的关系》，《辽宁师院学报》1982年第4期。
② 史锡尧：《名词比喻造词》，《中国语文》1996年第6期。
③ 颜红菊：《现代汉语复合词语义结构研究》，博士学位论文，首都师范大学，2007年，第89页。

第三节　偏正式比喻复合词词素与词之间的语义关系

与词素间的研究角度类似，词素与词之间也有语义关系和语法关系两个角度。然而，词素与词之间的语法关系比较明确：词素是构词材料，词由词素构成；一个偏正式比喻复合词通常由两个词素组成，一个词素充当复合词的限定成分，另一个词素充当复合词的中心成分。因此，本节讨论的重点在于词素与词之间的语义关系。

标记概念是词的基本功能，词义与概念具有对应性。詹人凤指出，"从个人（社会成员的个体）来看，他对于词义的理解和对于概念的理解在深度上也是一样的。一个人对于'水'的概念理解到什么程度，他对于'水'的词义也就理解到什么程度。如果他不知道'水'的化学成分，他关于'水'的词义的理解也不会包含这样的属性"[1]。词素的选择直接影响词义的全貌，而由于词义的概念对应性，词义对构词的词素又产生反作用，使词素义与词典释义相比发生动态的变化。因此，在造词之初，为了标记某个概念而对词素的筛选决定了词素与词之间的语义关系。

概念含有多个角度的特征，并非每一个特征都能得到重视并外化为构词成分——词素，这要经过造词者的筛选，菲尔墨（Charles J. Fillmore）在《"格"辨》中将这种选择称为透视域（Perspective）[2]，只有经过造词者透视域的概念的突出特征才能外化为词素，作为标记概念的符号，得到"明示"。以哪个特征作为造词时的区别特征取决于造词者对概念不同特征的关注度，不是绝对的，同一个概念可以由不同的词素组合来表达，如"乌贼"又叫"墨鱼"或"墨斗鱼"，"网胃"又叫"蜂巢胃"，"山梁"又叫"山脊"。

词典释义为了兼顾造词理据，有时会依据词素内容进行释义，但更多情况下，词典释义尽可能在解释造词理据的同时兼顾没有表现在词面的"暗示"部分。例如：

【带鱼】 名 鱼，体长侧扁，形状像带子，银白色，全身光滑无

---

[1] 詹人凤：《现代汉语语义学》，商务印书馆1997年版，第28—34页。
[2] ［美］C. J. 菲尔墨：《"格"辨》，胡明扬译，商务印书馆2012年版。

鳞。是我国重要海产鱼类之一。有的地区叫刀鱼。(《现代汉语词典》第 251 页)

【蜡黄】形 状态词。颜色黄得像蜡，多形容因病或营养不良等而肤色不好。(《现代汉语词典》第 771 页)

【蛇瓜】名 一年生草本植物，茎蔓生，叶子掌状分裂，果实圆柱形，长可达 1 米以上，嫩时灰白色，外形略像蛇。是常见蔬菜。(《现代汉语词典》第 1152 页)

"带鱼"从词素的组合意义来看指"形状像带子的鱼"，是"带鱼"的外形特征和"鱼"的类别归属进入了造词者的"透视域"，以外形特征限定说明类属，以此来称代"带鱼"这个概念，这是"带鱼"的造词理据，而"带鱼"的颜色、细节特征、产地、地位、别称等都没有体现在词面上，成为词义中的"暗示"部分体现在词典释义中。"蜡黄"的形容对象，"蛇瓜"在植物谱系中的属性、功用、茎、叶子等的外形细节等不属于词素义所涵盖的范围，都没有体现在词面上，是词义的隐含内容。

对于偏正式比喻复合词来说，得到"明示"的部分有两点：区别特征和语义类别，因此，偏正式比喻复合词在造词时面临两个问题：区别特征的选择和语义类别的表达。比喻复合词与普通复合词的不同之处在于，即使是"明示"的部分也不全是直接的"明示"，前喻式偏正复合词的区别特征和后喻式偏正复合词的语义类别都发生了比喻，是一种间接的"明示"，因此，偏正式比喻复合词的词素与词之间的语义关系具有与普通复合词不同的特殊规律，而对词素的筛选是讨论词素与词语义关系的出发点。

下面就分别从前喻式和后喻式偏正复合词词素的选择问题入手探讨偏正式比喻复合词词素与词的语义关系问题。此外，词素入词后发生的意义偏移也是词素与词语义关系研究的重要内容之一，放在本节最后，作为对词素与词之间语义关系研究的补充。

一　前喻式偏正复合词词素的选择

前喻式偏正复合词的喻指词素和直指词素分别表示复合词的区别特征和语义类别，前喻式偏正复合词"明示"的情况为：

区别特征（喻指词素）+语义类别（直指词素）

通常来说，前喻式复合词的语义类别是相对固定的，因而直指词素的选择是基本确定的；区别特征是可选择的，因而喻指词素的选择是不确定的。根据偏正复合词中心成分的语法性质，前喻式偏正复合词分为定中复合词和状中复合词两类，下面分别讨论。

（一）前喻式定中复合词词素的选择

前喻式定中复合词都与事物类概念相对应，直指词素表示事物的类别归属，喻指词素表示与其他事物的区别特征，前喻式定中复合词词素的选择是必然性与或然性的结合。

1. 直指词素选择具有绝对的必然性和相对的或然性

（1）直指词素选择的必然性

绝大多数直指词素有相对固定的选择对象，这是由事物语义类别的客观范畴归属决定的，选择哪一个词素表示复合词的语义类别具有必然性，如：

  刀鱼 带鱼 凤尾鱼 金枪鱼 胭脂鱼 金鱼
  大头菜 发菜 裙带菜 金针菜 花菜
  佛手瓜 蛇瓜 丝瓜 金瓜
  扫帚星 扁担星 金星
  翅果 腰果 角果 球果

"刀鱼""带鱼"等概念都是"鱼"类，"大头菜""发菜"等概念都是"菜"类，"佛手瓜""蛇瓜"等概念都是"瓜"类，"扫帚星""扁担星"等都是"星"类，"翅果""腰果"等都属于"果"类，因此，造词时分别选择"鱼""菜""瓜""星""果"作相应的直指词素。可以预见，新产生的鱼类前喻式偏正复合词一般也会以"鱼"作为直指词素，新产生的菜类前喻式偏正复合词也会以"菜"作直指词素，"瓜"类、"星"类、"果"类等其他类事物的新造词也是如此。

（2）直指词素选择的或然性

直指词素的选择具有一定程度的或然性，这不是比喻复合词所独有，其他复合词语义类别的选择也存在类似的现象，但体现或然性的例子不多，就比喻复合词来说数量更少，直指词素选择的或然性是相对的，主要表现在：

A. 造词层面语义类别归属的或然性。

这与词指称概念的基本功能有关，词只起一个称代作用，只要被群众接受并约定俗成就是合理的，不一定完全符合科学层面的分类。造词者往往凭借生活常识或人们的普遍观念确定复合词的类别归属，只要能够与相应的概念相对应、起到准确的指称功能，所造出的复合词就是恰当的、适宜的。《现代汉语词典》对"鱼"的释义是"脊椎动物的一大类，生活在水中，体温随外界温度而变化，一般身体侧扁，有鳞和鳍，用鳃呼吸。种类极多，包括软骨鱼和硬骨鱼两类。大部分可供食用"。而"墨斗鱼""墨鱼""人鱼""娃娃鱼"从自然科学层面来看并不属于鱼类，但它们都与鱼一样生活在水中，在不具备专业知识的大众看来，以"鱼"作为语义类别并没有什么不妥，这体现了直指词素选择的或然性。

B. 直指词素表现形式选择的或然性。

直指词素的或然性还体现在两个或同义、或近义、或相关关系的词素中的任意一个都可以作为复合词的直指词素，组成的复合词之间是同义词关系，出于语言的经济原则，这类同义词的数量十分有限。这样的词素有：

牙-齿：犬牙-犬齿 门牙-门齿 蛀牙-蛀齿
船-舟：龙船-龙舟
体-腺：扁桃体-扁桃腺
手-指：兰花手-兰花指
房-楼：裙房-裙楼

此外，"衣"和"服"也是同义关系词素，但二者在比喻造词时出现不同分工，"衣"主要用来作喻指词素，组成"蝉衣""糖衣""炮衣""胎衣""肠衣""豆腐衣""地衣"，而"服"常用来作直指词素，组成"燕尾服""面包服"等。

（3）直指词素与语义类别的对应关系

直指词素表示复合词的语义类别，直指词素的选择与语义类别有直接联系，两者的关系主要有：

A. 直指词素相同，语义类别相同；直指词素不同，语义类别不同。这是直指词素与语义类别的基本关系，二者在绝大多数情况下是保持一致的。例如,"丝瓜""佛手瓜""蛇瓜""金瓜",直指词素都是"瓜",都属于瓜类植物;"斗车""轿车""面包车""摆渡车""房车",直指词素都是"车",都属于车类交通工具。又如"马鹿""燕雀""豹猫""瓢虫""狼狗""鲸鲨"等动物的直指词素不同,语义类别也不同。

B. 直指词素相同,语义类别不同。这主要与造词时义项的选择有关。绝大多数直指词素在前喻式定中复合词中表示的是其基本义,相同直指词素的前喻式定中复合词往往属于同一语义类别,有个别直指词素是多义词素,且不同词素义都是并列使用的常用义,在比喻复合词造词过程中可能出现直指词素相同,语义类别不同的情况。例如"悬铃木"和"枕木",直指词素相同,前者造词时选择的是"木"的"树木"义项,后者选择的是"木"的"木头"义项。

C. 直指词素不同,语义类别相同。主要指个别同义或近义关系的直指词素在复合词中可以通用的情况,例如"齿"和"牙",分别构成"犬齿""门齿""蛀齿"和"犬牙""门牙""蛀牙",直指词素不同,语义类别相同。

2. 喻指词素的选择具有绝对的或然性和相对的必然性

(1) 喻指词素选择的或然性

在标记一个概念时,理论上来说对限定成分的选择没有必然对应性,喻指词素是前喻式偏正复合词的限定词素,因而喻指词素的选择有绝对的或然性。喻指词素选择的或然性体现在两个方面:区别特征选择的或然性和喻体选择的或然性。

A. 区别特征选择的或然性

外形、口感、产地、功用、颜色、价格、位置、成因、质料等都是事物类概念所具有的特征,在造词过程中,这些区别特征都可能被用来作限定成分,含有相应相似特征的喻指词素都可能在造词时得到选择。

【腰果】 名 常绿灌木或小乔木,叶子倒卵形,花粉红色,果实肾脏形。果仁可以吃,果壳可以榨油。原产南美。(《现代汉语词典》第 1522 页)

【盆地】 名 被山或高地围绕的平地。(《现代汉语词典》第 987 页)

【金瓜】名 草本植物，茎蔓生，叶片粗糙，边缘锯齿形，花白色，果实卵形，橘红色，有10条纵棱。(《现代汉语词典》第675页)

【耳房】名 跟正房相连的两侧的小屋，也指厢房两旁的小屋。(《现代汉语词典》第345页)

【水袖】名 表演古典戏曲、舞蹈的演员所穿服装的袖端拖下来的部分，用白色绸子或绢制成。(《现代汉语词典》第1228页)

【摆渡车】名 指在机场候机厅和停机坪上的飞机之间往来接送乘客的汽车，也泛指在几个站点之间往来接送换乘乘客的汽车。(《现代汉语词典》第30页)

【海碗】名 特别大的碗。(《现代汉语词典》第509页)

"腰果""盆地"选择的是事物的外形特征作为区别特征，"腰"和"盆"由于外形上的相似性而被选作喻指词素；"金瓜"选择的是事物的颜色特征作为区别特征，"金"由于颜色上的相似性而被选作喻指词素；"耳房"选择的是事物的位置特征作为区别特征，"耳"由于位置上的相似性而被选作喻指词素；"水袖""摆渡车""海碗"的造词过程分别选择了事物的动态特征、功能特征和性质特征，因而选择了含有相应特征的"水""摆渡""海"作喻指词素。从理论上来说，事物的外形、颜色、位置、动作、功能、性质等特征都可以作为复合词的区别特征，而区别特征角度选择的或然性决定了喻指词素选择的或然性，喻指词素选择的或然性是绝对的。

B. 喻体选择的或然性

对于同一个本体，在区别特征确定的前提下，理论上任何含有相似区别特征的事物都有成为喻体的可能。在具体造词过程中，一个概念通常只选择一个喻体、由一个复合词来称代，就现有前喻式定中复合词来看，也存在个别概念选择不同喻体分别造不同复合词的情况。出于语言的经济性原则，这种情况十分有限，主要有：

豆猪-米猪　　网胃-蜂巢胃　　墨鱼-墨斗鱼-乌贼

这些不同喻体的同义复合词都被社会约定俗成，在词汇系统中并行不悖，至于哪一个先被淘汰取决于在时间的进程中人民群众的选择。此外，由于人们的称呼习惯不同，还存在同一个喻体由不同喻指词素表示的情况，进而产生同义词素混用的情况，主要有：

  酒糟鼻-酒渣鼻 处女秀-处子秀 金刚石婚-钻石婚

（2）喻指词素选择的必然性

喻指词素选择的必然性来自人们造词时约定俗成的倾向性，这种必然性是限制在一定范围内的，是相对的。与或然性一致，喻指词素选择的必然性也体现在两个方面：区别特征选择的必然性和喻体选择的必然性。

A. 区别特征选择的必然性

尽管从理论上来说，我们可以选择概念的外形、颜色、位置、动作、功能、性质等任意角度的特征作为区别特征，但从造词的实际来看，对概念区别特征的选择具有相对的必然性。

首先，在造词时造词者总是尽量选择外形角度的特征作为前喻式定中复合词的区别特征，相应地，对喻指词素的选择也有了外形角度的倾向性。这与造词的最初动因有关，造词的初衷是为了服务于语言的交际职能，为了交际职能更好地发挥，如何使所造词更容易被语言使用者掌握并运用是造词者需要考虑的第一要务，而对于比喻复合词来说，以外形为区别特征的比喻复合词相对于以其他角度特征为区别特征的复合词来说更容易为人理解、掌握并运用。外形特征以图像的方式储存在人脑中，是最容易辨认的事物间的区别特征，人们对外形特征的敏感度最高，关于事物外形的常识储备也最充分，以外形为区别特征的比喻复合词能更好地服务于语言的交际职能。在410个前喻式定中复合词中，以外形特征为区别特征的复合词共266个，占所有前喻式定中复合词的64.9%，从数据角度证明了造词者对喻指词素选择具有相对的倾向性。

其次，尽管以外形特征为区别特征的喻指词素是造词者的首选，但并不是所有概念都适合以外形作为区别特征，造词者对标记这些概念的喻指词素的选择也不是任意的，而是出于某些因素做出的必然选择，这也体现了喻指词素选择的必然性。这些概念可分为两类：

a. 在外形角度缺少突出特征，在其他角度特征更突出。造词者据此选择含有相应相似特征的喻指词素。

颜色特征突出，如：

　　金鱼 金星 胭脂鱼 虹鳟 雪花膏 石榴裙 鸡血石 鸡冠石 芙蓉石 银杉

位置特征突出，如：

　　耳房 耳门 门牙 扉页 卫星城

动态特征突出，如：

　　蛙泳 蝶泳 人鱼 鱼雷 猫步 马趴

功能特征突出，如：

　　摆渡车 靶细胞

性质特征突出，如：

　　胶泥 斗室 童子鸡 海碗 笋鸡

这些概念以具体事物为主，外形特征不是其突出特征，而其他角度的特征更加突出，依据造词原则，要选择最突出的特征作为区别特征才能更好地标记概念并与其他概念相区别，因此，这类喻指词素的选择具有一定程度的必然性。

b. 概念内涵已经内含指定的区别特征。这类概念以抽象事物为主，选择含有什么特征的喻指词素来标记区别特征已经由概念决定，喻指词素的选择范围具有相对的必然性。

在性质上有特定要求的概念，如：

　　【处女峰】 名 没有人攀登过峰顶的山峰。(《现代汉语词典》第

【芝麻官】指职位低、权力小的官（含讥讽意）。（《现代汉语词典》第 1677 页）

【海量】①名敬辞，宽宏的度量。②名指很大的酒量。（《现代汉语词典》第 508 页）

【虎劲】（~儿）名勇猛的劲头儿。（《现代汉语词典》第 552 页）

【虎胆】名指无所畏惧的胆量。（《现代汉语词典》第 552 页）

"处女峰"这一概念指没有人攀登过峰顶的山峰，因而造词时也必然要包含"没有人攀登过峰顶"这一重要信息才能准确标记这一概念并与其他概念相区别，而该信息属于性质方面的特征，因此，标记该概念的复合词需以性质特征为其区别特征，喻指词素只能由包含这一性质特征的词素充当，选择范围大大缩小。"芝麻官""海量""虎劲""虎胆"等也是类似的情况，只有选择表示相应性质特征的喻指词素才能满足标记概念的要求。

在颜色上有特定要求的概念，如：

【银发】名白头发。（《现代汉语词典》第 1563 页）

【碧波】名碧绿色的水波。（《现代汉语词典》第 73 页）

【湖色】名淡绿色。（《现代汉语词典》第 551 页）

【血色】名皮肤红润的颜色。（《现代汉语词典》第 1491 页）

【蜜色】名像蜂蜜那样的颜色；淡黄色。（《现代汉语词典》第 901 页）

"银发"的概念指白色的头发，这决定了造词时"发"的限定成分必须表示颜色特征，只能选择具有白颜色特征的喻指词素，造词者最终选择"银"为喻指词素；"碧波"与之类似，表示"碧绿色的水波"，限定成分必须与碧绿色相关，造词者最终选择了"碧"为喻指词素。"湖色""血色""蜜色"则更直接，以"色"为中心成分，限定成分只能是相应的某种颜色，喻指词素的选择也只限在相应颜色角度有突出特征的词素。

在位置上有特定要求的概念：

【颔联】 名 律诗的第二联（三、四两句），一般要求对仗。（《现代汉语词典》第 515 页）

【颈联】 名 律诗的第三联（五、六两句），一般要求对仗。（《现代汉语词典》第 691 页）

【腹地】 名 靠近中心的地区；内地。（《现代汉语词典》第 414 页）

"颔联""颈联"分别指称位于律诗中偏上、中偏下位置的"联"，"腹地"指称靠近中心位置的"地"，因此，它们的喻指词素必然选择能够表示相应位置特征的词素。

在气味上有特定要求的概念：

【狐臭】 名 由于腋窝、阴部等部位的皮肤内汗腺分泌异常而产生的刺鼻臭味。（《现代汉语词典》第 549 页）

以气味为特征的喻指词素现有语料中只有"狐臭"一例，由于"臭"本身表示一种气味概念，作为需要发生比喻的限定成分必然选择可以表示某种气味的词素。

有些复合词选择外形特征突出的喻指词素并不是由于外形特征是造词者的首选特征，而是这些复合词表示的概念在外形上有特定要求，只能选择外形特征作为区别特征：

【扇形】 名 圆的两个半径和所夹的弧围成的图形。（《现代汉语词典》第 1139 页）

【马蹄形】 名 三面构成 U 字形而一面是直线的性状。（《现代汉语词典》第 869 页）

【披针形】 名 叶片的一种性状，基部较宽，前端渐尖，叶子的

长度为宽度的三四倍。(《现代汉语词典》第991页)

这些概念都表示某种形状,中心词素都是"形",作为限定成分的喻指词素必然选择包含相应外形特征的词素。

B. 喻体选择的必然性

在区别特征确定之后,包含同一区别特征的喻体可能不止一个,喻体选择的必然性体现在特定筛选标准之下必然有一个最优选择。作为喻体的事物除了特定的区别特征与本体相似,还需是与人们生活密切相关、被人们广泛熟知的事物,这样的事物充当喻体才能更好地帮助理解本体,实现作为喻体的价值。例如,当人们为"白色的头发"这一概念命名,表示语义类别的直指词素通常选择"发",区别特征必然要选白色特征,但符合这一特征的事物众多,雪、云、银子、纸张、白玉、豆腐、棉花等都是白色系,尽管如此,喻体的选择不是任意的,而是有特定的标准,喻体需要选择与白头发颜色最接近、人们最熟悉,同时在其他角度没有突出特征而对解词造成干扰的事物。经过筛选,银子最符合喻体要求,以"银"为喻指词素,与"发"一起组成"银发"这个复合词。

(3) 喻指词素与区别特征的对应关系

前喻式定中复合词的区别特征共有外形、颜色、位置、动作、功能、性质等6个角度,喻指词素的选择与区别特征的选择是紧密联系的一个整体,二者的对应关系表现为:

A. 区别特征不同,喻指词素不同。这类关系是最普遍的一种关系,如"腰果"和"金瓜",区别特征分别是外形特征和颜色特征,对应的喻指词素分别是有特定外形的"腰"和表示特定颜色的"金";"蛙泳"和"鼓膜",区别特征分别是动作特征和"功能+外形"特征,对应的喻指词素分别是"蛙"和"鼓"。

B. 区别特征相同,喻指词素不同。这也是普遍存在的一种情况,区别特征指明一个大致角度,其中包含的具体特征不同,相应的喻指词素也不同。如"马蹄袖""水蛇腰""板油""球茎""瓢虫""斗笠""线香""板鸭""蘑菇云""瓜皮帽"等都是以外形为区别特征的复合词,但所标记概念的具体外形特征各不相同,相应的喻指词素也各不相同;"金鱼""鸡血石""银杉""云片糕""虹鳟""胭脂鱼"等都是以颜色为区别特征的复合词,但所标记概念的具体颜色特征各不相同,相应的喻指词素也不相同。

C. 区别特征不同，喻指词素相同。如"金瓜"和"金曲"，"斗篷"和"斗室"，两组词的喻指词素相同，但区别特征分别是颜色特征（"金瓜"）和性质特征（"金曲"）、外形特征（"斗篷"）和性质特征（"斗室"）。同一个事物拥有不同角度的突出特征的情况不多，因此这种情况较少。

D. 区别特征相同，喻指词素也相同。有一些造词能力较强的喻指词素，以同一个突出特征作为区别特征可以造出不同的比喻复合词，如"板斧""板鼓""板鸭""板瓦""板烟""板材""板楼""板牙""板油""板栗"都以"板"为喻指词素且区别特征都是外形特征，"峰年""峰位""峰值"都以"峰"为喻指词素且区别特征都是性质特征。

（二）前喻式状中复合词词素的选择

前喻式状中复合词标记的是性状类或动作类概念，直指词素表示性状或动作的语义类别，喻指词素表示与其他性状或动作的区别特征。与前喻式定中复合词相似，前喻式状中复合词词素的选择也是或然性和必然性的结合。

1. 直指词素的选择具有绝对的必然性和相对的或然性

（1）直指词素选择的必然性

一定的性状或动作往往有相对固定的词素与之对应，直指词素作为性状或动作的类别归属，造词时选择哪一个词素标记复合词的语义类别具有必然性，如：

表示某种黄色就选择"×黄"：金黄 乳黄 蜡黄 鹅黄 米黄 杏黄 橘黄
表示某种青色就选择"×青"：铁青 天青 藏青 蛋青 豆青 茶青 雪青
表示某种行走的动作就选择"×行"：蛇行 风行
表示某种站立的动作就选择"×立"：壁立 鼎立 林立 鹄立

（2）直指词素选择的或然性

直指词素的或然性不是比喻复合词所独有，体现在两个或同义、或近义、或相关词素中的任意一个都可以作为复合词的直指词素，组成的复合词之间是同义词关系。符合这种情况的直指词素有 6 对：

升-涨：飙升-飙涨
峙-立：鼎峙-鼎立

合–集：鸠合–鸠集

晃晃–煌煌：金晃晃–金煌煌

绿–青：豆绿–豆青

红–紫：玫瑰红–玫瑰紫

同义或近义词素选择的或然性并不是任意的，"升"与"涨"组成的"飙升""飙涨"是一对同义词，但"蹿升"是成立的，"蹿涨"却不成立，同样的，"林立""壁立"没有与之相对的"林峙""壁峙"，"云集"是一个词，"云合"则为短语。

（3）直指词素与语义类别的对应关系

A. 直指词素相同，语义类别相同；直指词素不同，语义类别不同。这是直指词素与语义类别的基本关系，二者在绝大多数情况下保持一致。例如，"鹊起""坌起""蜂起"都以"起"为直指词素，表示向上的动作；"乳黄""鹅黄""蜡黄""米黄""杏黄"等都以"黄"为直指词素，表示黄颜色的语义类别。又如，"瓦灰""天青""银白""血红""海蓝""湖绿"等直指词素不同的复合词分别属于不同的语义类别。

B. 直指词素相同，语义类别不同。直指词素在状中式比喻复合词中普遍表示的是其基本义，相同直指词素的状中复合词属于同一语义类别。直指词素相同，语义类别不同的情况目前只有"蹿红"和"橙红""火红""橘红"等一例，前者直指词素表示"象征顺利、成功或受人重视、欢迎"义，后者表示红颜色，这是在造词时选择直指词素不同义项的结果。

C. 直指词素不同，语义类别相同。主要指一些同义或近义关系的直指词素在复合词中通用的情况，如"鼎立"和"鼎峙"，"飙升"和"飙涨"，"鸠合"和"鸠集"。

2. 喻指词素的选择具有绝对的或然性和相对的必然性

（1）喻指词素选择的或然性

前喻式状中复合词喻指词素选择的或然性主要体现在喻体选择的或然性。对于同一个本体来说，在区别特征一定的前提下，理论上只要具有与本体相似特征的事物都有成为喻体的可能。

（2）喻指词素选择的必然性

前喻式状中复合词喻指词素选择的必然性表现在喻指词素区别特征角

度选择的必然性。这是由复合词所标记概念的内涵决定的，可分为性状类概念和动作类概念，下面分别讨论。

A. 性状类概念

性状类概念包括一般性状和颜色性状两类。对于一般性状类概念来说，选择标记性质特征的喻指词素是一种必然的倾向；对于表示某种颜色性状的概念来说，选择标记颜色特征的喻指词素也是一种必然倾向。性质特征和颜色特征是性状类概念选择喻指词素区别特征的强势特征，在现有标记性状类概念的复合词中，喻指词素区别特征为性质或颜色的复合词占所有复合词的95.7%。例如：

猴儿急 雪亮 火烫 沸热 狐媚 板实

标记"×急""×亮""×烫""×热"等一般性状概念的复合词，在造词时通常会选择像"猴""瓦""雪""火""沸"等在性质角度有显著区别特征的喻指词素。

海蓝 天蓝 乳白 银白 火红 枣红 乳黄 蜡黄 铅灰 蟹青 墨绿 菜青

标记"×蓝""×白""×红"等颜色性状的概念，在造词时通常会选择像"海""天""乳""银""火""枣"等在颜色角度有区别特征的喻指词素。

在性状类概念中有一部分概念具有特殊性，这部分概念的性质特征是一种长时间、稳定的性质状态，与性质相比，其在外形角度的区别特征更加突出，标记这类概念的复合词有4个：

鸭蛋圆 粉碎 笔直 吻合

由于"×圆""×碎""×直""×合"标记的是一种长时间的稳定状态，外形特征突出，选择具有外形特征的喻指词素也具有一种必然性。

B. 动作类概念

对于动作类概念来说，选择表示动作特征的喻指词素是一种必然的倾向，动作特征是动作类概念选择喻指词素区别特征的强势特征，喻指词素的区别特征为动作特征的复合词占所有动作类复合词的 66.7%。例如：

牛饮 蜂起 蛇行 鼠窜 云集 鹊起 剥夺 浮现 涌现

为"×饮""×起""×行""×夺""×现"等标记动作的概念造词时，作为限定成分的喻指词素必然需要选择像"牛""蜂""蛇"等有突出动态特征的事物或者像"剥""浮""涌"等动作本身来作为动作概念的区别特征。

除了上述一般动作类概念，在动作类概念中有一部分概念具有特殊性，分为两类：

a. 概念表示一种长时间内保持相对静止状态的动作，虽然表示动作概念，但与动态特征相比其外形特征更加突出，更适合选择在外形角度有区别特征的喻指词素，如：

蜗旋 壁立 林立 板结 被覆 鼎立 棋布

"×结""×立""×布"等表示的概念与常规动态概念不同，是一种缓慢到不易觉察的动作状态或者在一开始的某个动作之后便基本不再有动态改变的状态，呈现出的是一种外形上的特征，需要选择像"板""林""鼎""棋"等在外形角度有突出特征的事物作喻指词素。

b. 概念表示带有某种性质特征的动作，对于这类概念的表达，动作的性质特征是突出特征，如：

【幻灭】 动 （希望等）像幻境一样地消失。(《现代汉语词典》第 570 页)

【蹿红】 动 迅速走红。(《现代汉语词典》第 222 页)

【盲打】 动 打字时眼睛不看键盘敲击按键，叫盲打。(《现代汉语词典》第 878 页)

复合词所标记的概念决定了复合词必须选择具有性质特征的喻指词素标记区别特征。

(3) 喻指词素与区别特征的对应关系

A. 区别特征不同，喻指词素不同。这是喻指词素与区别特征关系的常态，不同事物有不同的突出特征，分别由含有相应特征的喻指词素来表示，如"月白""鹅黄""狐媚""板硬""虎视""云散"等复合词的喻指词素分别对应颜色、性质、动作角度的区别特征。

B. 区别特征相同，喻指词素不同。这也是喻指词素与区别特征的常态关系，在同一区别特征下，含有相应突出特征的事物往往有很多，相应地由不同的喻指词素来表示，例如，"海""天""铁""瓦""枣""葱""葡萄""酱""玫瑰""鸭蛋"等都是表示颜色区别特征的喻指词素，"虎""雀""牛""龟""星""冰""蠕""鹊""鸟""蜂""鲸"等都是表示动作特征的喻指词素。

C. 区别特征不同，喻指词素相同。当同一个事物有多个角度的突出特征且由同一个喻指词素来表示，这种情况便成为可能。在前喻式状中复合词中主要有以下几类事物有多个角度的特征，在不同复合词中展现不同角度的区别特征，见表3-4：

表3-4　前喻式状中复合词中同一喻指词素表现出的不同区别特征

	颜色	性质	动作	外形
火	火红	火烫 火热		
金	金黄 金晃晃 金煌煌 金闪闪	金贵		
海	海蓝	海涵		
狐		狐媚	狐疑	
板		板实 板硬		板结
瓦	瓦灰		瓦解	
风		风发	风行	
雪	雪白 雪青	雪亮		
蹿		蹿红	蹿升	
飙		飙高	飙升 飙涨	

D. 区别特征相同，喻指词素也相同。同一事物在同一区别特征下还可以有更加细致的区分，这使得同一喻指词素在同一区别特征下可与不同直指词素搭配来标记不同概念。例如，由于"天""湖""碧"从不同角度或在不同时间观察有不同的颜色，因此，同样以颜色为区别特征，

"天""湖""碧"可以分别组成"天蓝""天青"、"湖蓝""湖绿"、"碧蓝""碧绿";"蜂""云"的动态特征不止一种,因此,同样以动作为区别特征,"蜂"既可以"蜂聚",也可以"蜂起""蜂拥","云"既可以"云散",也可以"云集"。

二 后喻式偏正复合词词素的选择

偏正复合词"明示"的部分包括区别特征和语义类别,对于后喻式复合词来说,"明示"的情况为:

区别特征(直指词素)+语义类别(喻指词素)

后喻式复合词直指词素的选择主要表现为对复合词区别特征的选择,喻指词素的选择主要表现为对复合词语义类别的选择,喻指词素作中心词素,喻指词素的选择最能够体现比喻复合词的特殊性。

除"笔战""舌战""笔耕""舌耕""沙浴"5个属于动词性状中复合词之外,后喻式偏正复合词都是名词性定中复合词。由于后喻式状中复合词数量太少,在这里不再单独论述,下文关于后喻式偏正复合词词素的选择指的都是后喻式定中复合词词素的选择。后喻式偏正复合词词素的选择,无论是直指词素还是喻指词素,都是或然性与必然性的统一。

1. 直指词素选择具有绝对的或然性和相对的必然性

(1) 直指词素选择的或然性

与前喻式偏正复合词喻指词素的选择相似,后喻式偏正复合词起限定修饰作用的成分是直指词素,为了使复合词标记的概念区别于其他概念,理论上来说,直指词素的选择可以从多个角度入手,直指词素选择的或然性是绝对的。

直指词素选择的或然性主要体现在区别特征角度选择的或然性。直指词素作为后喻式偏正复合词的限定词素,从某个角度限定说明中心词素,限定成分不发生比喻,限定成分与中心成分的语义关系与普通复合词没有实质性区别。直指词素的选择实质上也是复合词区别特征的选择,从理论上来说,所有可以使复合词表示事物与其他事物相区分的特征都可以作为复合词的区别特征。例如,"屋脊""日冕""花轴""棉桃"将复合词所表示事物的领有者"屋""日""花""棉"作为与其他事物的区别特征,直指词素与喻指词素之间是整体与部分的关系;"蒜泥""石笋""雪花""茶砖"将复合词所表示特殊状态的主体作为与其他事物的区别特征,直指词素与喻指词素之间是主体与特殊状态的关系;"河豚""海狗""海马""地鳖""米象"将复合词所表示事物的生活环境作为与其他事物的区别特征,直指词素与喻指词素之间是生活环境与主体的关系;"海米"与"虾米"都表示晒干的小虾,前者以小虾的生活环境为区别特征,后者以"米"这种状态的主体为区别特征。区别特征角度决定了直指词素的选择范围,区别特征角度的或然性决定了直指词素选择的或然性,直指词素选择的或然性是绝对的。

此外,直指词素语法性质的选择也具有或然性。直指词素绝大多数是名词性词素,此外还可以选择动词性或形容词性词素。例如,"触须""触角"以复合词所表示事物的功能作为区别特征,直指词素"触"表示"触须""触角"被用来"触摸"这一功能,是动词性词素;"漏斗"以复合词所表示事物用来"漏"液体或颗粒、粉末的功能作为区别特征,以动词性词素"漏"为直指词素;"安全岛"由于可以躲避车辆,具有安全的性质,造词时便以这种性质作为区别特征,直指词素"安全"为形容词性词素。

此外,还存在少量同义或近义直指词素混用的情况,主要有:

话柄–谈柄　　蜡花–烛花　　内网–局域网
海盆–洋盆　　冰锥–凌锥

(2) 直指词素选择的必然性

直指词素选择的必然性体现在直指词素区别特征角度选择的必然性,区别特征的角度决定了直指词素的选择对象。

直指词素作为复合词的限定成分,理论上可以有多个角度的区别特征,但总是有一个最优选择,最优选择体现了区别特征选择的必然性,但最优选择不是唯一选择,区别特征选择的必然性是相对的。

如前文所述,后喻式定中复合词的区别特征与中心成分的关系大致可分为四类,分别是"主体+特殊状态""质料+特定形态""领属关系""其他限定关系"。

对于一些形态会发生变化的事物,多数是出于自然原因("雪糁""石柱""雨幕""水网")或经过人类简单改造("铁水""蒜泥""葱花""煤球")而使之呈现出不同的状态。事物的形态发生了改变,但本质未发生变化,为这类事物的特殊状态造词时,以发生特殊状态的"主体"为区别特征是其最优选择。

对于一些经过人为加工过的事物,往往是人类以某种材料为原料,经过一系列复杂程序有意识地制作出来的人造物("糖瓜""米线""豆饼""棉饼"),以原材料为区别特征是为这类事物造词的最优选择。

对于一些属于某事物一部分的事物,在命名时往往以其所属的整体事物作为其区别特征("帽翅""屋脊""鸡冠""鳖裙");对于一些虽不是某事物一部分,却在逻辑上有所归属的事物,在为其命名时往往以其领有者作为区别特征("蛛网""蜂房""蝉衣""蚕沙")。

对于其他事物,区别特征也遵循最优选择的要求。例如,有特定功能的事物,往往以事物的功能作为区别特征,如"绞盘""飞盘""触角""指针";动植物往往以生活环境作为区别特征,如"海马""海象""江豚""米象";构成成分中有某个重要成分,往往以该重要成分作为区别特征,如"麻花""石担""灯塔""藻井"。

(3)直指词素与区别特征的对应关系

A. 直指词素不同,区别特征不同。

这是直指词素与区别特征关系的常态,如"驼峰"和"柿饼",直指词素不同,区别特征也不同,前者以领有者为区别特征,后者以特殊状态的主体为区别特征。

B. 直指词素相同,区别特征不同。

当直指词素所表示的事物在不同角度有不同的突出特征,可能被用来充当不同角度的区别特征。例如:

腰眼-腰花:前者充当复合词表示事物的领有者,后者充当特殊状态的主体。

书脊-书亭:前者充当复合词表示事物的领有者,后者限定复合词所表示事物的功能。

水网-水塔-水葫芦-水枪:直指词素"水"分别充当"水网"所表示特殊状态的主体、限定"水塔"蓄水的功能、限定"水葫芦"的生长环境、限定"水枪"可以喷水的特征。

火柱-火箭-火剪:直指词素"火"分别充当"火柱"的主体、限定"火箭"的运作原理、限定"火剪"的使用环境。

C. 直指词素不同,区别特征相同。

同一类区别特征由于事物的客观情况不同，需要选择不同的直指词素表达，如"冰柱""火苗""石笋""月牙""钢水"都是以特殊状态的主体为区别特征的事物，"铁塔""石锁""豆乳""糯米纸"都是以特定形态的原材料为区别特征的事物，但直指词素各不相同。

D. 直指词素相同，区别特征相同。

当直指词素在某个特定角度拥有突出特征，它可以在不同复合词中充当同一个角度的区别特征。例如：

帽耳 帽翅 帽檐 帽花 帽舌
山脊 山腰 山嘴 山头 山脚
墙裙 墙根 墙脚
糖瓜 糖人儿 糖衣
水龙 水网 水花 水珠 水刀

"帽""山""墙"的突出特征在于它们是由各个部分组成的一个整体，被用来作为领有者充当复合词的区别特征；"糖"的突出特征在于可以作为原材料被用来加工成各种更加复杂的东西，因此，被用来作为原料充当复合词的区别特征；"水"的突出特征在于有多种不同形态，因此，被用来作为特殊状态的主体充当区别特征。

2. 喻指词素的选择具有绝对的或然性和相对的必然性

喻指词素在后喻式复合词中充当中心词素，表示复合词的语义类别，语义类别是必然的，但词素需要通过发生比喻来表示语义类别，对于发生比喻的词素的选择不是必然的，喻指词素选择的或然性是绝对的，必然性是相对的。

（1）喻指词素选择的或然性

后喻式复合词喻指词素选择的或然性主要体现在相似点选择的或然性。相似点是比喻复合词本体喻体的相似特征，是比喻复合词成立的基础。后喻式偏正复合词的喻指词素充当中心词素，表示复合词的语义类别，但不是直接表示语义类别，而是通过在某个角度发生比喻的方式表示语义类别。语义类别的选择是必然的，但选择与语义类别在哪个角度相似的喻指词素却不是必然的，即相似点的选择具有或然性。理论上来说，只要在某个角度与语义类别相似的事物都可以用来充当喻指词素，语义类别某个角度的特征通过喻指词素得到"明示"。例如,"木耳""骨盆""腐竹""豆沙""电笔""菜花""草珊瑚"等在造词时选择与语义类别在外形角度相似的事物充当喻指词素,语义类别的外形特征得到"明示";"碑头""车头""词尾""树冠""地核"等在造词时选择与语义类别在位置角度相似的事物来充当喻指词素,语义类别的位置特征得到"明示";"扇骨""胎衣""光刀""电脑""面肥"等在造词时选择与语义类别在功能角度相似的事物充当喻指词素,语义类别的功能特征得到"明示";等等。后喻式偏正复合词本体喻体的相似点有外形、功能、动作、性质等几个角度,理论上来说,这些相似点都可以作为选择喻指词素的依据,相似点选择的或然性是绝对的。

喻指词素选择的或然性还体现在个别复合词喻体选择的或然性。在相似点确定的前提下,由于不同造词者分别选择不同喻体,使同一概念用不同复合词来表示,复合词之间互为同义词,出于语言的经济性原则,这种情况并不多见,主要有:

  冰柱-冰锥 秤花-秤星 山脊-山梁
  触角-触须 鱼花-鱼苗

此外,喻指词素的表现形式也具有一定或然性,主要指同义喻指词素混用的情况,主要有:

  网眼-网目 碑首-碑头 鼻翅-鼻翼

(2)喻指词素选择的必然性

后喻式偏正复合词喻指词素选择的必然性主要表现在两个方面:相似点选择的必然性和喻体选择的必然性。喻指词素选择的必然性是有条件的,根本上取决于标记一个怎样的概念。如"人潮"与"人流"都是要表达众多的人处于某种动的状态,但是一种是涌动的状态,一种是连续不断的状态,所以前者要选择"潮"而后者要选择"流"。

  A. 相似点选择的必然性

与前喻式定中复合词相似,对于两个事物间的比喻,造词者总是尽量选择外形角度作为本体喻体的相似点,尽量选择在外形角度与所标记概念相似的喻指词素。例如：

棉铃 屋脊 炮眼 墙裙 冰砖 麻酱 洋盆 飞盘 林海 糖霜

外形特征是事物最容易辨认的突出特征，解词者更容易通过外形特征的相似理解词义。在所有705个后喻式偏正复合词中，以外形为相似点的复合词共400个，占所有后喻式偏正复合词的56.7%，这从数据角度说明了造词者对外形相似点选择的倾向性。

尽管造词者尽可能选择在外形角度与所标记概念相似的喻指词素，但依然有不少喻指词素不以外形为相似点，而是以位置、动作、功能、性质等特征为相似点，这些相似点的选择也不是任意的，有着必然的倾向性。

后喻式偏正复合词相似点选择的必然性与客观对象本身的特点密切相关。例如：

【山腰】名 山脚和山顶之间大约一半的地方。也叫半山腰。(《现代汉语词典》第1137页)

【车头】名 火车、汽车等车辆的头部，特指机车。(《现代汉语词典》第157页)

【树冠】名 乔木树干的上部连同所长的枝叶。(《现代汉语词典》第1217页)

以上复合词所标记的概念没有突出的外形特征，但位置特征突出，都处于整体中的某个位置，因此，造词时往往选择位置特征作为本体喻体的相似点，相应地，往往选择与相应概念在位置角度相似的喻指词素。类似的还有"灯头""柱头""花冠""韵腹""年尾""刀背""山脚"等。

【车流】名 道路上像河流似的连续不断行驶的车辆。(《现代汉语词典》第156页)

【麦浪】名 指田地里大片麦子被风吹得起伏像波浪的样子。(《现代汉语词典》第872页)

【热潮】名 指蓬勃发展、热火朝天的形势。(《现代汉语词典》

第 1093 页）

复合词所标记的概念都是动态的，与外形相比，其动态特征更加突出，在动作角度特征突出的事物往往选择动作特征作为本体喻体的相似点，喻指词素也往往选择在动作角度与相应概念相似的词素。类似的还有"寒流""声浪""货流""人潮""眼波"等。

【扇骨】（~儿）名 折扇的骨架，多用竹、木等制成。也说扇骨子。（《现代汉语词典》第 1139 页）

【肠衣】名 用火碱脱去脂肪晾干的肠子，一般用羊肠或者猪的小肠等制成，可用来灌香肠，做羽毛球拍的弦、缝合伤口的线等。（《现代汉语词典》第 147 页）

【细胞壁】名 植物细胞外围的一层厚壁，包在细胞膜的外面，由纤维素构成。（《现代汉语词典》第 1408 页）

复合词所标记的概念没有突出的外形特征，但功能特征突出，为在功能角度有突出特征的概念命名往往选择功能特征作为本体喻体的相似点，喻指词素也往往选择在功能角度与相应概念相似的词素。其他还有"胎衣""眼帘""车床""火种""水刀""电梯""血栓"等。

【鱼苗】（~儿）名 由鱼子孵化出来供养殖用的小鱼。（《现代汉语词典》第 1596 页）

【校花】名 指被本校公认的最漂亮的女学生（多指大学生）。（《现代汉语词典》第 1446 页）

【活化石】名 指孑遗生物，如大熊猫和水杉。也指某些在地质年代就已出现，至今仍广泛分布的生物，如海洋中的舌形贝（一种软体动物）。（《现代汉语词典》第 590 页）

复合词所标记的概念具有某方面的突出性质，"鱼苗"有"小"的性质，"校花"有"漂亮"的性质，"活化石"有"年代久远"的性质，因此，造词时往往选择本体喻体在性质角度的特征作为相似点，喻指词素也往往选择与相应概念的性质相似的词素。其他还有"交际花""鱼花""鱼秧子"等。

【胆囊】名 储存胆汁的囊状器官，在肝脏右叶的下前方，与胆管相连接。通称胆。(《现代汉语词典》第256页)

【帽檐】(~儿) 名 帽子前面或四周突出的部分。(《现代汉语词典》第884页)

【悬臂】名 某些机器、机械伸展在机身外部像手臂的部分。(《现代汉语词典》第1484页)

以上概念的突出特征不止一个，有相似功能的事物常常有相似的外形，对于在外形和功能角度都有突出特征的概念，造词者往往选择外形和功能特征作为本体喻体的相似点，喻指词素也往往选择在外形和功能角度都与相应概念相似的词素。其他类似的复合词还有"喷嘴""脑桥""笔帽""莲房""糯米纸"等。

B. 喻体选择的必然性

在本体喻体的相似点确定之后，同一相似点之下可以选择的喻体不止一个，喻体选择的必然性体现在最终确定的喻体需要符合特定的筛选标准，必然有一个最优选择，但最优选择不是唯一选择，喻体选择的必然性也是相对的。例如，当人们为"帽翅"这个概念命名，在区别特征的选择方面，由于"帽翅"本身属于帽子的一部分，选择以"帽翅"的领有者"帽"为区别特征；在语义类别的选择方面，由于"帽翅"的外形特征突出，造词者倾向选择与所标记概念在外形角度相似的喻指词素。接下来面临喻体的选择，与"帽翅"在外形角度相似的事物不止一个，如板子、尺子、翅膀等，尽管这些事物都符合外形相似的要求，但喻体需要选择与"帽翅"外形最接近、人们熟悉程度高，同时在其他角度没有突出特征而对解词造成干扰的事物，经过筛选，翅膀意象最符合喻体要求。此外，词素"翅"还组成了"鼻翅""鱼翅"(此处不考虑复合词产生的时间先后)，"帽翅"与"鼻翅""鱼翅"形成了一个以翅膀为喻体的聚合。综合来看，"翅"是喻体的最佳选择，这些因素都体现了喻体选择的必然性。

（3）喻指词素与语义类别的对应关系

喻指词素以在某个角度发生比喻的方式表示后喻式偏正复合词的语义类别，喻指词素与语义类别具有如下对应关系：

A. 喻指词素不同，语义类别不同。

这是喻指词素与语义类别关系的常态，喻指词素不同，通过喻指词素在某个角度发生比喻来表示的语义类别就不同。例如，"煤砖"和"煤球"，喻指词素分别是"砖"和"球"，它们都在外形角度发生比喻，所表示的语义类别分别是"外形像砖的事物"和"外形像球的事物"；又如"葱花"和"山腰"，前者的喻指词素在外形角度发生比喻，后者的喻指词素在位置角度发生比喻，语义类别分别为"外形像花的事物"和"位置与腰的位置相似的地方"。

B. 喻指词素相同，语义类别不同。

同一个喻指词素可能有多个角度的特征，分别在不同角度发生比喻，标记不同的语义类别，例如，"球门""脑门儿""肛门"，喻指词素"门"分别在外形、位置、功能角度发生比喻，所表示的语义类别分别为"外形像门的事物""位置与门的位置相似的地方""功能与门相似的事物"。又如"炮眼""戏眼""电眼"，"眼"分别在外形、性质、外形和功能角度发生比喻，表示的语义类别分别为"外形与眼相似的事物""与眼一样重要的事物""外形和功能与眼相似的事物"。

C. 喻指词素不同，语义类别相同。

主要指个别同义喻指词素在复合词中混用的情况，喻指词素不同，表示的语义类别相同。主要有"鼻翅-鼻翼""网眼-网目""碑头-碑首"，分别表示"外形像翅膀的事物""外形像眼睛的事物""位置与头的位置相似的地方"。

D. 喻指词素相同，语义类别也相同。

同一个喻指词素在同一个角度发生比喻，可以构成不止一个复合词，所表示的语义类别是相同的。例如，"鼻翅"和"帽翅"，都指"外形像翅膀的事物"，"货流""车流"都指"动作像河流的事物"，"炮衣""肠衣"都指"功能像衣服的事物"等。

三 词素入词后发生的意义偏移

王艾录、孟宪良指出："在较多的情况下，语素入词总是携带它的某一完整的义项一起进入词结构，这时语素在词中所使用的个性意义同与它对应的普通意义是一致的或基本一致的。例如'电灯'……但是在较少的情况下，语素入词后实际使用的个性意义同与它对应的普通意义不完全一致或完全不一致……语素义同词义一样，它具有高度的概括性，它把个别的、复杂的事物或现象变成为一般的、简单的东西。但是语素一旦进入'组合'这一动态语境，就常常与具体的、特殊的事物或现象建立联系，因而使在概括过程中已经被舍弃的一些特征有可能重新出现，扮演个性化角色。"[1] 该文将语素入词所发生的意义偏移现象归纳为七类：入词而生比喻义、入词而生色彩义、入词而生蜕变义、入词而生下位义、入词而生区别义、入词而生特殊义、入词而生代表义。其中与偏正式比喻复合词联系最多的是"入词而生比喻义"。偏正式比喻复合词中的喻指词素都出现了"入词而生比喻义"现象，有一些喻指词素由于造词数量多、使用频率高等因素已经在词典中形成相应的比喻义项，由临时入词发生的意义偏移转变为稳定的词素义项。

喻指词素"入词而生比喻义"、直指词素"入词而生下位义"或直指词素入词后与其基本义基本一致是绝大多数偏正式比喻复合词的常态，如：

板油　球果　球茎　鲸鲨　豚鼠　剑麻　金鱼　门牙　人鱼　水袖　鱼雷　虎将
鼎立　林立　血红　雪亮　沸热　金贵　火热　牛饮　云集　星散　坟起　海涵
帽翅　棉铃　松针　海星　火海　冰花　灯丝　山腰　树冠　悬臂　壁虎　校花

下面重点讨论偏正式比喻复合词词素"入词而生下位义""入词而生区别义"和"入词而生代表义"几类现象。

需要注意的是，判定词素入词后发生意义偏移的前提是要以复合词所表示概念的典型成员为参照依据。以"月饼"为例，判定"月"是否发生意义偏移要以"月饼"的典型成员，即圆形的月饼为参照依据，"月"有阴晴圆缺，喻指词素"月"入词后在"月饼"中只能指圆月，属于入词而生下位义，而假如不明确规定以"月饼"的典型成员为参照，而是以方形月饼或椭圆月饼为参照，则"月"入词后发生的意义偏移也无法

---

[1] 王艾录、孟宪良：《语素入词所发生的意义偏移现象》，《山西大学学报（哲学社会科学版）》1996年第1期。

确定。

（一）词素入词而生下位义

一部分复合词词素入词后的意义表示的是其基本义的下位义。根据在复合词中的不同地位，将词素分为限定词素和中心词素。

1. 限定词素入词而生下位义

根据限定词素是否发生比喻分为喻指词素作限定词素和直指词素作限定词素两类。

（1）喻指词素作限定词素入词而生下位义

喻指词素作限定词素的复合词为前喻式偏正复合词，喻指词素表示喻体。造词者在为偏正式比喻复合词所对应的概念命名时往往依据其典型成员来选择喻体，同时，造词者总是尽可能避免词义理解难度的增加，因此，造词者选择的喻体往往也是喻体所在范畴中的典型成员。然而，不管造词时选择的是喻体范畴中的典型成员还是非典型成员，相对于整个范畴来说，喻体与其所属范畴之间都是一种上下位关系。

如"钉螺"的喻指词素"钉"，从整个"钉子"范畴来看种类有很多，有图钉，有螺丝钉，有长，有短，当进入"钉螺"作喻指词素之后，"钉"仅指那类长度与钉螺相似、细长形的钉子，这类钉子是"钉子"范畴的典型成员，"钉"入词后的意义与其静态词素义相比是上下位关系。

又如"月饼"和"月琴"的喻指词素"月"，虽然月亮只有一个，但月亮的外形富于变化，就月亮的不同外形也可以组成一个范畴，有圆月、弯月、勾月等，当进入"月饼""月琴"作喻指词素后，"月"仅指圆月，"月"入词后的意义与其静态词素义相比是上下位关系。

为了造词的准确和形象，造词者有时会使用更细致化的喻体，体现在词面上是一种偏正结构的喻指词素，如"水蛇腰""鹅蛋脸""斗鸡眼""鹅卵石""兰花指"，尽管如此，"水蛇""鹅蛋"等依然是有下位范畴成员的范畴，其入词后仍表示其中的典型成员，相对于所属范畴来说依然是一种下位义。

（2）直指词素作限定词素入词而生下位义

直指词素作限定词素的复合词为后喻式偏正复合词，直指词素既不表示本体也不表示喻体，只起限定修饰作用。根据上文对后喻式偏正复合词的分类，每种语义关系的复合词中都有直指词素入词而生下位义的情况，也有入词后基本与静态词素义保持一致的情况。

"主体-特殊状态"类复合词直指词素入词后的词素义普遍与其静态的词素义保持一致，如"冰花""雪花""雨丝""血丝"中的"冰""雪""雨""血"，入词后的词素义基本没有发生变化，但也有入词而生下位义的情况，如"枣泥"中的"枣"通常特指红枣，其他种类的枣一般不被用来制作枣泥，"石林"中的"石"通常特指喀斯特地貌中的石灰岩，"虾米"中的"虾"往往是体形小的虾类。

"质料-特定形态"类复合词中，有一部分直指词素入词后的词素义是其静态词素义的下位义，如"米线"中的"米"特指大米，"糖人儿""糖瓜"中的"糖"特指麦芽糖，"豆乳"的"豆"特指大豆，等等，但"铁丝""钨丝""花生酱"等复合词的直指词素入词后的词素义又与其静态词素义基本保持一致。

领属关系类复合词有一部分直指词素入词而生下位义，如"钱眼"的"钱"特指下位成员"铜钱"，"鱼翅"的"鱼"特指下位成员"鲨鱼"，"帽翅""帽舌"中的"帽"分别特指那类有帽翅或有帽舌的帽子。也有一部分直指词素入词后词素义基本不变，如"耳朵眼儿""耳蜗""眼球""肺泡""子宫颈"中的"耳朵""耳""眼""肺""子宫"等。

其他限定关系的定中式复合词和"工具-动作"关系的状中式复合词也是如此，有的复合词的直指词素入词而生下位义，如"校花"的"校"在多数情况下特指"大学"，"水葫芦"的"水"特指小范围的淡水，"木耳"的"木"特指腐朽的木头，"沙浴"的"沙"特指用来进行沙浴的那类细沙子，"舌战""舌耕"的"舌"特指人类的舌头。有的直指词素入词后的词素义基本不发生变化，如"避雷针""指南针""浮箱""卫生球""熨斗""笔战""笔耕"中的直指词素。

2. 中心词素入词而生下位义

偏正式复合词的中心词素被限定词素限定修饰，入词后的意义与其静态意义相比都是相应静态意义的下位义，这是由偏正式复合词词素间的结构关系决定的。虽然所有中心词素入词都产生了相应的下位义，但下位义之间存在一定差别，根据中心词素是否发生比喻分为喻指词素作中心词素和直指词素作中心词素两类，我们首先论述直指词素作中心词素的情况。

（1）直指词素作中心词素入词而生下位义

直指词素作中心词素，入词后表示其下位义这是偏正式复合词普遍存在的事实。以词素"菜"为例，"菜"入词后作偏正式比喻复合词的中心词素,分别构成"大头菜""发菜""金针菜""裙带菜""花菜","大头菜""发菜"等复合词,入词后的"菜"表示静态词素"菜"的下位概念。状中式比喻复合词也是如此,以"白"为例,入词后构成"乳白""银白""蜡白""月白""雪白""鱼白""鱼肚白"等复合词,复合词中的"白"表示静态词素"白"的下位概念。

(2) 喻指词素作中心词素入词而生下位义

喻指词素作中心词素,入词后表示其下位义也是偏正式复合词普遍存在的事实,但与直指词素作中心词素略有不同的是,由于喻指词素入词后发生比喻,判定喻指词素入词前后的上下位关系也都要以发生了比喻的词素义为依据,如此一来,判定标准才能统一。当我们说喻指词素作中心词素入词后都表示相应词素的下位义时,参照点不是喻指词素的静态词素义,而是喻指词素静态词素义的比喻义。例如:

　　脊(外形像脊梁的事物):山脊 屋脊 书脊 高压脊
　　头(位置与头相似的位置):车头 灯头 词头 磁头 柱头 韵头 山头 弹头
　　刀(功能与刀相似的事物):水刀 光刀 中子刀 螺丝刀 超声刀

(二) 词素入词而生区别义

"入词而生区别义"主要以复合词之间对比的方式来表现,具体来说,一个词素单独存在时的静态词素义是相对固定的,当这个词素进入不同的复合词,它的临时词素义之间表现出各自不同的意义。下面分类说明。

1. 入词而生"理性意义之间的区别义"

(1) 入词作喻指词素

入词后,喻指词素之间理性意义的区别主要来自喻指词素发生比喻的角度不同。例如:

　　金星-金榜

"金星"的"金"指颜色像金子的,"金榜"的"金"指性质像金子的。

第三章　偏正式比喻复合词的语义关系与语法关系　　141

海蓝-海碗

"海蓝"的"海"指颜色像海的,"海碗"的"海"指性质像海的。

网眼-诗眼

"网眼"的"眼"指外形像眼睛的,"诗眼"的"眼"指性质像眼睛的。

鸡冠-花冠

"鸡冠"的"冠"指外形像帽子的,"花冠"的"冠"指与帽子位置相似的位置。

如果从狭义角度来看,即使是同一比喻角度的喻指词素,由于受到直指词素的影响,也可能存在理性意义的区别。例如：

杏红-杏黄

"杏"都指颜色像杏的,前者指"黄中带红,比杏黄稍红",后者指"黄而微红"。类似的还有"银白-银灰""玫瑰红-玫瑰紫""豆绿-豆青"等。

(2) 入词作直指词素

对于前喻式偏正复合词来说,同一个词素如果入词后作直指词素,那么词素义之间基本都发生了理性意义的偏移,从词素入词前后来看是"入词而生下位义",从直指词素相同的复合词之间的关系来看是"入词而生区别义"。例如：

佛手瓜-金瓜　马缨花-鸡冠花　瓢虫-纺锤虫
胭脂鱼-金鱼　蟹青-蛋青　鹅黄-蜡黄-乳黄-金黄

有个别情况是例外,直指词素在不同复合词中没有发生理性意义的偏移,主要表现为：同一个概念用不同的喻体来比喻造词,如"米猪-豆猪""墨鱼-墨斗鱼""蜂巢胃-网胃";喻指词素的缩略形式与原形共存于词汇系统中,如"柳眉-柳叶眉""鱼白-鱼肚白""蛋青-鸭蛋青"等。

对于后喻式偏正复合词来说,直指词素作复合词的限定成分,由于限定成分限定中心词素的角度不同,同一个直指词素在不同后喻式偏正复合词中可能发生理性意义的偏移。例如:

火海-火剪

"火海"的"火"指火的基本义,"火剪"的"火"指"生火时使用"。

水网-水葫芦

"水网"的"水"指河流,"水葫芦"的"水"指水生生长环境。

木鱼-木耳

"木鱼"的"木"指木材,"木耳"的"木"指木头,多为朽木。

2. 入词而生"单复数之间的区别义"

词素单复数之间的区别义可以是同一个词素在不同比喻复合词中单复数的对比,也可以是入词后的词素与静态词素之间单复数的对比。

(1) 入词作喻指词素。例如:

帽耳-木耳

"帽耳"名称的由来在于"帽耳"在帽子左右两边的位置与耳朵在头部左右两边的位置相似,因此,"帽耳"中的"耳"一定是两个的,而"木耳"的"耳"没有数量的要求。

蜂拥-蜂起-蜂聚

"蜂"在"蜂拥""蜂起""蜂聚"中一定是数量众多的,这是由于中心词素"拥""起""聚"的理性意义中包含"不止一个事物的集合"的隐含义素,"星散""云散"也是相似的道理。

　　石榴子石

　　"石榴子"在"石榴子石"中一定是众多石榴子的集合,这是由石榴子石的实际外观情况决定的,如果只是一颗石榴子,本体喻体外形相似的比喻则无法成立,"鱼鳞坑"也是相似的道理。

（2）入词作直指词素。例如:

"扁担星"的"星"入词后表示不止一颗星,"扁担星"的造词理据在于传说这是牛郎用扁担挑着他的两个孩子,三颗星分别代表牛郎和两个孩子,而"扁担星"的本体也的确不止一颗星。"斑马线"的"线"入词后表示许多条线,这是由于斑马身上的条纹不止一条,并且"斑马线"本体也的确不止一条线,"葡萄胎"也是相似的道理。

3. 入词而生"静态、动态之间的区别义"

喻指词素入词后静态、动态的区别,如:

　　虎步、虎视－虎牙、虎将

前者的"虎"是动态的,后者的"虎"是静态的或没有静态动态之分。又如,"牛饮－牛市""蛇行－蛇瓜""云集－云鬓""冰释－冰毒",前一复合词中的喻指词素为动态的,后一复合词中的喻指词素是静态的或没有静态动态之分。

直指词素入词后静态、动态的区别,如:

　　车流－车头

"车流"的"车"受中心词素"流"的影响,表示运动中的车,"车头"的"车"没有静态或动态之分,"电子流－电子枪"也是类似情况。

4. 入词而生"色彩意义之间的区别义"

色彩意义之间出现区别义的词素主要针对喻指词素,偏正式比喻复合词中出现区别义的色彩意义的类别主要有形象色彩、感情色彩、语体色彩三类，下面分别说明。

(1) 入词而生"形象色彩意义之间的区别义"

具有外形、颜色、动态、声音等角度的形象色彩的偏正式比喻复合词数量众多，同一个喻指词素在不同复合词中可能表现出不同的形象色彩。例如：

墨鱼-墨玉　米猪-米色　烟雨-烟色

前一复合词的喻指词素具有外形形象色彩，后一复合词的喻指词素具有颜色形象色彩。

人参-人鱼　水晶-水袖　猫豹-猫步　蛇瓜-蛇行　云鬓-云集

前一复合词的喻指词素具有外形形象色彩，后一复合词的喻指词素具有动态形象色彩。

土牛-牛饮-牛蛙

"土牛"的"牛"具有外形形象色彩，"牛饮"的"牛"具有动态形象色彩，"牛蛙"的"牛"具有声音形象色彩。

(2) 入词而生"感情色彩意义之间的区别义"

偏正式比喻复合词词素的感情色彩可以分为褒义色彩、中性色彩和贬义色彩，绝大多数偏正式比喻复合词的词素是中性的，有些词素在不同复合词中色彩意义可能不同。例如：

海涵-海碗　虎将-虎牙　牛市-海牛

前一复合词的喻指词素具有褒义的感情色彩，后一复合词的喻指词素是中性感情色彩。

狐媚-狐臭　鼠窜-袋鼠

前一复合词的喻指词素具有贬义的感情色彩，后一复合词的喻指词素是中性感情色彩。

  安乐窝–赌窝

前一复合词的"窝"具有褒义的感情色彩，后一复合词的"窝"具有贬义的感情色彩。
（3）入词而生"语体色彩意义之间的区别义"
  偏正式比喻复合词的语体色彩是由复合词整体形成的，如果说词素间有语体色彩的不同则主要针对的是喻指词素。例如，"豆猪"和"豆绿"，前者的"豆"入词后产生了口语色彩，后者的"豆"则不具有某种特定的语体色彩，"秤花"和"葱花"，前者的"花"入词后产生了方言色彩，后者的"花"则没有特定的语体色彩。
（三）词素入词而生代表义
  有一小部分偏正式比喻复合词的词素入词后不是表示其词素义，而是表示与之相关的其他事物，该词素入词后产生了代表与之相关的其他事物的能力。主要表现为词素代表缩略前的形式。
  有些复合词有相应的缩略形式，缩略形式与原形同时活跃在词汇系统中，对发生缩略的词素来说是入词产生代表义（代表缩略前的意义）。例如：

  柳眉–柳叶眉 螺母–螺丝母 螺帽–螺丝帽 蛋青–鸭蛋青 宫颈–子宫颈

  以上是喻指词素的缩略，前一复合词中的喻指词素入词而生代表义，"柳"代表"柳叶"，"螺"代表"螺丝"，"蛋"代表"鸭蛋"，"宫"代表"子宫"。

  腐乳–豆腐乳 麻酱–芝麻酱 灯泡–电灯泡

  以上是直指词素的缩略，前一复合词中的直指词素入词而生代表义，"腐"代表"豆腐"，"麻"代表"芝麻"，"灯"代表"电灯"。

小结

偏正式比喻复合词以双音节词为主,结构层次为"1+1"式;就三音节复合词来说,可以分为"2+1"式和"1+2"式,双音节词素可能为单纯词素、合成词素或复合词素;"2+1"式结构层次复合词数量远远大于"1+2"式。此外,"2+1"式中前喻式复合词占多数,"1+2"式中后喻式复合词占多数,这说明,在三音节复合词中,喻指词素为双音节词素的数量要大于单音节词素的数量。

就偏正式比喻复合词的结构关系来说,前喻式定中复合词占前喻式偏正复合词的 73.3%,前喻式状中复合词只占 26.7%;后喻式定中复合词占后喻式偏正复合词的 99.3%,只有 5 个状中结构复合词。在 410 个前喻式定中复合词中,"名+名"式复合词共 385 个,是其主要词素组合类型;在 700 个后喻式定中复合词中,"名+名"式复合词共 579 个,是其主要词素组合类型。

复合词的语义关系包括词素义之间的关系和词素义与词义的关系两个层面。

偏正式比喻复合词词素义之间的关系包括词素间的基本语义关系和词素间的比喻关系两个方面。就语义关系来说,包括"外形特征+名物""颜色特征+名物"等 8 类前喻式定中复合词语义关系,"主体+特殊状态(外形相似)""整体+部分(外形相似)""功用+主体(外形相似)"等 4 大类 29 小类后喻式定中复合词语义关系,"动作特征+动作""颜色特征+性状"等 6 类前喻式状中复合词语义关系和"工具+动作"的后喻式状中复合词语义关系。就比喻关系来说,包括明喻造词和借喻造词两类;明喻造词,词素间为"喻体+本体"关系;借喻造词,词素间为"区别特征+喻体"关系。

偏正式比喻复合词词素的选择是研究词素义与词义关系的出发点。前喻式偏正复合词词素间的语义关系为"区别特征(喻指词素)+语义类别(直指词素)",直指词素选择的必然性是绝对的,或然性是相对的,喻指词素选择的或然性是绝对的,必然性是相对的;后喻式偏正复合词词素间的语义关系为"区别特征(直指词素)+语义类别(喻指词素)",无论直指词素还是喻指词素的选择都是或然性是绝对的,必然性是相对的。

　　词素入词后发生的意义偏移也是词素义与词义关系的组成部分。与偏正式比喻复合词相关的意义偏移主要有"入词而生比喻义""入词而生下位义""入词而生区别义"和"入词而生代表义"。

第四章

偏正式比喻复合词的比喻跨度

复合词由词素组成，但绝大多数复合词的词义并不等于词素字面意义相加，由词素义推知词义的难易程度各不相同，为了厘清复合词词义与词素义之间的对应关系，有学者提出了"词义透明度"概念，指词义可从构成要素的意义上推知的难易程度。由词素义越容易推知出词义，词义透明度越高，反之，词义透明度越低[①]。根据"词义透明度"理论，词汇系统中的每个复合词都有其相应的透明层级，笔者受此启发，决定深入探讨偏正式比喻复合词的词义透明度问题。

在"词义透明度"理论中，偏正式比喻复合词被整体归入"比较透明"层级，事实上，它们的词义透明度还有更细致的不同和继续划分的空间。比喻复合词内部包含一个比喻过程，比喻被理解了，造词理据便理解了，词义与词素义之间的关系也便明晰了，因此，比喻复合词词义透明度的高低主要与该比喻有关。由于这一比喻过程的存在，比喻复合词的词义透明度，无论是透明度的影响因素还是透明度高低的判定标准都与普通复合词相比有着不同的特点。

一个比喻能被理解的关键在于根据喻体能够顺利联想到本体，我们可以将由喻体到本体的联想想象成一段具象的距离，当本体喻体之间的距离越近，则越容易由喻体联想到本体，比喻越容易被理解；当本体喻体之间的距离越远，则越难由喻体联想到本体，比喻也越难以理解。两个事物之间的距离也可以称作一段跨度，由喻体到本体之间的联想距离就是比喻的跨度。比喻跨度是词义透明度在比喻复合词中的表现。一个复合词的比喻跨度越大，其词义透明度越低；一个复合词的比喻跨度越小，其词义透明

[①] 李晋霞、李宇明：《论词义的透明度》，《语言研究》2008 年第 3 期。

度越高，比喻跨度与词义透明度呈反比关系。比喻跨度的研究是对"词义透明度"理论的细化和补充，同时还将深化对比喻造词过程中的比喻的认识。

第一节 比喻跨度相关理论——"语义透明度"

在介绍比喻跨度之前，需要先引入"语义透明度"概念。"语义透明度"是国内外心理学及认知心理学概念，德国心理学家对其定义为"the semantic relationship between a compound and its component morphemes（一个复合词与其构成成分间的语义关系，作者译）"，加拿大心理学家Gary Libben认为"语义透明度"指"是否能根据复合词的构成语素义来理解词义"[1]。

一 "语义透明度"心理学相关研究

对于词素在多词素词的表征与加工中的作用，西方心理学界通过对拼音文字的研究形成三种主要观点：词素表征观点，认为多词素词在心理词典中是以分解的词素形式表征的；整词表征观点，认为多词素词在心理词典中是以整词形式表征的；混合表征观点，认为整词和词素都有可能成为表征和通达的单元。尽管汉语不是使用拼音文字来记录的，但汉字也是记录语言的工具，我们一样可以用分析拼音文字的理论来分析汉字所记录的汉语。汉语字词在大脑中以何种形式表征，采取什么方式通达词义，在心理学界对汉语字词，特别是双字合成词的研究也形成了三种观点：词素分解存储、整词存储和混合存储，其中，最后一种观点的提出引入了"语义透明度"概念[2]。

王春茂、彭聃龄指出，"所谓语义透明度，指的是复合词的语义可从其所组成的各个词素的语义推知的程度，其操作性定义为整词与其词素的语义相关程度"[3]，顾介鑫指出，词频、语义透明度、内部构成、复合词中心性、构词规则关系与构词规则能产性等因素对汉语双音节复合词的心

---

[1] 参见任敏《影响现代汉语双音复合词语义透明度的机制研究》，《河北师范大学学报（哲学社会科学版）》2012年第4期。

[2] 参见吕晓玲《现代汉语三音词语义研究》，博士学位论文，山东大学，2015年，第109—110页。

[3] 王春茂、彭聃龄：《合成词加工中的词频、词素频率及语义透明度》，《心理学报》1999年第3期。

理表征方式及词汇通达都有影响①。心理学界学者主要通过实验的方法考察语义透明度对汉语字词识别、合成词加工、词汇的通达表征的影响。

二 "语义透明度"语言学相关研究

李晋霞、李宇明在"语义透明度"基础上从语言学角度提出了"词义透明度"概念,"词义透明度,指词义可从构成要素的意义上推知的难易程度"②,该文的词义指的是词的概念义,释义以有声望的词典为依据,将词义透明度分为四个梯级:完全透明,词的整体义基本等于部分义之和;比较透明,词义不能从字面直接得出,部分义指引词义的理解,其又分为直接示意和间接示意;比较隐晦,部分构成要素基本不具有词义示意作用;完全隐晦,所有构成要素都不具有词义示意作用。

李晋霞又以"词义透明度"的理论分析为基础,对现代汉语"词"的词义透明度做定量的统计与分析,依据词典释义将"词义透明度"的四个梯级内部做了进一步划分③。该文将建立在《现汉》相关释义基础之上的"词义透明度"称为"词典透明度",建立在大众的一般语文知识之上的"词义透明度"称为"大众透明度"。

宋宣以偏正复合名词为对象研究词义透明度的判定条件,指出复合词内部语素是"显义"语素且语素之间不能发生意义的融合是提高词义透明度的必要条件,核心成分由表"类属"义的语素充当是提高词义透明度的充分条件,词汇化的不同类型会不同程度降低语义透明度④。该文还以《新编汉语词典》为统计范围,列出现代汉语最常见的"范畴"义语素102个,平均每个语素造词23.11个,从能产性角度证明"范畴"义语素表达"实体"义是提高汉语偏正复合名词语义透明度的最佳模式。

任敏将"语义透明度"定义为"复合词词义与其构成语素义之间的关联程度,即依据通常的语法语义规则从语素义推知词义的程度"⑤,该

---

① 顾介鑫:《汉语复合词认知加工的神经机制研究》,博士学位论文,南京师范大学,2008年。
② 李晋霞、李宇明:《论词义的透明度》,《语言研究》2008年第3期。
③ 李晋霞:《〈现代汉语词典〉的词义透明度考察》,《汉语学报》2011年第3期。
④ 宋宣:《汉语偏正复合名词语义透明度的判定条件》,《云南师范大学学报(对外汉语教学与研究版)》2011年第3期。
⑤ 任敏:《影响现代汉语双音复合词语义透明度的机制研究》,《河北师范大学学报(哲学社会科学版)》2012年第4期。

文将复合词的透明度分为三类:"关联程度高的为透明词,关联程度低的为不透明词,处于二者之间的为半透明词",构词语素的意义、复合词结构的复杂性、通假字、特定文化意义等是语义透明度的影响因素,并在关于透明度的注释中特别指出,"语义透明"与否是个相对的概念,因知识层次、文化背景等的不同,同一个复合词不同的人对透明度的判定标准不同,该文以大众(即具有中等文化水平的人群)的社会普遍心理作为"语义透明度"的判定标准。

关于"语义透明度"的研究更多在汉语教学领域,学者多采用实验的方法考察词汇的结构、语义透明度、词素的性质、构词能力等因素对留学生及儿童词汇学习的影响。董于雯指出,"语义透明度(Semantic transparency)是指语言单位的整体意义从其构成要素的语义推知的难易程度,就词来说就是语素义和词义的相关度,也可称为词义透明度。从构词语素义可以得出词义的词称为透明词(transparent word),反之称为不透明词(opaque word,也叫隐性词)"[1]。该文从《现代汉语频率词典》选取167个高频双音节词,以词典释义为参照,按照词义透明度从透明到隐晦分为五级,根据笔者语感选择复合词的常用义项为分析对象,得出绝大多数常用词的词义有较高透明度的结论,并总结词义透明度研究对对外汉语教学的指导作用。其他相关研究成果还有冯丽萍[2],徐彩华、李镗[3],邢红兵[4],钱旭菁[5],李蕊[6],干红梅[7],洪炜等[8],学位论文有吴杏红[9]、许艳

---

[1] 董于雯:《汉语常用双音节词语义透明度研究——兼论对汉语词汇教学的启示》,《国际汉语学报》2011年第1期。

[2] 冯丽萍:《中级汉语水平留学生的词汇结构意识与阅读能力的培养》,《世界汉语教学》2003年第2期。

[3] 徐彩华、李镗:《语义透明度影响儿童词汇学习的实验研究》,《语言文字应用》2001年第1期。

[4] 邢红兵:《留学生偏误合成词的统计分析》,《世界汉语教学》2003年第4期。

[5] 钱旭菁:《词义猜测的过程和猜测所用的知识——伴随性词语学习的个案研究》,《世界汉语教学》2005年第1期。

[6] 李蕊:《留学生形声字形旁意识发展的实验研究》,《语言教学与研究》2005年第4期。

[7] 干红梅:《语义透明度对中级汉语阅读中词汇学习的影响》,《语言文字应用》2008年第1期。

[8] 洪炜等:《语义透明度、语境强度及词汇复现频率对汉语二语词汇习得的影响》,《现代外语》2017年第4期。

[9] 吴杏红:《四种句子语境及语义透明度对高级水平外国留学生成语理解作用的实验研究》,硕士学位论文,北京大学,2012年。

华①、于志坤②、吴迪③等。

三 比喻跨度与词义透明度

与普通复合词不同，比喻复合词的成词过程既是一个命名过程，其内部又包含一个比喻过程，比喻复合词词义透明度的高低主要与该比喻过程有关。不同比喻复合词内部的比喻情况不同，包括本体的显隐、相似点、本体喻体相似程度等方面，客观存在的差异使人们在理解不同比喻复合词时由喻体到本体的联想距离具有了远近之别，这种由喻体到本体的联想距离在本书中称作"比喻跨度"。联想是连接喻体和本体从而理解一个比喻的桥梁，由喻体到本体的联想距离直接关系到比喻理解的难易程度。联想距离越小，意味着比喻跨度越小，比喻就越容易被理解；反之，联想距离越大，意味着比喻跨度越大，比喻理解起来就越困难。

在普通复合词中，词素义通过某种方式直接组合为词义，词义透明度的高低与词素义以何种方式组织词义有关，因此叫作"词义透明度"，而在比喻复合词中，词素义通过比喻的形式间接组合为词义，词义透明度的高低更多与本体喻体以何种方式构成一个比喻有关，词义透明度与比喻喻体到本体的联想距离的大小有直接关系，因此本书提出"比喻跨度"的概念来称代比喻复合词的词义透明度。

比喻复合词的比喻跨度与普通复合词的词义透明度有联系也有区别。

（一）比喻跨度与词义透明度的联系

1. 比喻跨度是词义透明度理论的组成部分，词义透明度的考察对象是所有复合词，比喻跨度的考察对象为比喻复合词，在本书中只针对偏正式比喻复合词。比喻跨度是词义透明度在比喻复合词中的表现形式。比喻跨度越大的复合词，词义透明度越低，相反地，比喻跨度越小的复合词，词义透明度越高，比喻复合词的比喻跨度与词义透明度呈负相关关系。

2. 词义透明度的影响因素与比喻跨度的影响因素有重合的部分。任敏指出，复合词结构的复杂性会影响语义透明度，"双重结构""跨层结

---

① 许艳华：《面向汉语二语教学的常用复合词语义透明度研究》，博士学位论文，北京师范大学，2014年。
② 于志坤：《〈汉语国际教育用音节汉字词汇等级划分〉中级双音节词的语义透明度分析》，硕士学位论文，暨南大学，2014年。
③ 吴迪：《成语的语义透明度及中小学生成语产出研究》，硕士学位论文，北京语言大学，2016年。

构""同素异构""复杂结构中的语义成分局部凸显"等情况会降低复合词的语义透明度①。对于比喻复合词来说,词素间语义结构关系的复杂程度也会对比喻跨度的大小造成影响,在不考虑其他影响因素的前提下,词素间语义结构关系越复杂,比喻跨度相对越大,语义结构关系越简单,比喻跨度相对越小。宋宣指出,复合词的核心成分由表"类属"义的语素充当,是提高整词语义透明度的充分条件②。比喻复合词的语义类别对于比喻跨度也具有重要意义,语义类别是否发生比喻对于比喻跨度具有重要影响。

3. 同一个复合词,具有中等文化水平的大众对于词义透明度的感受与语言专家编纂的词典释义有时会出现不一致的情况,为了保证词义分析的基础相同,李晋霞将词义透明度划分为"词典透明度"与"大众透明度",并以"词典透明度"为参考标准③。比喻跨度也存在"大众比喻跨度"与"词典比喻跨度"的区别,在本书中,比喻跨度是一个标准客观、结论客观的概念,由喻体到本体的联想距离是在下文将要论述的各种客观影响因素下得出的结论,由主观因素导致的对比喻跨度的感受不同不属于本书的讨论内容。

4. 词义透明度与比喻跨度都是从共时平面出发的概念。词义透明度的判断具有时间层次性,共时角度词义透明度低的复合词,在产生之初可能属于高词义透明度复合词,或者也有恰好相反的情况。一个相对固定的时间范围是对不同复合词的词义透明度做出客观分类的前提,比喻跨度也是如此。

(二) 比喻跨度与词义透明度的区别

1. 比喻跨度的考察对象是比喻复合词内部的比喻过程,判定标准是由喻体到本体的联想距离的大小;词义透明度的考察对象是所有复合词的词素义与词义的关系,判定标准是由词素义推知词义的难易程度。因此,比喻跨度与词义透明度的判定方法不同。词义透明度的判定大多以词典释义为依据,结合词素间的语义关系将词义与词素义进行对比分析,比喻跨

---

① 任敏:《影响现代汉语双音复合词语义透明度的机制研究》,《河北师范大学学报(哲学社会科学版)》2012年第4期。
② 宋宣:《汉语偏正复合名词语义透明度的判定条件》,《云南师范大学学报(对外汉语教学与研究版)》2011年第3期。
③ 李晋霞:《〈现代汉语词典〉的词义透明度考察》,《汉语学报》2011年第3期。

度的判定需要结合比喻的本体、喻体、相似点及词素间的语义结构关系等因素进行分析。

2. 在词义透明度的影响因素中，复合词词素间的结构关系所占权重最大。"某一复合词的结构越复杂，其语义透明度就越低"，"Libben（1998）指出，内部结构关系是决定合成词整词语义透明度高低的一个重要因素"，"'向心'（endocentric）关系类别（如'偏正''述宾''述补'等关系）的复合词的语义透明度要明显高于'离心'（exocentric）关系类别（如'主谓'关系）的复合词"①。对于比喻跨度来说，词素间的结构关系不是影响比喻跨度的首要因素，本体的显隐是影响比喻跨度的首要因素。

3. 词义透明度的判定往往需要考虑词素义的古今差异、词素基本义与引申义的差异、通假字的辨认等因素，比喻跨度的判定则基本不需要考虑这些因素。尽管比喻复合词有一个词素以比喻的形式间接指示词义，降低了词义透明度，但发生比喻的往往是喻指词素的基本义，直指词素在复合词中也通常使用其基本义，此外，比喻复合词的词化程度普遍较低，大多能做出结构分析，都有相应造词理据。这些特征弥补了由于喻指词素间接指示词义而降低词义透明度的问题。

第二节　比喻跨度的分级

李晋霞、李宇明依据由词素义推知词义的难易程度将复合词分为比较透明、比较隐晦、完全隐晦、完全透明四个梯级②；董于雯将汉语常用双音节词的词义由透明到隐晦分为五级③；任敏把复合词的语义透明度分为三类：透明词、不透明词、半透明词④。前人对复合词义透明度的分类大多比较粗略，以对比分析复合词词素义与词义在词典释义中的异同为主要分类手段，对词义透明度的分析以列举个别有代表性的复合词为主，未

---

① 宋宣：《汉语偏正复合名词语义透明度的判定条件》，《云南师范大学学报（对外汉语教学与研究版）》2011年第3期。
② 李晋霞、李宇明：《论词义的透明度》，《语言研究》2008年第3期。
③ 董于雯：《汉语常用双音节词语义透明度研究——兼论对汉语词汇教学的启示》，《国际汉语学报》2011年第1期。
④ 任敏：《影响现代汉语双音复合词语义透明度的机制研究》，《河北师范大学学报（哲学社会科学版）》2012年第4期。

见针对比喻复合词词义透明度问题的进一步研究。李晋霞、李宇明将所有比喻复合词划入"比较透明"梯级中的"间接示意"一类，即词素在指示词义时发生了隐喻引申①，事实上，比喻复合词内部的词义透明度也是不均质的，还有进一步划分的空间。

人们的知识储备、文化层次、生活环境不同，复合词对应的概念与人们日常生活的相关程度不同，概念使用频率不同等因素都会导致人们对比喻跨度的实际感受不同，有的学者将"词义透明度"分为"大众词义透明度"和"词典词义透明度"②也是出于对这种情况的考虑。本书语料、词义、词素义释义均以《现汉》（第7版）为主要来源，关于比喻跨度的分级都是在词典释义基础上，结合比喻复合词比喻的实际情况得出的客观的比喻跨度分级，不受个人差异的影响。此外，《现汉》（第7版）共收录偏正式比喻复合词1264个，其中，定中式比喻复合词1110个，约占所有偏正式比喻复合词的87.8%，状中式比喻复合词154个，约占所有偏正式比喻复合词的12.2%。为了保证比喻跨度判定标准的一致性，本书依照复合词结构关系分别为定中式和状中式比喻复合词进行比喻跨度的分级。定中式复合词对应的都是事物概念，状中式复合词对应的是动作或性状概念，比喻跨度的比较在同一个范畴内进行复合词之间才更具有可比性。

一 定中式比喻复合词比喻跨度的分级

比喻跨度的分级实质是对本体喻体联想距离的大小进行排序，而比较联想距离的前提是对本体喻体的识解，尤其是对本体的识解。因为所有喻体都由喻指词素表示，但不是所有本体都由直指词素表示，有一部分本体处于隐含状态，通过喻指词素间接表示。这样本体就可以区分为外显和内隐两类，内隐类本体需要先行予以识别，与外显类本体相比，由喻体到本体的联想距离显然更大，本体隐含的复合词比本体外显复合词的比喻跨度更大。

所有前喻式定中复合词为"喻体+本体"，本体外显于词面之上，而所有后喻式定中复合词都为"区别特征+喻体"，本体隐含于喻指词素之中。因此，后喻式定中复合词由喻体到本体的联想距离比前喻式定中复合

---

① 李晋霞、李宇明：《论词义的透明度》，《语言研究》2008年第3期。
② 李晋霞：《〈现代汉语词典〉的词义透明度考察》，《汉语学报》2011年第3期。

词更大,即后喻式定中复合词的比喻跨度整体大于前喻式定中复合词。

作为这一结论的佐证,我们设计了一个调查问卷。利用北语 BCC 语料库检索出数量在 1000 到 2000 之间且意义单一的 10 个前喻式定中复合词("带鱼""咖啡色""扇形""鹅卵石""荷包蛋""橄榄球""砂糖""房车""米色""蛙泳")和 10 个后喻式定中复合词("煤球""豆沙""石笋""火舌""星云""葱花""屋脊""云海""胶水""糖葫芦"),以实际发放问卷的形式对 50 名在校大学生进行调查,要求被测试者分别在 5 分钟内解释前喻式和后喻式复合词词义,经统计,前喻式复合词的正确率 64.4%,错误率 5%,空白率 30.6%,后喻式复合词的正确率 47.8%,错误率 24.4%,空白率 27.8%,两类复合词的空白率相近,但前喻式复合词的正确率更高,错误率大大低于后喻式复合词。问卷结果也在一定程度说明人们通常对前喻式复合词的理解力更强。

语料范围内共有前喻式定中复合词 410 个,后喻式定中复合词 700 个,其各自内部又有比喻跨度的差别,下面分别说明。

(一)前喻式定中复合词比喻跨度的分级

前喻式定中复合词的比喻跨度主要受三个因素影响:相似点、词素间的语义结构关系、本体喻体的相似程度。相似点是本体喻体的突出特征,也是构成比喻的前提;词素间的语义结构关系同时也是本体喻体的比喻关系,语义结构关系越简单,比喻关系也越简单;本体喻体的相似程度越高,越容易由喻体联想到本体。在本章第三节将详细说明以这三点为影响因素及其排序先后的原因。三个因素之间不是并列关系,而是上下层级关系,后一因素在前一因素的基础上发挥作用,这在客观上形成复合词比喻跨度的分级。

1. 相似点

前喻式定中复合词之间比喻跨度的差别首先来自复合词本体喻体相似点的不同。相似点是本体喻体共同的突出特征,也是本体喻体构成比喻的前提。综观所有定中比喻复合词,绝大多数本体喻体的相似点为外形、颜色、位置、动作、功能、性质 6 个角度。还有一小部分复合词的本体喻体有两个相似点。其中,"外形+功能"数量最多,前喻式和后喻式共计 64 个,如"枕木""鼓膜""笔帽""气囊";其他还有"位置+功能"(只有"报眼""路肩""细胞核"3 个)、"颜色+性质"(只有"雪花膏""鸡内金"2 个)、"外形+动作"(只有"蜂鸟"1 个),数量都很少。此外，以声音（"娃娃鱼""牛蛙""林涛""松涛""地黄牛"）和气味（"狐臭"）为相似点的复合词共6个，由于数量太少，不参与比喻跨度的划分，单列为"其他"一项。

外形是事物最显著的特征，外形的相似是事物间最直观的相似，颜色特征是外形特征的分支，以外形（包含"外形+功能""外形+动作"）或颜色（包含"颜色+性质"）为相似点的复合词由喻体到本体的联想距离相对最短，词义更易推知，比喻跨度相对最小，属于比喻跨度1级区，共316个，约占所有前喻式定中复合词的77.1%，如"板鸭""带鱼""房车""银发""金瓜"。

以位置或动作为相似点的复合词，本体喻体的相似来自所处空间位置或视觉可感知的动作，这些具体特征在人脑中的敏感度仅次于对外形或颜色的认知，比喻跨度居中，属于比喻跨度2级区，共23个，约占所有前喻式定中复合词的5.6%，如"颈联""耳房""蝶泳""虎步"。

以功能或性质为相似点的复合词，选取的是本体喻体的抽象特征作为造词理据，解词时人脑往往对于抽象特征的提取效率和准确度更低，比喻跨度相对最大，属于比喻跨度3级区，共68个，约占所有前喻式定中复合词的16.6%，如"摆渡车""靶细胞""芝麻官""金榜"。

2. 词素间的语义结构关系

在1、2、3级区内部，比喻跨度还有进一步的差异，这种差异主要来自词素间语义结构关系的不同。前喻式定中复合词的两个词素分别充当比喻的喻体和本体，词素间的语义结构关系同时也是喻体本体的相似关系，语义结构越简单，意味着比喻关系越简单，比喻跨度越小，反之，则比喻跨度越大。

根据词素间语义结构关系的复杂程度，将各区域复合词分别归入7个比喻跨度次区域，分别是：语义结构关系比较简单的1.1级、2.1级、3.1级次区域，语义结构关系稍有复杂的1.2级、3.2级次区域，语义结构关系比较复杂的1.3级、2.3级次区域（2.2级、3.3级次区域暂没有相应成员）。下面举例说明。

1级区

1.1级，共211个，如：

  a. 外形与……相似的……（球果 须根 狼狗 白齿）
  b. 颜色与……相似的……（鸡血石 金鱼 胭脂鱼 墨玉）

1.2 级，共 93 个，如：

外形与……的局部相似的……（骆驼绒 斑马线 柳眉 犬牙）
局部外形与……相似的……（眼镜蛇 梅花鹿 鸭嘴兽 松花蛋）

1.3 级，共 12 个，如：

外形经过推演之后与……相似的……（鹅掌风 香蕉人 蜂猴）

2 级区
2.1 级，共 22 个，如：

位置与……相似的……（颔联 颈联 扉页 门牙）
动作与……相似的……（蛙泳 鱼雷 马趴 虎步）

2.2 级，共 1 个：

动作经过推演之后与……相似的……（尺蠖）

【尺蠖】一种昆虫（尺蠖蛾）的幼虫，行动时身体向上弯成弧状，像用大拇指和中指量距离一样，所以叫尺蠖。（《现代汉语词典》第 176 页）

"尺蠖"的造词理据源于其行动时身体拱起的动作像是人以手丈量距离的动作。

3 级区
3.1 级，共 65 个，如：

性质与……相似的……（处女峰 黄金周 虎将 海碗）
功能与……相似的……（靶细胞〈书〉将指 摆渡车 拾音器）

3.2 级，共 3 个：

（对待……的性质）与……相似的……（发烧友 啃老族 盲棋）

3. 本体喻体的相似程度

同一语义结构关系次区域的前喻式复合词，根据本体喻体的相似程度不同，比喻跨度还有更加细致的差别。本体喻体的相似程度越高，由喻体越容易联想到本体，比喻跨度越小，反之，则比喻跨度越大。按照本体喻体的相似程度，我们将各比喻跨度次区域的复合词分别归入更小一级的再次区域，分别是本体喻体相似程度较高的 X.X.1 级区，相似程度中等的 X.X.2 级区，相似程度较低的 X.X.3 级区。

1.1 级次区域成员本体喻体的相似程度以外形（包含"外形+功能""外形+动作"）或颜色（包含"颜色+性质"）的相似程度为依据。当本体喻体有多个外形特征相似（"冰糖""球果""须根"）或颜色高度相似（"鸡血石""米色""咖啡色"）或有多个外形特征相似且功能也相似（"餐巾纸""面巾纸"）或颜色高度相似且性质也相似（"雪花膏"）时，相似程度较高，共 76 个，归入 1.1.1 级区；当本体喻体某一个外形特征或大致轮廓相似（"蚁蚕""臼齿""面包车"）或颜色上相近（"金瓜""银发""芙蓉石"）或某一个外形特征相似且功能或动作也相似（"房车""枕木""蜂鸟"），相似程度中等，共 131 个，归入 1.1.2 级区；当本体喻体的外形特征是在舍弃细节、高度抽象后的相似（"裙楼""裙房""罗圈儿腿""罗圈儿揖"），相似程度较低，共 4 个，归入 1.1.3 级区。1.2 级、1.3 级次区域成员本体喻体的相似程度也参照此标准划分，依次被归入 1.2.1 级区（22 个），1.2.2 级区（71 个），1.3.1 级区（6 个），1.3.2 级区（2 个），1.3.3 级区（4 个）。

比喻跨度 2.1 级次区域成员本体喻体的相似程度以位置、动作的相似程度为依据。当本体喻体处于相对相似的位置且稳定不变（"耳房""颈联""腹地"）或者共同具有某个突出的、规律性的动作特征（"猫步""虎步""蛙泳"）时，本体喻体的相似程度较高，共 20 个，归入 2.1.1 级区；当喻体的动作特征是有条件的或缺少规律性时，本体喻体的相似程度中等，归入 2.1.2 级区，只有"人鱼""水袖"2 个，前者以人鱼露出水面喂奶的动作与人类相像而得名，后者以戏曲表演者挥袖时袖子的动态如流水而得名。2.3 级区只有"尺蠖"1 个，归入 2.3.1 级区。

比喻跨度 3.1 级次区域成员本体喻体的相似程度以功能、性质的相似程度为依据。当本体喻体的主要功能相似（"摆渡车""靶细胞"）或具有同一个突出且稳定的性质（"处女地""峰值""海量""胶泥"）时，本体喻体的相似程度较高，共 52 个，归入 3.1.1 级区；当复合词中喻体的性质与该喻体其他性质相比不那么突出（"风派""笋鸡""星火[1]"）或作喻体时的突出性质有不止一种（"牛脾气-牛市""斗笔-斗室"）时，本体喻体的相似程度中等，共 13 个，归入 3.1.2 级区。3.2 级次区域也参照此标准划分，3 个成员分别归入 3.2.1 级区（"盲棋"）和 3.2.2 级区（"发烧友""啃老族"）。

经过相似点、语义结构关系、本体喻体相似程度的 3 轮分级，410 个前喻式定中复合词的比喻跨度分级情况如表 4-1 所示。

(二) 后喻式定中复合词比喻跨度的分级

后喻式定中复合词内部的比喻跨度也是不均质的，主要受三个因素影响：相似点、本体喻体的相似程度、限定成分的提示程度。具体原因将在本章第三节有详细说明。

1. 相似点

与前喻式复合词相似，后喻式定中复合词比喻跨度的不同首先来自复合词本体喻体相似点的不同。以外形（包含"外形+功能""颜色+性质"）为相似点的复合词比喻跨度相对最小，属于比喻跨度 1 级区，共 459 个，约占所有后喻式定中复合词的 65.6%，如"火舌""山脊""胆囊""脚蹼"。

以位置（包含"位置+功能"）、动作为相似点的复合词比喻跨度居中，属于比喻跨度 2 级区，共 76 个，约占所有后喻式定中复合词的 10.9%，如"山腰""墙脚""人潮""麦浪"。

以功能、性质为相似点的复合词比喻跨度相对最大，属于比喻跨度 3 级区，共 162 个，约占所有后喻式定中复合词的 23.1%，如"肠衣""水刀""田鸡""脑海"。

2. 本体喻体的相似程度

在 1、2、3 级比喻跨度复合词内部也存在比喻跨度的差异。与绝大多数前喻式定中复合词不同，后喻式复合词除了中心词素发生比喻外，词素间的语义结构关系与普通复合词并无实质性差异，无法以之作为区分比喻跨度的标准，真正对后喻式复合词比喻跨度产生影响的因素在于本体喻体的相似程度。后喻式复合词的本体是未知项，需要在解词过程中借助喻体得到判定，本体与喻体的相似程度越高，越容易建立起由喻体到本体的联想，越有助于推知本体。按照本体喻体的相似程度，我们参照前喻式复合词的划分标准，将各区域复合词分别归入 8 个比喻跨度次区域，分别是：

表4-1 前喻式定中复合词的比喻跨度分级情况

比喻跨度	前喻式定中复合词													其他	总数
相似点	外形（包含"外形+功能""外形+动作"）、颜色（包含"颜色+性质"）										功能、性质				
	1级区						2级区				3级区				
比喻跨度	1.1级区	<	1.2级区	<	1.3级区	<	2.1级区	<	2.3级区	<	3.1级区	<	3.2级区		
词素语义结构关系	比较简单		稍有复杂		比较复杂		比较简单		比较复杂		比较简单		稍有复杂		
例词	冰糖米色餐巾纸白齿金瓜房车裙楼		大牙驼色佛手瓜金银花鼓膜		等麻疹睡莲		耳房蛙泳人鱼水袖		尺蠖		靶细胞蜂值斗室		盲棋发烧友		
	1.1.1<1.1.2<1.1.3		1.2.1<1.2.2		1.3.1<1.3.2<1.3.3		2.1.1<2.1.2		2.3.1		3.1.1<3.1.2		3.2.1<3.2.2		
本体喻体相似程度	高	中	低	高	中	高	中	低	高	中	高	高	中	中	
例词	冰糖米色餐巾纸	白齿金瓜房车	裙楼	大牙驼色	佛手瓜金银花鼓膜	等麻疹	蜂猴	睡莲	耳房蛙泳	人鱼水袖	尺蠖	靶细胞蜂值	斗室	盲棋	发烧友	
数量	76	131	4	22	71	6	2	4	20	2	1	52	13	1	2	3	410
比例	18.5%	32.0%	1.0%	5.4%	17.3%	1.5%	0.5%	1.0%	4.9%	0.5%	0.2%	12.7%	3.2%	0.2%	0.5%	0.7%	100%

本体喻体相似程度较高的 1.1 级、2.1 级、3.1 级次区域，相似程度中等的 1.2 级、2.2 级、3.2 级次区域，相似程度较低的 1.3 级、3.3 级次区域（2.3 级次区域暂没有相应成员）。

参照前喻式定中复合词本体喻体相似程度的划分标准：比喻跨度 1 级区成员以外形、"外形+功能" 或 "颜色+性质" 特征的相似程度为依据，分别归入相似程度较高的 1.1 级次区域（322 个）、相似程度中等的 1.2 级次区域（112 个）和相似程度较低的 1.3 级次区域（25 个）；比喻跨度 2 级区成员以位置、动作或 "位置+功能" 的相似程度为依据，分别归入 2.1 级（71 个）、2.2 级（5 个）次区域；比喻跨度 3 级区成员以功能、性质的相似程度为依据，分别归入 3.1 级（101 个）、3.2 级（32 个）和 3.3 级（29 个）次区域。其中，前喻式定中复合词所未包含的情况有，当本体喻体处于相似的位置且功能相似，归入 2.1 级次区域，当本体喻体的次要功能相似，归入 3.2 级次区域，当本体为抽象事物，本体喻体功能或性质的相似程度较低，归入 3.3 级次区域。

3. 限定成分的提示程度

处在同一比喻跨度次区域的后喻式定中复合词，根据限定成分对本体提示程度的不同，比喻跨度还有更加细致的差别。参考杨润陆对后喻式名名复合词类型的划分[①]，我们将后喻式定中复合词分为 4 类：1. 主体-特殊状态（"雪花""水网""火舌""火海"）；2. 质料-特定形态（"木鱼""糖瓜""铁丝""芝麻酱"）；3. 领属关系（"帽舌""山脊""蚕沙""门臼"）；4. 其他限定关系（"海狗""海盆""书亭""避雷针"），这在本书第一章已经有过详细讨论。1、2 类复合词的限定成分分别提示本体的主体和质料，对本体的提示程度比 3、4 类复合词更高，相应地，也会适当缩小由喻体到本体的联想距离。因此，1、2 类复合词比处于同一次区域的 3、4 类复合词的比喻跨度更小。我们将 8 个次区域的 1、2 类复合词归入 X.X.1 级区，3、4 类复合词归入 X.X.2 级区，共计 15 个再次区域（3.3 级次区域只有 3、4 类复合词，因此，3.3.1 级再次区域暂没有相应成员）。

经过相似点、本体喻体相似程度和限定成分提示程度的 3 轮分级，700 个后喻式定中复合词的比喻跨度分级情况如表 4-2 所示。

---

① 杨润陆：《由比喻造词形成的语素义》，《中国语文》2004 年第 6 期。

第四章　偏正式比喻复合词的比喻跨度　163

表 4-2　后喻式定中复合词的比喻跨度分级情况

比喻跨度	后喻式定中复合词									其他	总数
相似点	1 级区 外形（包含"外形+功能"、"颜色+性质"）			2 级区 位置（包含"位置+功能"）、动作			3 级区 功能、性质				
比喻跨度	1.1 级区	1.2 级区	1.3 级区	2.1 级区	2.2 级区		3.1 级区	3.2 级区	3.3 级区		
本体喻体相似程度	高	中	低	高	中		高	中	低		
例词	火舌 糖瓜 冰床 胶囊 飞盘 屋脊 笔帽 悬臂	河网 粉丝 鼻梁 海狗 脑桥 大陆架	话网 木鱼 火网 鼻翅 内网	麦浪 词尾 车流 暖锋 寒流 路肩	心潮 思潮 眼波 学潮 热潮		水刀 糖衣 脑海 电脑 洪峰 活化石	鱼花 楼花 牙床 刨床 校花	病灶 诗眼 胜果		
比喻跨度	1.1.1<1.1.2	1.2.1<1.2.2	1.3.1<1.3.2	2.1.1<2.1.2	2.2.1<2.2.2		3.1.1<3.1.2	3.2.1<3.2.2	3.3.2		
限定成分提示程度	低	高	低	高	低		低	高	低		
例词	火舌 糖瓜 冰床 胶囊	飞盘 屋脊 笔帽 悬臂	河网 粉丝	鼻梁 海狗 脑桥 大陆架	话网 木鱼 火网	鼻翅 内网	麦浪 车流	词尾 暖锋 寒流 路肩	心潮 思潮 眼波	学潮 热潮	水刀 糖衣 脑海	肾骨 电脑 洪峰 活化石	鱼花 楼花	牙床 刨床 校花	病灶 诗眼 胜果		
数量	93	229	38	74	8	17	9	62	3	2	26	75	2	30	29	3	700

前喻式定中复合词被分别归入 3 个大区域、7 个次区域和 15 个再次区域；后喻式定中复合词被分别归入 3 个大区域、8 个次区域和 15 个再次区域。至此，基本完成对 1110 个定中式比喻复合词比喻跨度的分层级排序，比喻跨度情况如表 4-3 所示。

表 4-3　　　　　定中式比喻复合词的比喻跨度分级情况

	次区域	再次区域		数量	比喻跨度
前喻式定中复合词	1 级区	1.1	1.1.1	外形（56）颜色（17）外形+功能（2）颜色+性质（1）	76	小
			1.1.2	外形（111）颜色（16）外形+功能（3）外形+动作（1）	131	
			1.1.3	外形（4）	4	
		1.2	1.2.1	外形（18）颜色（4）	22	
			1.2.2	外形（66）颜色（4）外形+功能（1）	71	
		1.3	1.3.1	外形（6）	6	
			1.3.2	外形（2）	2	
			1.3.3	外形（3）颜色（1）	4	
	2 级区	2.1	2.1.1	位置（11）动作（9）	20	
			2.1.2	动作（2）	2	
		2.3	2.3.1	动作（1）	1	
	3 级区	3.1	3.1.1	功能（4）性质（48）	52	
			3.1.2	性质（13）	13	
		3.2	3.2.1	性质（1）	1	
			3.2.2	性质（2）	2	
	其他			声音（2）气味（1）	3	
后喻式定中复合词	1 级区	1.1	1.1.1	外形（84）外形+功能（9）	93	
			1.1.2	外形（195）外形+功能（33）颜色+性质（1）	229	
		1.2	1.2.1	外形（38）	38	
			1.2.2	外形（61）外形+功能（13）	74	
		1.3	1.3.1	外形（5）外形+功能（3）	8	
			1.3.2	外形（17）	17	
	2 级区	2.1	2.1.1	动作（9）	9	
			2.1.2	位置（55）动作（4）位置+功能（3）	62	
		2.2	2.2.1	动作（3）	3	
			2.2.2	动作（2）	2	大
	3 级区	3.1	3.1.1	功能（7）性质（19）	26	
			3.1.2	功能（49）性质（26）	75	
		3.2	3.2.1	性质（2）	2	
			3.2.2	功能（23）性质（7）	30	
		3.3	3.3.2	功能（13）性质（16）	29	
	其他			声音（3）	3	
总数				外形（666）颜色（42）位置（66）动作（30）功能（96）性质（134）外形+功能（64）颜色+性质（2）外形+动作（1）位置+功能（3）声音（5）气味（1）	1110	

复合词比喻跨度由上到下呈不断上升趋势，位于表格最上方1.1.1级区域的76个前喻式复合词比喻跨度相对最小，如"冰糖""梯田""须根""带鱼""砖茶""咖啡色"；位于表格最下方3.3.2级区域的29个后喻式复合词比喻跨度相对最大，如"命门""病灶""戏骨""宦途""怒火""敌焰"。通过对比两组复合词我们发现，比喻跨度最小的复合词主要有以下特征：相似点都是外形或颜色相关的前喻式复合词，都与具体事物概念相对应，词素间的语义结构关系比较简单，本体喻体的相似程度高；比喻跨度最大的复合词主要有以下特征：都是以功能或性质为相似点的后喻式复合词，都与抽象概念相对应，本体喻体的相似程度较低，限定成分的提示程度低。

二　状中式比喻复合词比喻跨度的分级

状中式比喻复合词共154个，除了"笔战""舌战""笔耕""舌耕""沙浴"是后喻式复合词之外全部都是前喻式复合词，后喻式复合词的比喻跨度整体大于前喻式复合词，由于数量太少，这里不再单独讨论。在149个前喻式状中复合词中，表性状类的形容词92个，表动作类的动词57个。下面参照前喻式定中复合词比喻跨度的判定标准为状中式复合词的比喻跨度分级。

（一）性状类复合词比喻跨度的分级

性状类复合词的喻指词素表示喻体，绝大多数对应某种事物，个别喻体对应某种动作或状态，如"绞痛""焦黑"；直指词素表示本体，本体对应某种性状。

与前喻式定中复合词比喻跨度的分级相似，性状类复合词的比喻跨度也主要受三个因素影响：相似点、词素间的语义结构关系和本体喻体的相似程度。

1. 相似点

性状类复合词共有外形、颜色、性质3种相似点，对应复合词的数量分别是4个、70个和18个。

以颜色为相似点的复合词是表示某种颜色的性状词，数量占所有性状复合词的76.1%，颜色的相似是视觉可感知的显著特征，同时，由于复合词本身就表示某种颜色性状，中心词素是某种颜色，如"火红""天蓝""蟹青""桃红""葱绿"，对相似点具有提示作用，以颜色为相似点的性状类复合词比喻的理解难度较低。与颜色相似点相似，以性质为相似点的复合词本身表示某种性状，中心词素是某种性状，对相似点具有提示作用，如"狐媚""板实""金贵"。因此，以颜色或性质为相似点的性状类复合词比喻跨度较小，标记为1级比喻跨度，共88个，占所有性状类复合词的95.7%。

以外形为相似点的性状类复合词只有4个，不同于事物类复合词，对于性状类复合词来说，外形不属于本体喻体的典型区别特征，外形的相似对于理解某个性状来说不是首要提示因素，因此，以外形为相似点的性状类复合词理解难度较大，标记为2级比喻跨度，共4个，分别为"笔直""粉碎""吻合""鸭蛋圆"。

2. 词素间的语义结构关系

依据复合词词素间语义结构关系的复杂程度，将各层级复合词分别归入3个比喻跨度次区域，分别是：语义结构关系比较简单的1.1级（81个）、2.1级（4个）次区域，语义结构关系稍有复杂的1.2级（7个）次区域，下面分别举例说明。

1级区

1.1级，共81个：

  a. 像……的颜色那样得……（肉红 枣红 银白 蜡黄 苹果绿）
  b. 像……的性质那样得……（狐媚 板实 沸热）

1.2级，共7个：

  a. 像……局部的颜色（性质）那样得……（猩红 鱼白 蟹青 犀利）
  b. 像……的相关物的颜色那样得……（鹅黄 乳黄 桃红）

"猩红"指的是像猩猩血那样得红，"犀利"指的是像犀牛角那样得锋利，"鹅黄"指的是像小鹅绒毛那样得黄，"乳黄"指的是像一种奶制品——奶油那样得黄，"桃红"指的是像桃花那样得红。

2级区

2.1级，共4个：

像……的外形那样得……（鸭蛋圆 笔直 粉碎 吻合）

3. 本体喻体的相似程度

依据本体喻体的相似程度，我们将各比喻跨度次区域的性状类复合词分别归入更小一级的再次区域，分别是本体喻体相似程度较高的 1.1.1 级（64 个）、1.2.1 级（6 个）再次区域，相似程度中等的 1.1.2 级（14 个）、2.1.2 级（4 个）再次区域，相似程度较低的 1.1.3 级（3 个）、1.2.3 级（1 个）再次区域。

1.1.1 级区和 1.2.1 级区成员都是以颜色为相似点的性状复合词，比喻的本体都是某种颜色。一方面，颜色是一个抽象概念，自然界本身就客观存在着与喻体事物所具有的颜色完全相同的颜色；另一方面，颜色概念所指称的范围比较宽泛，在一定范围内的多种颜色都可以用同一个名称来指示。因此，颜色类复合词喻体和本体的相似程度最高。1.1.2 级区是喻体具体的性质与本体具体性质的相似，2.1.2 级区是喻体具体的外形与本体具体外形的相似，本体喻体的相似程度中等。1.1.3 级区和 1.2.3 级区是喻体具体的性质与本体抽象性质的相似，本体喻体的相似程度最低。

经过相似点、词素间的语义结构关系和本体喻体相似程度的三轮分级，92 个性状类复合词的比喻跨度情况如表 4-4 所示。

表 4-4　　　　性状类状中复合词的比喻跨度分级情况

	性状类状中复合词					总数
比喻跨度	1 级区			<	2 级区	
相似点	颜色、性质				外形	
比喻跨度	1.1 级区		<	1.2 级区	<	2.1 级区	
词素语义结构关系	比较简单			稍有复杂		比较简单	
例词	海蓝 火红 墨黑 火热 潮红 瓦亮 填鸭式 赤贫 绞痛			蟹青 猩红 桃红 犀利		〈方〉鸭蛋圆 粉碎 笔直 吻合	
比喻跨度	1.1.1<1.1.2<1.1.3			<	1.2.1<1.2.3	<	2.1.2	
本体喻体相似程度	高	中	低	高	低	中	
例词	海蓝 火红 墨黑	火热 潮 瓦亮	填鸭式 赤贫 绞痛	蟹青 猩红 桃红	犀利	〈方〉鸭蛋圆 粉碎 笔直 吻合	
数量	64	14	3	6	1	4	92
比例	69.6%	15.2%	3.3%	6.5%	1.1%	4.3%	100%

（二）动作类复合词比喻跨度的分级

与性状类复合词相似，动作类复合词的喻指词素表示喻体，绝大多数由名词性事物充当，也有的喻体由动作或性状充当，如"浮现""剥夺""盲打"；直指词素表示本体，本体表示某种动作。

动作类复合词的比喻跨度也主要受相似点、词素间的语义结构关系和本体喻体的相似程度这三个因素影响。

1. 相似点

本体喻体共有动作、外形和性质 3 种相似点，分别对应 38 个、13 个和 6 个动作类复合词。由于复合词本身就属于动作范畴，以本体喻体的动作为相似点的复合词理解难度相对更小，比喻跨度较小，标记为 1 级比喻跨度，共 38 个，占所有动作类复合词的 66.7%。

外形特征对于名词性的定中复合词来说是显著特征，但对于动作类复合词来说，动作之间外形的相似不是动作的典型区别特征，动作间的相似才是其典型特征，因此，以外形为相似点的动作类复合词标记为 2 级比喻跨度，共 13 个，占所有动作类复合词的 22.8%。

性质间的相似也不是动作类复合词本体喻体的典型区别特征，相对于外形特征来说，性质作为抽象特征提取难度更大，因此，以性质为相似点的复合词标记为 3 级比喻跨度，共 6 个，占所有动作类复合词的 10.6%。

2. 词素间的语义结构关系

依据复合词词素间语义结构关系的复杂程度，对各级复合词的比喻跨度作进一步划分。将各层级复合词分别归入 5 个比喻跨度次区域，分别是：语义结构关系比较简单的 1.1 级（5 个）、2.1 级（10 个）、3.1 级（6 个）次区域，语义结构关系稍有复杂的 1.2 级（33 个）、2.2 级（3 个）次区域，下面分别举例说明。

1 级区

1.1 级，共 5 个：

　　像……（动作）那样地……（蹿升 浮现 涌现 剥夺 筛查）

1.2 级，共 33 个：

　　a. 像……的……（动作）那样地……（狐疑 雀跃 鼠窜 蛇行 鲸

第四章 偏正式比喻复合词的比喻跨度

吞)

　　b. 像……被……（动作）那样地……（瓜分 瓦解）

2级区

2.1级，共10个：

　　像……的外形那样地……（林立 鼎立 笼罩 被覆 板结）

2.2级，共3个：

　　像……局部的外形那样地……（蜗旋〈书〉鼎峙 鼎立）

3级区

3.1级，共6个：

　　a. 像……（事物）的性质那样地……（幻灭 海涵 飙高）
　　b. 像……（动作）的性质那样地……（蹿红）
　　c. 像……（性状）的性质那样地……（盲打 盲审）

3. 本体喻体的相似程度

依据本体喻体的相似程度，我们将各比喻跨度次区域的性状类复合词分别归入更小一级的再次区域，分别是本体喻体相似程度较高的1.1.1级（2个）、1.2.1级（20个）、2.1.1级（10个）、2.2.1级（1个）、3.1.1级（3个）再次区域，相似程度较低的1.1.3级（3个）、1.2.3级（13个）、2.2.3级（2个）、3.1.3级（3个）再次区域。

1.1.1级和1.2.1级再次区域成员的本体喻体之间都以动作为相似点，喻体都是某种具体动作或由某种事物发出的具体动作，本体也都是具体的动作，2.1.1级和2.2.1级再次区域成员本体喻体之间以外形为相似点，喻体本体之间是具体外形的相似，3.1.1级再次区域成员以性质为相似点，喻体本体之间是具体某种性质的相似，这几类再次区域成员喻体本体之间的相似程度较高；1.1.3级、1.2.3级、2.2.3级、3.1.3级再次区域成员的本体喻体之间是喻体的具体动作、外形或性质与本体抽象的动作、外形或性质之间的相似，喻体本体之间的相似程度较低。

经过相似点、词素间的语义结构关系和本体喻体相似程度的三轮分级，57 个动作类复合词的比喻跨度情况如表 4-5 所示。

表 4-5　　　　　动作类状中复合词的比喻跨度分级情况

	动作类状中复合词									总数
比喻跨度	1 级区			<	2 级区			<	3 级区	
相似点	动作				外形				性质	
比喻跨度	1.1 级区		<	1.2 级区	<	2.1 级区	<	2.2 级区	<	3.1 级区	
词素语义结构关系	比较简单			稍有复杂		比较简单		稍有复杂		比较简单	
例词	涌现 筛查 浮现 剥夺 蹿升			虎视 牛饮 蜂聚 瓦解 波动 冰释		壁立 棋布 被覆 林立		蜗旋 〈书〉鼎峙 鼎立		幻灭 盲打 盲审 蹿红 海涵 飙高	
比喻跨度	1.1.1<1.1.3		<	1.2.1<1.2.3	<	2.1.1	<	2.2.1<2.2.3	<	3.1.1<3.1.3	
本体喻体相似程度	高	低	高	低	高	高	低	高	低	
例词	涌现 筛查	浮现 剥夺 蹿升	虎视 牛饮 蜂聚	瓦解 波动 冰释	壁立 棋布 被覆 林立	蜗旋	〈书〉鼎峙 鼎立	幻灭 盲打 盲审	蹿红 海涵 飙高	
数量	2	3	20	13	10	1	2	3	3	57
比例	3.5%	5.3%	35.1%	22.8%	17.5%	1.8%	3.5%	5.3%	5.3%	100%

第三节　比喻跨度的影响因素

上一节分别对定中式和状中式比喻复合词进行了比喻跨度的分级。参与比喻跨度分级的影响因素共计五个，分别是：本体的显隐、相似点、词素间的语义结构关系、本体喻体的相似程度、限定成分的提示程度。其中，前喻式定中复合词及前喻式状中复合词[①]同为前喻式偏正复合词，比喻跨度的影响因素及重要性排名是一致的，后喻式定中复合词比喻跨度的影响因素及重要性排名与之同中有异。具体来说，"本体的显隐"和"相似点"是所有偏正式比喻复合词共有且重要性排名一致的影响因素，分别排在第一、第二位；前喻式偏正复合词的第三、第四位影响因素分别是

---

① 后喻式状中复合词由于数量太少，没有参与比喻跨度的划分，因此，下文不再特意指出是"前喻式状中复合词"，而都以"状中比喻复合词"称代。

"词素间的语义结构关系"和"本体喻体的相似程度";后喻式定中复合词的第三、第四位影响因素分别是"本体喻体的相似程度"和"限定成分的提示程度"。除了参与分级的五个影响因素,还有一个"频率"因素为参考因素,比喻跨度共计六个影响因素。"频率"作为排名第五位的参考因素放在本节最后讨论。下面就按照比喻跨度影响因素的重要性排名分别展开论述。

一 本体的显隐

本体的显隐是比喻跨度大小的首要影响因素。

所有前喻式偏正复合词的本体外显,词素间定中、状中结构关系的强制性提示了喻体与本体间限定与被限定的关系,由区别特征到语义类别的限定修饰过程也是由喻体到本体的比喻过程,就像比喻句中的明喻。从造词角度来看是在现有语义类别的基础上通过增加区别特征的方式造词,除区别特征以发生比喻的方式表达外,与普通偏正复合词的造词过程相似。

后喻式定中复合词的本体内隐,本体喻体都由喻指词素承担,没有词素间结构关系对比喻的提示作用,只能借由词素间语义关系的错配显现出来。以"海马"为例,当从字面上理解"海马"出现矛盾时才会迫使人们从比喻的角度去理解,但喻体"马"从哪个角度发生比喻需要调动人们的知识储备并结合限定成分进行发散性联想,就像比喻句中的借喻。从造词角度来看,后喻式定中复合词所表示的概念在造词之初语言系统中尚未有恰好适合的语义类别可供使用[1],造词时要通过喻体发生比喻的方式创造一种新的语义类别,表示一类新事物或固有事物的特殊状态[2],语义类别是复合词的中心成分,与前喻式偏正复合词创造新的区别特征相比,新的语义类别对词义的影响更大,理解难度也更大。

二 相似点

造词者选择本体喻体共有特征作为相似点,由于不同特征在人们心中

---

[1] 随着某一喻指词素造词数量的增多,再为新概念造词时便可直接选择该喻指词素来表示相应的语义类别。

[2] 在后喻式定中复合词的4种类型中,只有"主体—特殊状态"类复合词的语义类别表示固有事物的特殊状态,限定成分所表示的事物是特殊状态的主体,为语言中已得到表达的固有事物。其他后喻式定中复合词的语义类别表示某类新事物,限定成分限定新事物的质料、领属、位置、性状等特征。

的敏感度不同，本体喻体的联想距离便有大小之别。不同词类的比喻复合词，相似点影响比喻跨度大小的排列顺序不同，下面分别论述定中复合词、性状类状中复合词、动作类状中复合词相似点对比喻跨度的不同影响。

（一）相似点对定中式复合词比喻跨度的影响

定中式复合词所对应的概念都属于事物类范畴，外形特征以图像的方式储存在人脑中，外形特征的相似是关联两个事物最直接的方式。通过一个相似事物的外形我们可以最快得到待确认事物的大致轮廓，进而将该词与认知中的某个概念相对应，因此，人们对外形相似点的敏感度最高。出于语言的交际职能，造词者总是尽量选择人们最容易理解的造词方式，共有666个定中式复合词的相似点在于外形特征的相似，占所有定中式比喻复合词的60%，这从侧面说明外形的相似是造词者最优先选择的造词理据。从识解者角度来说，相比于事物的位置、动态、功能等特征，人们普遍对外形相关知识储备更丰富，当以外形为本体喻体相似点时，识解者能更快实现由喻体到本体的联想。以"外形+功能""外形+动作"、颜色、"颜色+性质"为相似点的复合词比喻跨度也与外形属于同一层级。尽管造词者尽量选择本体喻体的突出特征为相似点，也有个别例外情况，例如，"雪花"的外形特征突出，但在"雪花膏"中却以"颜色+性质"特征作为相似点参与造词，以其颜色似雪花洁白又像雪花涂在皮肤上立即消失而得名，喻体参与造词的特征不够突出将在一定程度上增加比喻跨度。

人们尽量选择比喻跨度小的方式造词，但很多时候本体喻体相似点的选择受所表示概念内涵的影响，造词者只得放弃外形角度的相似，转而利用其他角度的相似特征造词。主要表现在：

1. 复合词所指向的概念表示一个整体中的某个位置、一个顺序语义场中的某个成员或在位置方面有突出特征的事物，这样的概念在造词时通常以本体喻体的位置为相似点。以位置为相似点的定中式复合词共66个，其中超过71%是后喻式复合词且直指词素与喻指词素是整体与部分关系，表示占据整体某个位置的一部分，如"碑头""帽耳""山腰""山脚""词尾""韵头"。又如"颔联""颈联"属于律诗组成成分语义场，分别对应第二联、第三联，是顺序语义场中的成员。"卫星城""耳房""耳门"等表示的概念在位置方面有突出特征。对于这一部分词来说，以位置作为相似点造词相比于外形角度的相似来说对词义的提示性更强。

2. 当概念表示某种动态行为的名称或具有某种动态特征的事物，静态外形角度的相似无法满足动态的概念特征，在造词时通常以动作作为本体喻体的相似点。某种动态行为的名称，如"蛙泳""蝶泳""海豚泳""狐步舞"；具有某种动态特征的事物，如"鱼雷""暖流""寒潮""声浪"。以动作为相似点的定中式复合词共 30 个，只占所有定中式比喻复合词的 2.7%。

3. 当概念表示的事物在外形方面缺少突出特征且稳定地发挥某种功能，在造词时往往以功能作为本体喻体的相似点。事物的外形通常不固定或形态复杂、难以表述，如"毒饵""病灶""血栓""正轨""话柄""韵母""命门"，即使有相对固定的外形，但与外形相比功能方面的特征更凸显，如"面肥""电脑""卵巢""扇骨""海参"。以功能为相似点的定中式复合词共 96 个，其中后喻式复合词 92 个，超过总数的 95%，喻指词素作为中心词素在复合词中表示"功能像……的事物"。

4. 当概念表示的事物具有某种突出的性状，造词时往往选择性质作为本体喻体的相似点，如"芝麻官""斗笔""斗室""笋鸡""海碗"。这类事物所具有的性状以抽象性质为主，没有具体的外形或外形相对于性质来说缺少突出的区别性特征。以性质为相似点的定中式复合词共 134 个。

以位置或动作为相似点的复合词，本体喻体所处的空间位置或动作具有相似性，这些直观特征在人脑中的敏感度仅次于对外形或颜色的认知。相似点为位置（包括"位置+功能"）或动作的复合词属于比喻跨度中间的一类，约占所有定中式比喻复合词的 8.9%，其中，前喻式复合词约占 2.1%，后喻式复合词约占 6.8%。

以功能或性质作为相似点的复合词，比喻跨度相对最大。首先，本体喻体的相似来自抽象的功能或性质特征，人脑对抽象特征的敏感度较低，被唤起的顺序相对于直观特征来说更靠后；其次，理解一个比喻的前提是大脑对喻体某方面特征的提前储备，人脑对事物功能或性质的知识储备相对来说没有具象特征知识储备丰富；再次，事物的功能或性质特征往往不止一个，需要解词者从不同功能或性质中筛选出目标功能或性质。因此，相似点为功能或性质的复合词属于比喻跨度较大的一类，约占所有定中式比喻复合词的 20.7%，其中，前喻式复合词约占 6.1%，后喻式复合词约占 14.6%。

（二）相似点对性状类状中复合词比喻跨度的影响

状中式复合词根据所表示概念性质的不同分为性状类复合词和动作类复合词，相似点对于两类复合词比喻跨度的影响有不同表现。

对于性状类复合词来说，本体喻体共有颜色、性质、外形三个角度的相似点。以颜色或性质为相似点的复合词本身就表示某种颜色或某种性状。如"湖绿"，指像湖水那样的绿，中心词素"绿"本身就是一种颜色，提示了本体喻体是在颜色角度的相似；"沸热"，表示一种特别热的性状，中心词素"热"本身表示一种性状，提示了本体喻体的相似点是在性质角度的相似。因此，以颜色或性质为相似点的复合词内部比喻的理解难度相对最低，比喻跨度最小。以外形为相似点的性状类复合词只有4个，对于性状类复合词来说，外形不属于本体喻体的典型区别特征，外形的相似对于理解某个性状来说不是首要提示因素。因此，以外形为相似点的性状类复合词比喻跨度大于以颜色或性质为相似点的性状类复合词。

（三）相似点对动作类状中复合词比喻跨度的影响

对于动作类复合词来说，本体喻体共有动作、外形、性质三个角度的相似点。由于复合词本身表示某种动作，如"牛饮"，指像牛喝水那样地喝，中心词素表示的动作"饮"对相似点具有提示作用，以动作为相似点的复合词理解难度相对最小。外形特征对于事物类复合词来说是显著特征，对于动作类复合词来说却不是，如"鼎立"，"立"是一个静态的、长时间的持续性动作，本体喻体以静态的动作外形的相似为依据，动作外形之间的相似不是动作的典型区别特征，动作间的相似才是典型特征。因此，以外形为相似点的动作类复合词比喻跨度要大于以动作为相似点的动作类复合词。性质间的相似也不是动作类复合词本体喻体的典型区别特征，相对于外形特征来说，本体喻体抽象的性质特征的提取难度更大，因此，以性质为相似点的动作类复合词比喻跨度相对最大。

三 前喻式词素间的语义结构关系及后喻式本体喻体的相似程度

本体的显隐和相似点是所有偏正式比喻复合词比喻跨度的第一、第二位影响因素，接下来，前后喻式复合词比喻跨度的影响因素出现了不同的倾向性。

包括定中式和状中式在内，所有前喻式偏正复合词比喻跨度的第三位影响因素为词素间的语义结构关系。无论是造词者还是解词者，头脑中都贮存着许多"有空格的语义模型"①，这些"有空格的语义模型"实质是词素间的语义结构关系，只有给这些模型的空格指派一些具有某种特征的角色才能实现完整的语义表达，这些被指派的角色是以词素的形式"明示"的部分。前喻式偏正复合词比喻成立依靠的是词素间语义结构关系的黏合作用，语义结构关系同时也是前喻式偏正复合词本体喻体的比喻关系，造词时本体喻体之间"有空格的语义模型"越是简单，复合词内部的比喻过程越容易被理解，由"明示"的词素推知词义的难度越小，比喻跨度越小；反之，则根据词素推知词义的难度越大，比喻跨度越大。

后喻式定中复合词词素间的语义结构关系与普通复合词类似，直指词素只起限定修饰作用，本体没有表现在词面上，限定成分与中心成分的语义关系复杂多样。如"鼻翅""表针""山脊"是"整体-部分"关系，"铁丝""木鱼""米线"是"原料-成品"关系，"茶砖""冰柱""雪花"是"主体-特殊状态"关系，"火剪"是"生火"时使用的"像剪刀"的用具，"风斗"是用来"挡风"的"像斗"的东西，"石担"是两端安着"石轮"的"像担子"的东西，等等。词素间的语义结构关系对判定比喻跨度大小的意义不大，因此，其比喻跨度的第三位影响因素不是语义结构关系，而是本体喻体的相似程度。

后喻式偏正复合词的本体是未知项，确认本体的难易程度对于比喻跨度大小的判定有更重要的意义。确认本体的难易程度与本体喻体的相似程度有直接联系。在确定本体过程中，人们会将喻体在不同特征角度的比喻义分别带入词中进行匹配，最先被带入的往往是喻体的突出特征，假如本体喻体的相似程度高，经过限定成分提示，人脑可以快速实现复合词与认知中某个概念的联想匹配，并自动补全词素间暗含的语义结构关系，实现对词义的理解，比喻跨度较小。假如本体喻体的相似程度较低，即使有限定成分的提示，人脑无法在最短时间内实现词与目标概念的匹配，需要花费更多时间搜寻相似概念或者继续进行新一轮本体喻体相似特征的匹配，比喻跨度较大。需要注意的是，目标概念的匹配建立在人脑对本体所表示概念预先认知的前提下，假如人脑中没有对本体所表示概念的认知，即预

---

① 参见朱彦《复合词的语义结构与词素义的提示机制——以象类双音名物词为例》，硕士学位论文，广西师范大学，2000年，第11—13页。

先没有建立起本体喻体相似联想的前提条件，那么即使本体喻体的相似程度高，在认知中也没有相应概念与之匹配，无法做到对词义的完全把握，但喻体是已知概念，本体喻体相似程度高的复合词将更有助于对词义的推知。这也可以解释为什么新生事物常常选择用比喻复合词的形式表达，新生事物在人脑中没有预先建立概念，但喻体是人脑中的已知概念，比喻造词通过喻体与本体的相似性来帮助人们实现对词义的猜测和理解。

以"门臼"为例，"臼"的外形特征是突出特征，往往最先被带入解词过程，表现为"门+外形像臼的东西"，由于本体"门臼"与"臼"的外形相似程度高，人脑根据"门"的提示与认知中"门墩上安门轴的小圆坑"实现快速匹配，从而补足词素间暗含的语义关系，实现对词义的理解。如果人脑中预先没有"门臼"的概念，即使"门臼"与"臼"的外形十分相似，人脑也不会有十分明确的匹配，但可以据此进行一种猜测。相反地，"竹马"的本体并不与"马"的外形高度相似，只是一条"儿童当马骑的竹竿"，即使人脑预先有关于这种"竹竿"的认知，将"马"的外形特征带入词中也很难第一时间与"竹马"所对应的概念建立联想关系，需要经过多次外形匹配甚至其他特征的匹配才有可能准确推知词义，比喻跨度较大，而假如人脑没有对"竹马"概念的认知，对词义的推知则更加困难。

四 前喻式本体喻体的相似程度及后喻式限定成分的提示程度

前喻式偏正复合词比喻跨度继续分类的依据是复合词本体喻体的相似程度。绝大多数前喻式偏正复合词的本体外显，对本体喻体相似程度的依赖性相对于后喻式复合词要小得多，但相似程度仍对比喻跨度有一定影响。喻体充当提供某个特征的角色，喻体提供的特征与本体的相应特征越相似，就越容易联想到本体。如 1.1.1 级区的"狼狗""梯田""蛇瓜"，喻体有多个外形特征与本体相似，比喻跨度更小。

后喻式定中复合词比喻跨度进一步的差异在于复合词的限定成分对本体的提示程度。根据上文分类，1、2 类复合词的限定成分分别限定本体的主体和原材料，显然这部分复合词的限定成分与本体的关系比 3、4 类复合词更密切，对本体的提示程度更高，从而一定程度减小由喻体联想本体的难度，比喻跨度更小。

五 本体喻体的使用频率及喻指词素的造词频率

频率对比喻跨度的影响体现在两个方面：本体喻体的使用频率和喻指词素的造词频率。

绝大多数本体的使用频率表现为复合词的词频。理论上，词频与人们对复合词的熟悉程度呈正比，但熟悉程度高并不意味着人们一定能够理解其中的造词理据，词频与比喻跨度的大小没有必然联系，但熟悉本体的特征会在一定程度上减小由喻体推知本体的难度，相对于人们生疏的本体来说比喻跨度相对更小。

喻体的使用频率表现在语言层面上为词素、词或短语的使用频率。如喻体"花"的概念可作为词素组成"茉莉花""牡丹花""玫瑰花"，也可作为单纯词在句中独立使用，又如"马尾松""马尾辫"的喻体"马尾"的概念在语言中表现为短语。使用频率高的概念，人们往往对其特征的熟悉程度高，当该概念被作为喻体参与造词时，相对于其他用生僻喻体造词的情况（如"饾版""堇色""橡笔"）来说，比喻跨度相对更小。在一些特殊情况下，人们虽然对喻体概念比较熟悉，但对表示喻体的喻指词素不熟悉也会在一定程度上增加比喻跨度，如"颔联""扉页"。

本体喻体的使用频率只能作为影响比喻跨度的参考因素，主要有两方面原因。一方面，本体喻体使用频率的高低对于不同主体来说总是不均衡的，没有一个完全一致的标准①。使用频率的不均衡会导致不同主体对概念熟悉程度的不均衡，进而影响到由喻体到本体的联想距离也不均衡。例如，对于一个游泳爱好者来说，"蝶泳""海豚泳"这类以动作为相似点的复合词可能比"猕猴桃""马铃薯"这类以外形为相似点的复合词更好理解，而生活在猕猴桃产地或猕猴生活区域的人们可能认为"猕猴桃"比同样以外形为相似点的"马铃薯"更好理解。这与生活环境、个人阅历等因素造成的对不同概念的熟悉程度不同有关。另一方面，本体喻体使用频率的高低主要取决于所表示的概念是否与人们生活密切相关，与造词者本身的比喻造词活动意图没有直接联系。因此，我们只将频率因素作为比喻跨度的参考因素。

喻指词素造词频率对比喻跨度的影响表现为喻指词素相同的复合词之

---

① 在必要情况下，我们将以各个本体喻体在语言中的总使用频率，即语料库中的客观数据为依据。

间的提示作用。具体来说，同一喻指词素的复合词之间会形成一种提示性聚合，聚合内的复合词含有相似的比喻结构，具有相互提示的作用，而喻指词素的造词频率越高，这种聚合成员数量越多，成员间由喻体到本体联想的提示性就越强，比喻跨度可能会相应降低。例如，以"饼"为喻指词素的复合词共6个："豆饼""花生饼""棉饼""柿饼""铁饼""油饼"，在不考虑复合词产生时间顺序的前提下，假如一个解词者已经掌握"柿饼""花生饼""豆饼"如何由喻体推知本体，将更容易推知"棉饼""铁饼""油饼"的本体。但喻指词素的造词频率对比喻跨度的影响只是一种倾向性，不具有必然对应性，还要与复合词所标记概念的使用频率结合起来才能起作用。即使有些喻指词素造词频率高，由于其聚合内的复合词所标记的概念与人们的生活联系并不密切，使用频率低，在人们的认知中并不容易理解。例如，喻指词素"马蹄"虽构成"马蹄形""马蹄铁""马蹄袖""马蹄表"4个词，4个词在北语BCC语料库中的总词频才451次，而喻指词素"面包"虽然只构成"面包车"一个词，在北语BCC语料库中的词频却高达3254次。尽管"马蹄"的聚合成员之间有相互提示的作用，由于使用频率低，特别是"马蹄袖""马蹄表"在现代生活中已很少再被提起，在多数人的认知中并不比"面包车"更容易理解。

喻指词素造词频率高，则聚合成员数量多，可能会带来相应聚合成员比喻跨度的降低，但不是必然的，比喻跨度的大小还要受词频的影响，而词频的高低取决于复合词所表示概念的使用频率。综合来看，无论是本体喻体的使用频率问题，还是喻指词素造词频率问题，归根结底是概念层面的问题，不以造词者在造词层面的意图为转移，因此，频率问题是影响比喻跨度的参考因素，不参与比喻跨度的分级。

第四节 比喻跨度的产生

人们造词的目的是为了标记概念，标记概念的方式可以是直接标记，也可以采取隐喻转喻等手段间接标记，选择什么样的方式标记概念体现了造词者的主观追求。比喻复合词的造词活动是出于造词者对概念表达的形象性的追求，而比喻跨度是在对形象性追求过程中的客观产物。

不同概念的特征和语义属性不同，形象性也有不同角度的凸显。有些事物的外形特征凸显，有些事物的位置特征或功能特征凸显，造词者为了更好地使概念得到形象性的表达，对喻体的选择便有了相应的倾向性，分别选择与目标概念具有相应凸显特征的事物作为喻体。这在客观上造成喻体与本体有些在外形角度、有些在位置角度、有些在功能角度相似的情况，而识解者主观上对本体喻体的联想距离也有了远近的差别。因此，事物之间客观存在的语义属性的差别是比喻跨度产生的来源之一。例如，"海"作为喻体在比喻复合词中广泛存在，在标记不同概念时选择的海的特征角度是不同的，在"林海""火海"中选择的是海的外形特征，在"网海""题海"中选择的是海的性质特征。两组词的比喻跨度不同，根源在于"林海""火海"所标记概念的外形特征更加突出，"网海""题海"所标记概念的性质特征更加突出，是概念语义属性的不同促使造词者选择不同喻体或同一喻体的不同角度与之搭配，从而客观上造成比喻跨度的不同。此外，不同概念之间客观存在的差异也是造成比喻复合词本体喻体相似程度差异的原因，即使是几组相似的概念，其相似程度也各有不同。例如，"冰糖"的喻体冰块和本体冰糖两个概念之间具有外形的相似性，"面包车"的喻体面包和本体面包车两个概念之间也具有外形的相似性，但两组概念的相似程度不同，前者本体喻体之间有多个外形特征相似，后者本体喻体之间只是大致轮廓相似。造成这种差异的根本原因在于客观事物本身就各不相同，因而两个相似事物之间的相似程度也有高低之分。

  比喻跨度的产生还与语义类别是否空缺以及人们的隐喻思维有关。在具体造词过程中，有些概念可以被归入语言中现有的语义类别，实现范畴化，而有些概念不属于任何现有语义类别，概念的语义类别空缺，人们为了追求表达的形象性，也为了将概念归入适当的语义类别，造词者发挥人脑的隐喻思维，直接以喻体概念称代目标概念，创造一个新的语义类别，其实质是一种隐喻性范畴。两种造词方式在客观上造成本体的显隐不同，从识解者的主观联想来说，由喻体到本体的联想距离便有了大小之别。

  从词汇系统内部来看，现代汉语仍然是双音词占绝大多数，复合词的整体长度制约着词素间的语义结构关系只能尽量简明概括，造词时选取的本体喻体及本体喻体的相似特征不同，决定了在造词时选择的词素不同，进而词素间的语义结构关系也有简单和复杂之分。

小结

受词义透明度相关研究启发，笔者发现比喻复合词的词义透明度具有自身的独特性，主要表现为复合词本体喻体间联想距离的大小，进而提出比喻跨度的概念。

本章对偏正式比喻复合词进行了比喻跨度在语料范围内的穷尽性分级，1264个偏正式比喻复合词，除6个声音和气味相似点的定中复合词、5个后喻式状中复合词未参与分级外，共1253个复合词经过层层分类被分别归入了相应的比喻跨度区。具体来说是将语料分为四个部分分别进行比喻跨度的分级：首先，根据造词方式及词类的不同，语料被分为定中式比喻复合词、性状类状中比喻复合词、动作类状中比喻复合词；其次，根据本体的显隐，将定中式比喻复合词整体划分为前喻式定中复合词和后喻式定中复合词。本章对比喻跨度的划分分别针对这四类复合词展开，每一类复合词都有自己独立的比喻跨度分类。

比喻复合词比喻跨度的大小主要受六个因素影响：本体的显隐、相似点、词素间的语义结构关系、本体喻体的相似程度、限定成分的提示程度、频率。其中，前喻式偏正复合词（包括前喻式定中复合词、性状类状中复合词、动作类状中复合词三类）比喻跨度的影响因素及重要性排序都是一致的[①]；后喻式定中复合词比喻跨度的影响因素与重要性排序与前喻式偏正复合词同中有异。

在比喻跨度的六个影响因素中，本体的显隐是首要影响因素，其次是相似点，这是所有偏正式比喻复合词的一致排序，第三、第四位影响因素分别是词素间的语义结构关系、本体喻体的相似程度（前喻式偏正复合词）和本体喻体的相似程度、限定成分的提示程度（后喻式定中复合词），共同的第五位影响因素是参考因素——频率。

比喻跨度的产生是事物间客观存在的差别以及人们主动运用隐喻思维的结果。比喻跨度研究是针对比喻复合词的词义透明度问题进行的尝试性的新探索，除比喻跨度的分级及影响因素外，比喻跨度大小与语用的关系、比喻跨度在句法中的表现等也是日后需要进一步研究的问题。

[①] 在具体细节上还有一些不同，主要表现在相似点的排序上，上文已有详细论述。

第五章

比喻复合词的范畴化分析

　　范畴指事物的"类型""范围",为事物分类的过程就是范畴化,范畴化是人类基本的认知和思维活动,是人类认识世界最基本的方法。它是一种以主客观互动为出发点对外界事物进行类属划分的心智过程,是一种基于现实对客观事物所作的主观概念及分类并以此赋予世界以结构的理性活动[1]。范畴化可以使我们对世界上的事物和所发生的事件进行分类理解,并可以对它们作出预测。如果我们把一个事物看作一个范畴内的成员,我们就会把该范畴的特征赋予该事物,并对事物的行为特征作出预测和判断。

　　隐喻与范畴化的关系是近些年范畴研究的新领域,隐喻是人们认知世界的重要手段,特别对于抽象地提取不同范畴间的相似性和关联性发挥着重要作用,隐喻是范畴扩展的重要机制。传统客观主义哲学视角下的经典范畴理论认为范畴是根据一组必要充分条件来定义的,隐喻与范畴化之间没有直接联系;以体验哲学为基础的现代范畴理论认为,隐喻是范畴化的重要手段和范畴延伸的重要机制。

　　关于范畴化的实质主要有三种不同的观点,一是"名称论",认为被范畴化的对象除了名称之外事实上没有其他共同的地方;二是"现实论",现实主义者认为范畴独立于语言与使用者而存在,范畴化只是在为事先存在的范畴进行命名的活动;三是"概念论",概念论者认为,词语与事物之间通过概念作为中介,人们通过对概念的认知进行范畴化,概念是范畴化的对象[2]。本书采纳"概念论"的观点,造词的过程是对已经得到范畴化的概念的命名过程。在语言学中,范畴化有两方面的含义,一是

---

[1] 参见王寅《认知语言学》,上海外语教育出版社2007年版,第89—96页。
[2] 参见束定芳编著《认知语义学》,上海外语教育出版社2008年版,第67页。

指人类通过语言对客观世界的概念进行分类的过程，二是指人类对语言成分本身进行范畴化的过程。两方面含义并不冲突，各个语言成分都有其相应内涵，对语言成分本身的范畴化实际上也还是对语言成分概念的范畴化的过程，依然与"概念论"的观点相符合。

第一节　范畴理论概述

对于范畴的研究，从两千多年前亚里士多德（Aristotle）的经典范畴理论到维特根斯坦（Wittgenstein）之后的现代范畴理论，形成了经典范畴理论和现代范畴理论两大主要流派。

一　经典范畴理论

亚里士多德是西方最早提出"范畴"术语的哲学家，他从本体论的角度构建了第一个严谨、完备的范畴体系。亚里士多德认为"存在"是第一性的，人们对世界的认识是客观存在在人脑中的反映，"存在"决定范畴，范畴的本质是客观的。概念范畴是真实或可能世界某一范畴的符号表征，一个概念范畴成员就对应一个真实或可能世界范畴的符号实体[①]。

经典范畴理论认为范畴的边界是清晰的，范畴成员具有二分性特征。亚氏提出对立法则和排中律的假设。对立法则指一个事物不能既拥有又不拥有某个特征；排中律指一个事物要么是要么不是某物，要么具有要么不具有某个特征，要么属于要么不属于某个范畴。

亚里士多德认为事物的特征有"本质"和"偶然"的区分，"本质"属性对事物的性质起决定作用，一个事物是否属于某个范畴要根据一组充分必要条件来定义，这些条件是界限分明、独立的特征，某个事物只有全部具备这些特征才能被归入某范畴，而该范畴的成员全部具备这些特征。范畴成员的地位是平等的，范畴成员的特征决定范畴的特征。

某些自然科学范畴中的成员可以由一个或一组充分必要条件来定义，经典范畴理论对于某些综合性较强的范畴进行范畴化具有简洁明了的优势。整体来说，经典范畴理论对范畴的属性要求太过理想化，大部分范畴不存在充分必要条件。在大多数范畴中，只有部分特征是所有成员都具有

[①] 参见徐淑平、王斌《经典范畴理论与现代范畴理论的对比研究》，《上海理工大学学报（社会科学版）》2012年第4期。

的，有些只是部分成员才有，这造成的直接结果是范畴成员的地位实际是不平等的，在现实世界中，范畴的边界是模糊的，而且会发生变化。莱考夫认为，经典范畴理论以客观主义作为哲学基础，客观主义是导致经典范畴理论错误的哲学根源。在客观主义哲学家看来，人的思维是对抽象符号的操纵，符号通过与客观的物质实体及范畴的对应而获得意义，人的大脑由此对外在世界进行表征，"反映"自然。一方面，客观主义没有考虑从事认知活动的人的本质，概念范畴的归类并不是完全按照范畴成员的客观特征来进行，还有人类意识的参与；另一方面，有些范畴并不来自客观现实，而是来自人类的想象过程，如隐喻、转喻或心理意象。经典范畴理论并不是对范畴实际状况的反映，不能使人们对真实世界达到恰当的理解[①]。

二 现代范畴理论

现代范畴理论以维特根斯坦的"家族相似理论"为发端，"原型范畴理论"是其中最具有代表性和广为人知的理论，现代范畴理论对传统的经典范畴理论提出了质疑和挑战，对范畴的性质和结构做出了更符合实际的解释。关于原型的研究最开始应用于认知心理学和哲学领域，随着认知语言学的蓬勃发展，原型理论逐步受到语言学界的接受和认可。范畴具有一种分层级的特征，无论在概念层面还是外在表现于词汇层面，范畴内部都呈现出一种层级关系，范畴层次理论也是现代范畴理论的重要理论组成部分。

（一）家族相似论

维特根斯坦"家族相似性"理论的提出是范畴由经典范畴理论向现代范畴理论过渡的转折点，维特根斯坦在其《哲学研究》（*Philosophy Investigations*）一书中通过对"语言游戏"的研究，提出范畴是由互相重叠的相似性网络所构成的，这一网络就是"家族相似"。"家族相似"包含以下四层含义：（1）在各种语言现象中，不存在一种"共同的"特征，而只有以种种不同方式相关的"语言游戏"，因此不存在语言的本质；（2）在一个概念所指称的一类事物中，也不存在某种"共同的"东西，

[①] 参见赵彦春《范畴理论是非辨——认知语言学学理批判之三》，《外国语文》2010年第6期。

而只有各种交叉重叠的相似性关联,因此也不存在所谓事物的本质;(3) 某些事物之所以被我们用同一个概念来指称,源于它们以类似于一个家族中各成员间的相似关系相互勾连而形成一个整体,而并不是由于它们拥有"共同的"本质;(4) 在以概念所指称的一类事物中,其边界是模糊的。维特根斯坦提出这一理论的目的是以事物之间的"相似性"关系取代并否定传统哲学所认为的事物之间存在的"共同性"联系,即事物的"本质"①。

(二) 原型理论

20 世纪 70 年代,Labove 和 Rosch 在"家族相似性"原理基础上提出了"原型范畴"这一概念。Labove 和 Rosch 发现自然界中的范畴中也存在"家族相似性"现象,并通过一系列实验证明了"家族相似性"的正确性,他们将这些具有"家族相似性"的自然范畴称为"原型范畴",即具有"原型"的范畴。认知语言学界目前有三种关于"原型"的解释:(1) 范畴内的典型代表,与范畴内成员有更多共同特征的成员是范畴的原型,原型对于识别一个范畴起着重要作用;(2) 从范畴成员中概括出来的图式,是范畴的平均特征或几种趋势;(3)"原型加转换",原型是由两个因素决定的,最佳实例以及一套对最佳实例进行操作的规则②。

"原型理论"对经典范畴理论提出了质疑,对范畴的性质做出了令人信服的解释。首先,范畴是主客观相结合的产物,范畴不是对现实世界完全客观的反映。范畴的建立是客观世界和人的思维共同作用的结果,范畴化与人的机体和认知经验密切相关。其次,范畴成员的地位不相等,有典型成员和边缘成员之分。典型成员是范畴的原型,它具有最多本范畴的特征,最少其他范畴的特征,是最能代表一个范畴的成员,边缘成员具有本范畴最少的特征,处于范畴的边缘地带,容易与其他范畴混淆或发生变动归入其他范畴,越靠近原型的成员具有该范畴的特征越多,越靠近边缘的成员具有该范畴的特征越少。最后,范畴的边界具有模糊性。从主观方面来看,不同文化背景及生活体验的人们对于范畴的判定可能存在不同,特别是边缘成员所属范畴的判定不明确;从客观方面来看,客观世界在发展变化,人的认知体验也在发展变化,范畴的边缘成员存在改变范畴归属或

---

① 参见尹蓉《家族相似性与原型范畴理论》,《经济研究导刊》2012 年第 26 期。
② 参见王寅、李弘《原型范畴理论与英汉构词对比》,《四川外语学院学报》2003 年第 3 期。

不好判定范畴归属的情况，这些都是导致范畴边界具有模糊性的影响因素。

"原型理论"存在一些不足之处，比如"原型理论"对范畴的分析主要是从静态角度进行的，没有充分考虑语境对原型样本判断的影响，语境不同范畴原型可能会发生变化，另外，原型理论对范畴的边界问题关注得还不够，同一个概念换一个名称可能就被归入不同的范畴。尽管如此，启发于"家族相似性"理论的"原型范畴"理论对认知语言学的产生和发展具有重要的意义，"原型范畴"理论是认知语言学最为重要的组成部分之一，它符合人类的认知特性。

(三) 基本层次理论

范畴系统最大的特点之一就是具有金字塔状的层次性，位于塔尖的范畴高度概括，抽象性强，越向下的范畴层次越具体，抽象性越低。在各个抽象度和细节都不相同的范畴层级中，有一个中间范畴层次最为特别，在人们心中占有显著的地位，在这个层面上人们观察、区分事物最容易、最直观，Rosch 等人将此等级范畴定义为基本层次范畴①。

从基本层次范畴对应的概念来说，基本层次范畴具有以下特征：首先，基本层次范畴成员的行为特征最为丰富，最容易得到表达。例如，假如我们被要求模仿一只鸭子，通常比较容易做到，它既不像上位范畴（"动物"）那样抽象，又不像下位范畴（如"绿头鸭""花脸鸭""斑嘴鸭"）那样具体。其次，基本层次范畴成员最容易在人们的认知中形成相对稳定的心理意象。"鸭子"的意象对人们来说非常熟悉，人们很容易就能想象或画出一个鸭子的形象，但要形成"动物"的心理意象很难，画一个"动物"所画出的必定是基本层次范畴的某个成员，没有特殊的知识储备也很难形成"绿头鸭""花脸鸭"等心理意象，并且太多的细节容易使注意力分散，这与人们对基本层次范畴采用完形认知的方式有关。最后，基本层次范畴提供了范畴成员所含有的最多的相关信息和最大的相关特征。上位范畴概括性强，所包含的特征少，人们对上位范畴的认知往往依靠对基本层次范畴的认知来实现；下位范畴在特征的数量和种类方面容易产生分歧，难以实现统一的认知。基本范畴不但将范畴成员共享特征

---

① 参见梁丽、冯跃进《认知语言学中的基本层次范畴及其特征》，《华中科技大学学报（社会科学版）》2003 年第 4 期。

的数量最大化了,而且将与其他范畴成员之间共享特征的数量最小化。

从基本层次范畴对应的词来说,现代汉语的基本层次范畴词具有以下特征:首先,基本层次范畴词一般词形较短,构造简单,而且是原创词,不是由其他范畴词隐喻或转喻得来,通常情况下,父母更多使用基本层次范畴词与孩子交流,这些词是孩子最早习得的词,如"猫""狗""鸟""鸡""椅子""桌子""球""手套""裤子"等。其次,基本层次范畴词的构词能力最强。这与这类词的使用频率高、词形短有直接关系,根本原因在于认知过程中基本范畴的优先地位,基本层次范畴词最早被人们感知和习得,成为语言中的基本词汇。

第二节 比喻复合词的范畴化

"范畴化是把不同事物归为同一个类型的过程,或者说,是将不同事物看作同一类事物的过程。"① 如前文所述,语言学中的范畴化有两方面含义,一是指人类通过语言对客观世界的概念进行分类的过程,二是指人类对语言成分本身进行范畴化的过程。范畴化两方面的含义并不冲突,并且具有时间先后关系:人类对客观世界的认知形成概念,通过对概念的分类实现客观世界的范畴化,并通过语言成分的形式表示出来;词类的划分、句法成分的划分等是对语言成分本身的再概括和再分类。先有了对客观世界的范畴化,才有了对客观世界范畴化结果的范畴化。

对客观世界直接的认知形成常规性概念,对这些概念的归类形成常规范畴,并以词的形式固定下来,词都与客观世界的概念相对应。从概念标记的方式来看,人们可以以词素的基本义直接标记概念,表现在语言中是没有发生比喻的词,如"书包""茶杯""台灯""卫生纸";为了更好地标记某些概念,人们还可以借助隐喻性的认知方式,以词素的比喻义间接标记概念,表现在语言中是比喻复合词。就比喻复合词的造词方式来说具有特殊性,比喻造词对客观世界隐喻认知的结果,我们可以根据其造词情况为其进行更加细致的分类,这一工作是针对语言成分本身的范畴化过程。每个被范畴化的成员都有双重身份,从复合词所标记的客观世界概念来说,其归属于客观世界相应的常规范畴;从复合词所标记的语言成分概

---

① 束定芳编著:《认知语义学》,上海外语教育出版社2008年版,第42页。

念来说，其归属于相应的比喻复合词范畴。比喻复合词的范畴化是对语言成分本身的范畴化，比喻复合词所标记的常规性概念并不受这一范畴化过程的影响。

下面就分别从前喻式偏正复合词和后喻式偏正复合词两个角度展开偏正式比喻复合词的范畴化研究。

第三节 前喻式偏正复合词的范畴化

人们通过对客观世界的认知形成概念，在为概念命名的过程中，人们可以选择在中心成分前直接添加限定修饰成分，例如，根据"菜"的外表、颜色、口感、食用方式等有"油菜""白菜""苦菜""生菜"等不同名称的"菜"。人们还可以通过借助其他概念在某个角度发生隐喻的方式实现对中心成分的限定修饰。隐喻是人们认知世界的重要手段，通过使限定成分发生隐喻大大扩展了限定成分的选择范围和表现力，"菜"仅从外形角度就有"金针菜""花菜""大头菜""裙带菜"等不同种类。利用限定成分在某个角度发生隐喻的方式为事物命名得到的是一系列前喻式偏正复合词，由于发生了隐喻的概念只起限定修饰作用，中心成分并未发生隐喻，复合词整体表达的仍然是一个常规概念。从复合词所对应的概念角度来说，前喻式偏正复合词与其他普通偏正复合词一样分别归属于相应的常规范畴；从为概念命名的角度来看，我们又可以为前喻式偏正复合词进行特殊的范畴化。

本节共分三部分。第一部分论述前喻式偏正复合词范畴化的三个特点；第二部分对前喻式偏正复合词进行三个不同层级的范畴划分；第三部分为前喻式偏正复合词范畴化过程中的范畴理论分析。

一 前喻式偏正复合词范畴化的特点

从造词角度来说，前喻式偏正复合词是将发生隐喻的限定成分作为复合词的区别特征，因此，当我们将限定成分作为范畴化的依据将会得到不同的范畴化结果。

（一）直指词素表示的概念与复合词表示的概念是上下位范畴关系

范畴成员与范畴间是一种上下位的种属关系，越向上外延越大，内涵越少，越向下外延越小，内涵越丰富。偏正复合词限定成分的增加会带来中心成分外延的缩小和内涵的丰富，偏正复合词所表示的概念与中心成分所表示的概念是一种范畴间的种属关系，如"桃花""樱花""梨花"是"花"的下位概念，"射灯""吊灯""水晶灯"是"灯"的下位概念。对于前喻式偏正复合词来说，直指词素是中心成分，直指词素表示的概念与整个复合词表示的概念也是一种上下位的种属关系，如"带鱼""刀鱼""墨斗鱼""金钱鱼""凤尾鱼"都是"鱼"的下位概念，"骑楼""塔楼""裙楼""板楼""筒子楼"都是"楼"的下位概念。

直指词素与复合词的上下位关系与人们对客观世界的概念范畴化的上下位关系不同，后者来自人们对概念内涵的归纳总结，概念的范畴化结果是一种跨语言、跨种族的客观存在，如"家具"与"沙发""茶几""电视柜"是上下位关系，"家电"与"冰箱""空调""洗衣机""电视机"是上下位关系，这在各个国家人们的认知中是基本一致的。对于前喻式偏正复合词来说，直指词素对应的概念与复合词对应的概念之间的上下位关系是对语言成分本身范畴化的结果，其上下位关系的确定来自一种逻辑关系，即对于同一个概念来说，包含限定成分与不包含限定成分两种情况之间天然地具有一种上下位关系，这是我们能够将前喻式偏正复合词的直指词素作为复合词上位概念的前提条件。例如，"翅果""球果""角果""腰果"，从对客观世界范畴化的角度来看，"翅果""球果""角果"都属于根据形态划分的植物果实种类的下位范畴成员，应归入同一范畴，"腰果"则往往被归入食物范畴中坚果类范畴，而从语言成分本身的范畴化角度来说，"翅果""球果""角果""腰果"都是在同一个直指词素的基础上增加了限定成分，四个复合词所对应的概念都是"果"概念的下位成员，被归入同一范畴。

直指词素与复合词的上下位对应关系不仅需要复合词的直指词素与上位词素是同一个词素，词素所指向的概念也要一致。概念一致的判定标准以《现汉》的词素释义为准，须是与同一个义项相对应的直指词素。例如，前文中的"翅果""球果""角果""腰果"都与"果"的"果实"义项相对应，因而都是同一个直指词素"果"的下位范畴成员；"凤眼莲""睡莲"的直指词素"莲"都与"莲"的义项①相对应：

【莲】名①多年生草本植物，生在浅水中，地下茎肥大而长，有节，叶子圆形，高出水面，花大，淡红色或白色，有香气。地下茎

叫藕,种子叫莲子,都可以吃。也叫荷或芙蓉。(《现代汉语词典》第809页)

因而都是"莲"的下位范畴成员;"鸭舌帽""瓜皮帽"的直指词素"帽"都与"帽"的"帽子"义项相对应,因而都是"帽"的下位范畴成员。

相反地,"蝉联"和"颈联",前者的"联"是一个动词性词素,与"联结;联合"义项相对应,后者的"联"是一个名词性词素,与"对联"义项相对应,"蝉联"和"颈联"分别属于不同的上位范畴。又如"蜗旋"和"螺旋"、"蛰居"和"蜗居","蜗旋"的"旋"表示"旋转","蛰居"的"居"表示"住",是动词性词素,"螺旋"的"旋"表示"圈儿","蜗居"的"居"指"住的地方;住所",是名词性词素,"蜗旋"和"螺旋"、"蛰居"和"蜗居"分别属于不同的上位范畴。

作为中心成分的直指词素所对应的概念和直指词素相同且直指词素对应的概念也相同的复合词所对应的概念构成一种上下位关系。直指词素对应的概念由直指词素来表示,复合词对应的概念由复合词来表示。如果没有明确说明,下文提到的直指词素都是指作为复合词上位范畴成员的直指词素。假设直指词素是 X,直指词素与下位成员的关系如图 5-1 所示。

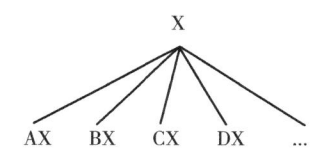

```
           X
      / / | \ \
    AX  BX CX  DX  ...
```

图 5-1　前喻式复合词直指词素与下位成员关系示意图

(二) 直指词素依据区别特征分别归属于不同的上位范畴

在明确了直指词素与复合词的上下位关系之后,在直指词素之上还存在更高的上位范畴。从对语言成分本身的范畴化角度来看,偏正式比喻复合词区别于其他常规范畴成员的本质特征在于造词过程的特殊性,即在为概念命名过程中,人们将另一个概念的隐喻义作为该概念区别于其他概念的区别特征,因此,对区别特征的选择是对其进一步范畴化的依据。

对于前喻式偏正复合词来说,复合词的区别特征同时还是复合词本体喻体的相似点,复合词本体喻体的相似点同时也是复合词与其他概念的区别特征。对区别特征的选择就是对本体喻体相似点的选择,反过来说,对前喻式偏正复合词本体喻体相似点的选择就是对区别特征的选择。当我们为"刀鱼"这个概念命名时,发现它的外形与另一个概念"刀"的外形相似,便选择以刀鱼的外形作为刀鱼区别于其他概念的区别特征,并以喻指词素"刀"作为限定成分与中心成分"鱼"相结合成为"刀鱼"这个复合词,外形是"刀鱼"区别于其他"鱼"的区别特征,也是"刀鱼"本体喻体的相似点。

"黄瓜""青瓜"以颜色为区别特征,"甜瓜""苦瓜"以味道为区别特征,"哈密瓜"以原产地为区别特征,等等,这些是普通限定成分的区别特征,限定成分未发生隐喻。前喻式偏正复合词的特殊性在于限定成分发生隐喻,复合词的区别特征是隐喻性的区别特征。前喻式偏正复合词本体喻体的相似点共有外形、颜色、位置、动作、功能、性质、"外形+功能""颜色+性质""外形+动作"、声音、气味等11类,因此,复合词的区别特征也有"以外形为区别特征""以性质为区别特征""以位置为区别特征""以功能为区别特征"等11类。复合词的11类区别特征,既是本体喻体的11种相似点,也是喻指词素发生隐喻的11个角度。直指词素是复合词的中心词素,是复合词的上位概念,11类区别特征也是作为上位范畴的直指词素的区别特征,是直指词素范畴化的依据。

前喻式偏正复合词表示的概念有名词性、动词性和形容词性3类,分别对应复合词中的名词、动词和形容词,直指词素作为复合词的中心词素,所表示概念的语法性质与复合词表示概念的语法性质一致,也有名词性、动词性和形容词性3类。表示名词性概念的直指词素属于"以……为区别特征物"范畴的下位范畴成员,表示动词性概念的直指词素属于"以……为区别特征的动作"范畴的下位范畴成员,表示形容词性概念的直指词素属于"以……为区别特征的性状"范畴的下位范畴成员。"以……为区别特征物"范畴又归属于"事物类"范畴,"以……为区别特征的动作"范畴归属于"动作类"范畴,"以……为区别特征的性状"范畴归属于"性状类"范畴。

根据语料所示,不同范畴所对应的下位成员的数量不同。"事物类"范畴的下位范畴成员数量最多,共有11个范畴成员,分别从外形、颜色、位置、动作、功能、性质等11类区别特征角度为事物命名,"动作类"和"性状类"范畴的下位范畴成员只有3个,分别从外形、性质、动态

第五章 比喻复合词的范畴化分析

和外形、性质、颜色 3 个区别特征角度为事物命名。不同范畴层次之间的相互关系如图 5-2 所示。

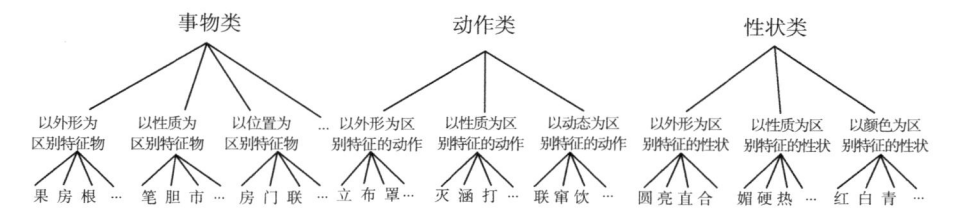

```
        事物类                      动作类                      性状类
   ╱      │      ╲           ╱      │      ╲           ╱      │      ╲
以外形为  以性质为  以位置为   …以外形为  以性质为  以动态为   以外形为  以性质为  以颜色为
区别特征物 区别特征物 区别特征物   别特征的动作 别特征的动作 别特征的动作  区别特征的性状 区别特征的性状 区别特征的性状
 ╱│╲    ╱│╲    ╱│╲        ╱│╲   ╱│╲   ╱│╲      ╱│╲   ╱│╲   ╱│╲
果房根  笔胆市  房门联   …立布罩  灭涵打  联窜饮     圆亮直合 媚硬热  红白青
```

图 5-2　前喻式复合词直指词素不同范畴层次之间的相互关系示意图

表示名词性概念的直指词素被分别归入"以外形为区别特征物""以性质为区别特征物""以位置为区别特征物""以功能为区别特征物"等 11 个上位范畴中。"以外形为区别特征物"指的是这个范畴中的成员以外形作为区别于其他事物的特征成词，本体喻体的相似点在于外形角度的相似。例如，"果"的下位成员"翅果""球果""角果""腰果"这些"果"概念的成词理据都以"果"的外形为区别特征，"果"是一个以外形作为区别特征的事物，人们在为"翅果""球果"这类"果"概念进行隐喻性命名时，主要考虑了它的外形特征。"以性质为区别特征物"指的是这个范畴中的成员以性质作为区别于其他事物的特征来成词，本体喻体的相似点在于性质角度的相似。例如，"碗"的下位成员是"海碗"，"海碗"的成词理据是以碗的性质作为与其他碗的区别特征，人们在为"海碗"的概念进行隐喻性命名时，主要考虑的是它容量大的性质特征，"碗"是"以性质为区别特征物"的范畴成员。其他"以……为区别特征物"与此类似，不再列举。

表示动词性概念的直指词素被分别归入"以外形为区别特征的动作""以性质为区别特征的动作"和"以动态为区别特征的动作" 3 个上位范畴中。"以外形为区别特征的动作"范畴成员往往是某种静止不动的动作行为，本体喻体的相似点在于喻体的外形与本体静态的动作外形的相似，这类动词的外形特征比动作特征更加突出。例如，"立"的下位成员为"林立""鼎立""壁立"，这些"立"的概念是相对静态的动作，"立"是以外形作为区别特征的动作。"以性质为区别特征的动作"指该范畴成员以动作的性质作为区别于其他动作的特征，本体喻体的相似点在于性质角度的相似。例如，"灭"的下位成员"幻灭"指"（希望等）像幻境一样地消失",用幻境虚幻、容易消失的性质来限定"灭"这种动作,像幻境一样虚幻的性质是"幻灭"区别于其他动作的区别特征,"灭"是以动作的性质作为区别特征的动作。"以动态为区别特征的动作"范畴成员往往是动态的动作,本体喻体的相似点在于动作的相似。例如,"窜"的下位成员"鼠窜"以"窜"的动态特性与老鼠的动态特征相似作为区别特征,"窜"是以动态作为区别特征的动作。

表示形容词性概念的直指词素被分别归入"以外形为区别特征的性状""以性质为区别特征的性状""以颜色为区别特征的性状"3个上位范畴中。"以外形为区别特征的性状"范畴成员将某种性质以另一个事物的外形的形式表现出来,本体喻体的相似点在于喻体的外形与作为某种性状的本体所表现出的外形的相似。例如,"直"的下位范畴成员"笔直",以笔的外形来限定"直"的程度,"笔直"以外形作为区别于其他"直"的性状的特征。"以性质为区别特征的性状"以对某种性状性质的限定来作为区别于其他性状的特征,本体喻体的相似点在于二者性质的相似。例如,"热"的下位成员为"火热""沸热",本体喻体的相似点在于"火"和"沸"的性质与"热"性质的相似,"热"是以性质作为与其他性状相区别的特征。"以颜色为区别特征的性状"本身表示的是某种颜色角度的性状,造词过程中以另一个事物的颜色作为该颜色区别于其他颜色的特征,本体喻体的相似点在于颜色的相似。例如,"紫"的下位范畴成员有"酱紫""玫瑰紫""葡萄紫",都是以限定成分的颜色特征作为区别特征,"紫"以颜色作为区别于其他性状的特征。表示颜色类的性状都在这个范畴中。

"以……为区别特征物""以……为区别特征的动作""以……为区别特征的性状"组成直指词素的上位范畴,共计17个范畴成员,根据17个范畴成员的语义类别,将"以……为区别物"的11个范畴成员归入"事物类"范畴,将"以……为区别特征的动作"的3个范畴成员归入"动作类"范畴,将"以……为区别特征的性状"的3个范畴成员归入"性状类"范畴。"事物类""动作类""性状类"范畴是更高级、更抽象的上位范畴。

在直指词素与复合词的上下位范畴中,"裙房"和"耳房"都是直指词素"房"的下位范畴,二者都是"房子"的下位概念,现在通过对直指词素的再分类我们发现,"裙房"的直指词素"房"与"耳房"的直指词素"房"并不属于同一个范畴,二者的成词过程是不同的。"裙房"的"房"属于"以外形为区别特征物"范畴,人们将这类"房"的外形作为区别于其他"房"的区别特征进行造词活动;"耳房"的"房"属于"以位置为区别特征物"范畴,人们以这类"房"的位置作为区别于其他"房"的特征进行造词。在为一类概念命名的过程中,人们可能会选取不同的命名角度,"裙房"和"耳房"就是对"房"的概念分别从外形和位置角度命名的结果。其他类似的还有"蜂糕""丝糕""金糕""云片糕",直指词素"糕"都是指用米粉、面粉做的一种食品,但"蜂糕""丝糕"以"糕"的外形作为区别特征,从外形角度命名,"金糕""云片糕"以"糕"的颜色作为区别特征,从颜色角度命名;又如"扫帚星""扁担星""金星"的直指词素"星"都是指夜空中发光的天体,"扫帚星""扁担星"从"星"的外形角度命名,"金星"从"星"的颜色角度命名;又如"马蹄袖"和"水袖"的直指词素都对应"袖子"义项,前者以"袖"的外形作为区别特征,后者以"袖"灵动如水流的动作作为区别特征。以上相似点不同的相同直指词素复合词,在前喻式偏正复合词的范畴化过程中分别属于不同上位范畴。

(三) 前喻式偏正复合词的范畴化具有层级性

各种语言的范畴化过程普遍呈现出一种层级关系,前喻式偏正复合词的范畴化也具有分层级的特征。根据基本层次范畴理论,范畴系统具有金字塔状的层次性。位于塔尖的范畴高度概括,抽象性强,越向下范畴层次越具体,抽象性越低。基本层次范畴是各个范畴层级的中间范畴,在人们心中占有显著的地位,在这个层面上人们观察、区分事物最容易、最直观。在前喻式偏正复合词的各个范畴层级中也存在基本层次范畴,基本层次范畴成员由位于中心位置的直指词素来充当。例如,以外形为区别特征物"果""糖""菜",以位置为区别特征物"联""牙""门",以外形为区别特征的动作"立""布""罩"等,直指词素所表示的概念提供了下位范畴成员所含有的最多的相关信息和最大的相关特征。

前喻式偏正复合词范畴化过程中的基本层次范畴与常规基本层次范畴有不同之处。

首先,从基本层次范畴成员与其下位范畴成员的关系来看,直指词素表示的概念与其下位范畴成员表示的概念在表面上看是一种种属关系,如"大头菜""裙带菜""金针菜""发菜""花菜"都是"菜"的下位范畴成员，是蔬菜的下属种类，"佛手瓜""丝瓜""蛇瓜""金瓜"都是"瓜"的下位范畴成员，是瓜类的下属种类，而事实上，在比喻复合词范畴化的定义中，"大头菜""裙带菜"等之所以能够成为"菜"的下位范畴成员不是由于自然科学角度的种属分类，而是在于它们都以"菜"为直指词素且词素所属的义项相同，并且造词方式都以外形为区别特征。"佛手瓜""丝瓜""蛇瓜""金瓜"都是瓜的下属种类，但由于"金瓜"的造词方式以颜色为区别特征，被单独归入"以颜色为区别特征物"范畴，"佛手瓜""丝瓜""蛇瓜"被归入"以外形为区别特征物"范畴。

其次，从基本层次范畴的下位范畴成员之间的关系来看，下位范畴成员之间不具有从典型成员向边缘成员过渡的相似性，是否被归入同一个范畴并不取决于与典型成员相似性的大小，而是取决于是否有相同的在词典中对应同一个义项的直指词素及相同的造词理据。

再次，从基本层次范畴成员本身来说，与常规基本层次范畴成员也有不同之处。首先，由于前喻式偏正复合词的基本层次范畴成员只由一个直指词素充当，所指范围过于宽泛，无法在人脑中形成一个相对明确的完形结构；普通基本层次范畴成员往往由独立的词来充当，具有相对明确的完形结构。其次，它存在的意义不在于标记概念的名称以方便人们交流，而在于为特殊的造词方式标记分类，人们不是直接选择限定成分，而是先将限定成分发生隐喻，用限定成分隐喻性的特征限定中心成分，中心成分根据限定成分发生隐喻的不同角度，被标记为"以……为区别特征物/动作/性状"等不同类别，基本层次范畴成员作为概念的中心成分，起到标记区别特征类别的作用。再次，前喻式偏正复合词的直指词素有成词词素，也有非词词素，但作为基本层次范畴成员的直指词素都无法单独使用，这是由直指词素在范畴化过程中所处的地位和功能决定的，普通基本层次范畴成员往往是单独使用频率最高的一类，这一点与普通基本层次范畴成员也不同。

基本层次范畴之上是由"以外形为区别特征物""以性质为区别特征物""以位置为区别特征物"等17个成员构成的上位层次范畴，在上位层次范畴之上还有以"事物类""动作类""性状类"为成员的上位范畴，在基本层次范畴之下是由559个前喻式偏正复合词构成的下位层次范畴，由此构成一个以基本层次范畴为中心，上位层次范畴和下位层次范畴相互照应的分层级的前喻式偏正复合词范畴结构体系。

二 前喻式偏正复合词不同类型的范畴化

基本层次范畴成员的判定以直指词素、直指词素的义项以及相似点3个条件是否同时相同为判定标准。《现汉》(第7版)共收录559个前喻式偏正复合词,共计337个直指词素。其中,有23个直指词素在不同复合词中有不止一个相似点,额外增加了26个不同的相似点,含有这些相似点的直指词素是基本层次范畴相应成员的同形并列成员,分别归属于不同上位范畴。因此,在337个直指词素的基础上又额外增加了26个基本层次范畴成员,基本层次范畴成员的总数达到363个。

下位范畴由559个前喻式偏正复合词构成,分别归属于相应的363个基本层次范畴成员。基本层次范畴的上位范畴由"以外形为区别特征物""以性质为区别特征物""以位置为区别特征物"等17个成员构成。名词性基本层次范畴成员根据喻指词素发生隐喻的角度分别归入"以外形为区别特征物""以性质为区别特征物"等11个上位层次范畴;动词性基本层次范畴成员根据喻指词素发生隐喻的角度分别归入"以外形为区别特征的动作""以性质为区别特征的动作""以动态为区别特征的动作"3个上位层次范畴;形容词性基本层次范畴成员根据喻指词素发生隐喻的角度分别归入"以外形为区别特征的性状""以性质为区别特征的性状""以颜色为区别特征的性状"3个上位层次范畴。由此,建立起一个包含上位层次、基本层次和下位层次的前喻式偏正复合词范畴体系。

下面先从事物类范畴开始分析。表5-1为事物类范畴体系。

事物类范畴的上位层次成员11个,基本层次成员285个,下位层次成员410个。

在事物类范畴中,以外形为区别特征的事物数量最多,基本层次范畴成员177个,占事物类基本层次范畴成员的62.4%,下位范畴成员266个,占事物类下位层次范畴成员的64.9%,这反映了在造词过程中人们更倾向于将外形作为区别特征。外形是一个事物区别于其他事物最显著的特征,最容易被人感知,因此,在前喻式偏正复合词中用外形作为区别特征造词的比例最高。其次是以性质作为区别特征的事物,基本层次范畴成员55个,占事物类基本层次范畴成员的19.3%,下位范畴成员64个,占事物类下位层次范畴成员的15.6%,以性质作为区别特征的事物以抽象事物或含有某种抽象特征的事物居多,如"虎劲""峰值""牛脾气""海

表 5-1　事物类范畴体系分级表

	事物类											总数
上位层次	以外形为区别特征物	以性质为区别特征物	以位置为区别特征物	以功能为区别特征物	以动作为区别特征物	以颜色为区别特征物	以"外形+功能"为区别特征物	以声音为区别特征物	以"外形+动作"为区别特征物	以气味为区别特征物	以"颜色+性质"为区别特征物	
基本层次（举例）	果楼 糕牙	派鸡 室笔	门牙	车木	泳步	瓜王	纸车 构	鱼蛙	鸟	臭	膏	共 11 个
数量	177 个	55 个	10 个	4 个	9 个	20 个	5 个	2 个	1 个	1 个	1 个	共 285 个
下位层次（举例）	翅果 塔楼 丝楼 虎牙 角果 裙楼 蜂楼 虫牙 腰果 板楼 蛙牙 球果 筒子楼 板牙 大牙	鹰派 笋鸡 风派 童子鸡 斗室 斗笔	耳门牙 门牙	摆渡车 枕木	蛙泳 猫步 蝶泳 虎步 海豚泳	金瓜 墨玉	餐巾纸 面巾纸 盾构 房车	娃娃鱼 牛蛙	蜂鸟	狐臭	雪花膏	
数量	266 个	64 个	11 个	4 个	12 个	42 个	6 个	2 个	1 个	1 个	1 个	共 410 个

碗""斗室""处女秀"等，用具体概念在某个角度发生隐喻的方式可以更形象地限定抽象概念或表达抽象特征，将抽象概念或特征具象化。

事物类范畴的基本层次范畴成员285个，下位层次范畴成员410个，平均每个基本层次范畴成员的下位范畴成员数量为1.44个，这说明一类事物在某个角度重复发生隐喻性造词的概率较低，特别是以位置、功能、动作、"外形+功能""外形+动作""颜色+性质"、声音、气味等角度作为区别特征的事物，基本层次范畴与下位层次范畴成员的比例为33∶38，平均每个基本范畴成员的下位成员数量仅为1.15个。这一方面说明，以位置、功能、动作等角度作区别特征造词的适用范围有限，相对于外形、颜色、性质等角度来说并不是事物间突出的区别特征，造词数量少，以位置、功能、动作等8个角度作为区别特征造词的总量仅为38个，只占所有事物类范畴复合词数量的9.3%；另一方面说明，以另一个概念发生隐喻的形式作为限定成分的造词方式只是丰富汉语词汇系统的手段之一，普通限定成分造词仍是主流造词方式。

在所有事物类范畴中，下位范畴成员数量最多的基本层次范畴成员是以颜色为区别特征的事物"色"，共有18个下位范畴成员，其次是以外形为区别特征的"虫"有7个成员，"菜""楼""鱼"都是5个成员。"色"本身就表示抽象的颜色范畴，颜色往往都是抽象的，即使在颜色前面添加限定成分，如"淡紫色""深紫色""浅紫色"也只能使人们对"紫"的程度有大概的了解，如果不以其他具体概念的颜色作为参照很难将一种颜色确切地表达出来，因此，"色"的范畴成员数量最多。在以颜色为区别特征的事物中，平均每个基本范畴成员有2.1个下位成员，这主要与"色"的下位成员数量最多，提高了整体的平均值有关。"虫""菜""楼""鱼"对应的都是具体概念，"虫""鱼""菜"作为自然界的动植物范畴成员，品种丰富，"楼"作为人造物，也各式各样，它们都具有突出的外形特征，通过借助其他概念的外形特征作为限定成分可以显著地将它们与同类别的其他事物区分开。

如前文所述，在事物类范畴中，有23个直指词素的限定成分来源于不止一个区别特征角度，即有23个直指词素在不同比喻复合词中有不止一个相似点，该23个直指词素共组成49个基本层次成员，涉及81个下位层次成员，并分别对应相应的上位层次范畴，如表5-2所示。

对一部分单纯词来说，在造词之初用什么词表达什么概念是任意的，但对于合成词来说，由于构词成分与概念的对应已经约定俗成，用什么合成词表达什么概念不是任意的。特别对于偏正复合词来说，根据要表达概念的内涵，中心成分被限定在非常有限的选择范围之内。例如，当人们为一种蔬菜命名，造词时便极可能以"菜"作中心成分，复合词的最终形式为"×菜"，当为一种米命名，复合词的中心成分极可能会被确定为"米"，最终形式为"×米"。偏正复合词的限定成分相对于中心成分来说就灵活得多，同一类事物间的区别特征由限定成分承担，可以从概念的特征中选取多个角度作为区别特征为概念命名，不同的人对于同一个概念有不同的关注点，这也是为什么在语言中存在两个词表示同一个概念的情况。例如，"金星"又叫"启明星"，前者从星的颜色角度命名，后者从星出现的时间角度命名；"胡萝卜"在有些地区又叫"红萝卜"，前者从胡萝卜的来源角度命名，后者从胡萝卜的颜色角度命名。对同一个语义类别的不同概念的命名更是如此，限定成分区别特征的选择取决于所表示概念各自的突出特征，表5-2下位成员的限定成分来自不同的区别特征角度是由于各自概念本身有不同的突出特征，因而区别特征角度的选择也不同。例如，对于中心成分"瓜"来说，"金瓜"这种植物的突出特征在于金黄的颜色，在命名时便以颜色特征作为"瓜"的区别特征，"佛手瓜"这种植物的突出特征在于独特的外形，在命名时便以外形作为"瓜"的区别特征，因此，中心成分"瓜"有不止一个角度的区别特征。

表5-2　　　　同一直指词素分属不同范畴分级的情况列表

上位层次 下位层次 直指词素	以外形为区别特征物	以性质为区别特征物	以位置为区别特征物	以功能为区别特征物	以动作为区别特征物	以颜色为区别特征物	以"外形+功能"为区别特征物	以声音为区别特征物
鱼	带鱼 刀鱼 墨斗鱼 金枪鱼 凤尾鱼				人鱼	胭脂鱼 墨鱼 金鱼		娃娃鱼
纸	牛皮纸 瓦楞纸					餐巾纸 面巾纸		
车	斗车 轿车 面包车			摆渡车			房车	
房	裙房		耳房					
地	阶地 盆地		腹地					

续表

上位层次 下位层次 直指词素	以外形为区别特征物	以性质为区别特征物	以位置为区别特征物	以功能为区别特征物	以动作为区别特征物	以颜色为区别特征物	以"外形+功能"为区别特征物	以声音为区别特征物
牙	虎牙 犬牙 板牙 虫牙 蛀牙		门牙					
齿	犬齿 臼齿 蛀齿		门齿					
膜	瓣膜						鼓膜	
指	兰花指			将指				
石	石榴子石 绿柱石 鹅卵石 钟乳石					鸡冠石 鸡血石 芙蓉石		
花	鸡冠花 芙蓉花 马缨花					金银花		
瓜	佛手瓜 丝瓜 蛇瓜					金瓜		
糕	丝糕 蜂糕					金糕云片糕		
茶	砖茶					金花茶		
星	扫帚星 扁担星					金星		
晶	水晶					茶晶		
笔	鸭嘴笔 椽笔	斗笔						
胎	葡萄胎	龙凤胎						
步	虎步 猫步	箭步						
袖	马蹄袖			水袖				
裙	筒裙					石榴裙		
木	悬铃木						枕木	
人	蛙人 蜘蛛人					香蕉人		

接下来是动作类范畴。表 5-3 为动作类范畴体系。

表 5-3　　　　　　　动作类范畴体系分级表

	动作类			总数
上位层次	以外形为区别特征的动作	以性质为区别特征的动作	以动态为区别特征的动作	共 3 个
基本层次	立 布 覆 结等 11 个	灭 审 打 涵 高 红 6 个	动 起 集 现 疑 等 29 个	共 46 个

	动作类			总数
下位层次	林立 棋布 被覆 板结 鼎立 壁立 等13个	幻灭 盲审 盲打 海涵 飙高 蹿红 6个	脉动 蜂起 云集 浮现 狐疑 波动 坟起 猬集 涌现 蠕动 鹊起等38个	共57个

动作类范畴成员都表示某种动态概念。从造词角度来看，概念间的区别特征有外形特征、性质特征和动态特征三类。以动态特征作为区别特征的动作数量最多，基本层次成员29个，占所有动作类基本层次成员的63.0%，下位层次成员38个，占所有动作类下位成员的66.7%。无论想要描述一种动作还是将这种动作与其他动作区别开，用另一个相似的动作去限定说明是最符合逻辑的做法。此外，限定成分区别特征的选择取决于所表示概念的突出特征，以动作作为区别特征的动作本身具有显著的动态特征，如"动""集""跃""窜""饮"等。

以外形为区别特征的动作往往是长时间持续性的静态动作，如"立""布""罩""峙"，这类动作的外形特征相对于动态特征来说更加突出，因此以某种事物的外形作为区别特征。

以性质为区别特征的动作往往在某方面具有显著的特性，"幻灭"具有会消失的特性，"盲审"具有不知情的特性，"盲打"具有不看键盘的特性，"海涵"具有大度、宽广的特性，"飙高""蹿红"都具有急速、快速的特性，因此以性质作为动作的区别特征。

接下来是性状类范畴。表5-4为性状类范畴体系。

表5-4　　　　　　　　　性状类范畴体系分级表

	性状类			总数
上位层次	以外形为区别特征的性状	以性质为区别特征的性状	以颜色为区别特征的性状	共3个
基本层次	圆 合 直 碎 4个	热 亮 贵 硬 媚等16个	红 白 青 黄 灰 绿等12个	共32个
下位层次	鸭蛋圆 吻合 笔直 粉碎 4个	沸热 雪亮 金贵 板硬 狐媚 火热 瓦亮等18个	肉红 火红 雪白 银白 雪青 天青 鹅黄 乳黄 瓦灰 银灰 墨绿 湖绿等70个	共92个

在性状类范畴中，以性质作为区别特征的性状基本层次范畴成员数量最多，有16个基本范畴成员，这些表示性状的概念在某个方面具有突出

的特性,如"沸热"的特性在于非常热,"金贵"的特性在于非常珍贵,"火烫"的特形在于非常烫等。性状本身就是一种特性,性状的突出特性在于性状的程度之高,因此,这类具有突出特性的性状概念往往只有一个表示程度高的下位范畴成员。

以颜色为区别特征的性状下位范畴成员数量最多,共 70 个,平均每个基本范畴成员有 5.83 个下位范畴成员。以颜色为区别特征的性状表示的往往都是某种颜色,基本范畴成员所表示的颜色只是几个大致的颜色类别,如"红""白""青""黄""灰""绿",自然界中的颜色丰富多彩,为了将更加细致的颜色差异表现出来,除了用"深""浅""浓""淡"等限定成分之外,最简单有效的办法是借助其他事物的颜色来限定说明,因此,这类基本范畴成员的下位范畴成员数量众多。如"红"有"肉红""银红""火红""枣红"等 12 种不同种类的红色,"青"有"鸭蛋青""天青""雪青""茶青"等 10 种不同的青色,"蓝"有"翠蓝""海蓝""湖蓝"等 7 种不同的蓝色。

以外形为区别特征的性状往往是已经形成并在一段时间内保持相对静止的某种状态,"鸭蛋圆""笔直""粉碎""吻合"都是如此,这类概念的外形特征相对于性状特征来说更加突出,因此以性状的外形作为区别于其他性状的特征。

三 前喻式偏正复合词范畴化过程中的范畴理论分析

范畴与范畴化的研究由来已久,经典范畴理论与原型范畴理论是影响范围最广的范畴相关理论,但两种理论的研究对象和适用范围主要针对常规范畴,对于前喻式偏正复合词的范畴化过程来说适用程度各有不同。

(一)经典范畴理论与范畴成员的判定

以亚里士多德为代表的经典范畴理论认为范畴是根据一组充分必要条件来定义的,这些条件是界限分明的、独立的一组特征,某一事物要么具有、要么不具有这些特征,所有符合这些特征的事物都属于这一范畴,所有这一范畴的事物都具有这些特征。对于前喻式偏正复合词的范畴化过程来说,经典范畴理论的运用主要体现在对范畴成员的判定过程中。以"以外形为区别特征物"范畴下的"鱼"范畴成员的判定为例,一个复合词必须具有〔+含"鱼"词素〕〔+"鱼"表示基本义〕〔+偏正结构〕〔+"鱼"是中心成分〕〔+限定成分表示外形比喻义〕这些必要条件才能成为"鱼"范畴成员，而凡是具有这些条件的复合词都能够被归入"鱼"范畴中，这些条件是成为"鱼"范畴成员的充分必要条件。无论哪一个层级范畴成员的判定都需要符合经典范畴理论的一组充分必要条件。

(二) 原型范畴理论与前喻式偏正复合词的范畴化

经过对原型范畴理论与前喻式偏正复合词范畴化结果的比对，我们发现原型范畴理论并不完全适用于对前喻式偏正复合词的范畴化过程，主要体现在：

首先，原型范畴理论认为，范畴的内部结构是原型结构，范畴中的典型成员被称为原型，范畴化是将事物与原型进行比较，根据其是否与原型存在足够的相似性来判定其是否属于某个范畴的过程。前喻式偏正复合词范畴成员的判定以经典范畴理论的一组充分必要条件为依据，而不以与原型存在的相似性的大小为依据。

其次，原型范畴理论认为，范畴中存在典型成员与边缘成员的区分，范畴的边缘具有模糊性。前喻式偏正复合词的基本层次范畴成员是"以……为区别特征的事物/动态/性状"，下位范畴成员是以某个基本层次范畴成员为中心成分的复合词所表示的概念，无论是基本层次范畴还是下位层次范畴，作为以经典二分法为依据进入范畴的范畴成员之间没有典型与边缘的区分，且范畴的边缘是明确的，不具有模糊性。

原型范畴理论也有与前喻式偏正复合词的范畴化相符合的部分。与经典范畴理论的客观主义不同，原型范畴理论认为，范畴化是建立在人类大脑认知能力基础上的一种现象，范畴的划分最终是以人脑认知为基础并结合客观现实的产物，范畴化的过程既遵循客观存在的特征，同时也有人类主观认知的参与，这种判定符合前喻式偏正复合词的范畴化过程。

第四节 后喻式偏正复合词的范畴化

人们通过对客观世界的认知形成概念，在为概念命名的过程中，人们可以选择普通词素作为偏正复合词的中心词素并在中心词素前加限定词素，如"书包""电脑包""化妆包"；对于一些外表、功能、位置、性质等角度具有特殊性并且缺少专门词素来表示的概念，人们还可以借助于表示其他概念的词素参与造词，这些词素在相应角度与目标概念具有相似性，词素以发生隐喻的方式充当复合词的中心词素，其参与构词的意义只在于贡献出某一方面的特征。由于充当中心成分，不仅表示某种特征，还表示"含有某种特征的事物"，如"书脊""书亭"，"脊"表示外形像脊椎的事物，"亭"表示外形像亭子的事物。

隐喻是人们认知世界的重要手段，通过中心成分发生隐喻的方式大大扩展了复合词表达概念的能力，以这种造词方式得到的是一系列后喻式偏正复合词。由于后喻式偏正复合词的中心成分发生隐喻，整个复合词表达的是一种隐喻性概念。

本节共分三部分。第一部分论述后喻式偏正复合词隐喻性范畴的内涵与特点；第二部分对后喻式偏正复合词的隐喻性范畴进行三个不同层级的范畴划分；第三部分为针对隐喻性范畴的范畴理论分析。

一　隐喻性范畴的内涵与特点

对客观世界直接的认知形成常规性概念，对这些概念的归类形成常规范畴，并通常以词的形式固定下来。人们为了更加形象地理解和认识客观对象，有时需要借助隐喻性的认知方式，通过利用其他事物的某些特征来更好地认识客观对象。对客观世界隐喻的认知形成隐喻性概念，对隐喻性概念的归类形成隐喻性范畴，隐喻性范畴成员表现在语言中为后喻式偏正复合词。

在现代汉语词汇系统中，有隐喻思维参与造词的复合词数量众多，如前喻式偏正复合词"带鱼""瓢虫""盆地""剑麻""笔直""狐疑""蛇行""蜂聚"，后喻式补充关系复合词"瀑布""月球""菱角""砒霜""匾额""脊梁"，但这些隐喻只是对中心成分的限定修饰或补充说明，复合词标记的仍然是常规概念。只有后喻式偏正复合词的中心成分发生隐喻，标记的是一个隐喻性概念，人们对隐喻性概念的归类形成隐喻性范畴，后喻式偏正复合词就是该隐喻性范畴的成员。

（一）隐喻性范畴成员的范畴归属具有双重性

隐喻性范畴成员具有常规范畴成员和隐喻性范畴成员的双重身份。从概念对应的客观对象来看，后喻式偏正复合词所对应的概念分别属于各自的常规范畴，如"海马""河马"是动物范畴成员，"警花""交际花"是人类范畴成员，"豆花儿""麻花"是食物范畴成员；从标记概念的方式看，后喻式偏正复合词是以一个概念通过隐喻的方式直接替代目标概念，中心成分发生了隐喻的复合词来自相应的隐喻性范畴，"海马""河马"属于"外形像马的事物"范畴,"警花""交际花"属于"性质像花的事物"范畴,"豆花儿""麻花"属于"外形像花的事物"范畴。

对隐喻性范畴的分类起决定作用的是复合词的中心成分。后喻式偏正复合词的中心成分由喻指词素充当,喻指词素不同,隐喻性范畴也不同,但喻指词素相同,隐喻性范畴却不一定相同。例如,"菜花"和"煤球"的喻指词素不同,分别属于"外形像花的事物"范畴和"外形像球的事物"范畴,而"校花""冰花"与"菜花"的喻指词素都是"花","校花"却属于"性质像花的事物"范畴,"冰花"属于"外形像花的状态"范畴。这是由于"菜花"与"校花"中心成分的语义类别都属于事物类,但前者在外形角度发生隐喻,后者在性质角度发生隐喻,而"菜花"与"冰花"虽然都在外形角度发生隐喻,但"冰花"的语义类别属于状态类,指"冰的像花的状态"。

因此,隐喻性范畴成员的范畴归属与范畴成员中心成分的语义类别及发生隐喻的角度相关。

根据中心成分语义类别的不同,隐喻性范畴成员可以分为事物类、状态类和动作类三类,作为中心成分的喻指词素已经通过隐喻获得了新的称代事物、状态或动作的意义。事物类与动作类比较好理解,需要特殊说明的是状态类成员。状态类成员指的是"雪花""冰花""林海""火海""冰砖""茶砖"这类通常被判定为"本体+喻体"的复合词,笔者认为这类复合词标记的是限定成分所处的某种特殊状态概念,限定成分表示状态发生的主体,而该主体往往可以有不同的状态,复合词所标记的便是其中一种状态。例如,"雪花"指的是"雪的像花的状态",此外,雪还有"雪片""雪球""雪粒""雪糁"等不同状态;又如"冰砖"指"冰的像砖的状态",冰还有"冰锥""冰花""冰柱""冰排""冰山""冰床"等不同状态。状态类成员都是某种事物所处的状态,虽然从所标记概念的本质来看仍是事物,但发生隐喻的中心成分所强调的不是具有某特征的事物,而是某事物的、具有某特征的状态,因此,本书将状态类单独列为一类。这一问题在本书第一章后喻式偏正复合词本体喻体的辨析中也已有过详细说明。

中心成分发生隐喻的角度与范畴成员本体喻体的相似点相一致。事物类成员本体喻体的相似点共有外形、动作、功能、位置、性质、"外形+功能""颜色+性质""位置+功能"、声音9个;状态类成员本体喻体的相似点共有外形、动作、功能、性质、"外形+功能"5个；动作类成员本体喻体都以性质为相似点。中心成分发生隐喻的角度不同，即使喻指词素相同也归属于不同的隐喻性范畴，如前文的"菜花"与"冰花"，又如"林海"与"脑海"，前者是外形角度发生隐喻，后者是性质角度发生隐喻。

（二）喻指词素表示的隐喻概念与复合词表示的概念是上下位范畴关系

范畴成员与范畴间是一种上下位的种属关系，越向上外延越大，内涵越少，越向下外延越小，内涵越丰富。与前喻式偏正复合词的上下位范畴划分相似，偏正复合词限定成分的增加会带来中心成分外延的缩小和内涵的丰富，偏正复合词所表示的概念与中心成分所表示的概念是一种范畴间的种属关系。对于后喻式偏正复合词来说，喻指词素是中心成分，复合词所表示的概念相对于喻指词素表示的概念来说也是一种上下位的种属关系。如"眼球""松球""卫生球"是"球"的下位概念，"炉膛""枪膛""灶膛"是"膛"的下位概念，概念间的这种上下位的种属关系只有在隐喻性范畴中才能成立。

喻指词素与偏正复合词之间天然的上下位范畴关系是隐喻性范畴化的层级性得以实现的根本前提。在隐喻性范畴中，喻指词素与有相同喻指词素的后喻式偏正复合词之间构成一种上下位关系，上下位关系成立的条件有两个：首先，作为上位成员的喻指词素须与下位成员的喻指词素对应词典中的同一个义项；其次，作为上位成员的喻指词素须与下位成员的喻指词素发生隐喻的角度相一致。

假设喻指词素是 X，喻指词素与下位成员的关系如图 5-3 所示。

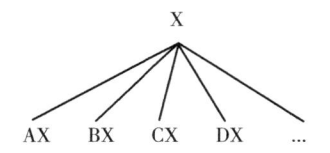

```
         X
       / | | \
     AX BX CX DX ...
```

图 5-3　后喻式复合词喻指词素与下位成员关系示意图

（三）喻指词素分别归属于各自的上位范畴

不同喻指词素所标记的语义类别不同、发生隐喻的角度不同，这就意味着在喻指词素之上还有更高层次的上位范畴。喻指词素的上位范畴是更高一层也更加抽象的隐喻性范畴，该隐喻性范畴的划分依据来自喻指词素所标记的语义类别及其发生隐喻的角度。

喻指词素作为后喻式偏正复合词的上位成员，标记事物类、状态类和动作类概念，不同语义类别的概念又分别对应9个、5个、1个隐喻角度。

喻指词素标记事物类概念，具有称代事物的意义，分别在外形、性质、位置、功能、动作、"外形+功能""颜色+性质""位置+功能"、声音等9个角度发生隐喻。

在外形角度发生隐喻的喻指词素属于"特形物"范畴，指"有特定外形的事物"，"茶砖""冰砖""煤砖""玻璃砖"中的"砖"指的是"有砖的外形的事物"，"砖"在复合词中存在的意义只在于贡献出砖块状外形这一特征；在性质角度发生隐喻的喻指词素属于"特性物"范畴，指"有特定性质的事物"，"妒火""怒火"中的"火"指的是"有火的性质的事物"，"火"在复合词中存在的意义只在于贡献出迅速蔓延并难以控制的特征；在位置角度发生隐喻的喻指词素属于"位置标记物"范畴，指"标记特定位置的事物"，"树冠""林冠""花冠"中的"冠"指的是"和冠的位置相同的事物"，"冠"在复合词中存在的意义只在于贡献出位置在最上部的特征；在功能角度发生隐喻的喻指词素属于"特定功能物"范畴，指"有特定功能的事物"，"肠衣""炮衣""糖衣"中的"衣"指的是"有衣服功能的事物"，"衣"在复合词中存在的意义只在于贡献出包覆、遮盖的作用；在动态角度发生隐喻的喻指词素属于"特定动态物"范畴，指"有特定动态的事物"，"货流""车流""电流"中的"流"指的是"有像水流那样动态特征的事物"，"流"在复合词中存在的意义只在于贡献出像水流动那样的动态特征；在功能和外形角度都发生隐喻的喻指词素属于"特定'外形+功能'物"范畴，指"有特定外形和功能的事物"，"胆囊""气囊""精囊"中的"囊"指的是"有囊状外形且有囊盛装功能的事物"，"囊"在复合词中存在的意义只在于贡献出像囊那样的外形并可以盛装东西的特征；在颜色和性质角度都发生隐喻的喻指词素属于"特定'颜色+性质'物"范畴，只有"金"一个喻指词素组成"鸡内金"，"金"指"有黄金那样颜色又像黄金那样金贵的事物"；在功能和位置角度都发生隐喻的喻指词素属于"特定'位置+功能'物"范畴，指"有特定功能并标记特定位置的事物"，"细胞核"中的"核"指的是"有核的繁殖功能且位置与核相似的事物"，"核"在复合词中存在的意义在于贡献出有繁殖功能且处于中心位置的特征；在声音角度发生隐喻的喻指词素属于"特定声音物"范畴，指"有特定声音的事物"，只有"涛"和"黄牛"2个基本范畴成员，构成"林涛""松涛""地黄牛"3个复合词，分别指"发出像大波浪那种声音的事物"和"叫声像黄牛的事物"，"涛"和"黄牛"在复合词中存在的意义只在于贡献出波浪和黄牛的声音特征。除此之外，喻指词素与复合词对应的概念在本质上没有任何的关联。

在喻指词素与复合词的上下位范畴中，"割枪""焊枪""水枪""电子枪"都是喻指词素"枪"的下位范畴，与同一个概念相对应，都属于"枪"的同一个义项"性能或形状像枪的器械"，现在通过对喻指词素的再分类我们发现，"割枪""焊枪"的喻指词素"枪"与"水枪""电子枪"的喻指词素"枪"并不属于同一个范畴，二者的成词过程是不同的。"割枪""焊枪"的"枪"属于"特形物"范畴，"割枪""焊枪"中的"枪"存在的意义在于与"枪"的外形相似，指"有枪的外形的事物"；"水枪""电子枪"的"枪"属于"特定功能物"范畴，"水枪""电子枪"中的"枪"存在的意义在于与"枪"的功能相似，指"有枪的功能的事物"。表示同一个概念的喻指词素，根据与本体相似点的不同，在不同的复合词中承担不同的作用，"割枪""焊枪"利用了"枪"与本体在外形角度的相似性，"水枪""电子枪"利用了"枪"与本体在功能角度的相似性。其他类似的还有"球门""穿堂门""油门""闸门"，喻指词素"门"都与表示"形状或作用像门的东西"的概念相对应，但"球门""穿堂门"以"门"作喻指词素是由于"门"与本体在外形角度存在相似性，属于"特形物"范畴，"油门""闸门"的本体与"门"在功能角度存在相似性，属于"特定功能物"范畴。

喻指词素标记状态类概念，具有称代某种状态的意义。分别在外形、动作、功能、性质、"外形+功能"等5个角度发生隐喻。在外形角度发生隐喻的喻指词素被归入"特形态"范畴，表示有某种特定外形的状态，如下位成员为"河网""水网""林网""路网"的"网"，下位成员为"铁水""血水""钢水"的"水"；在动作角度发生隐喻的喻指词素被归入"特定动作态"范畴，表示有某种特定动作的状态，如下位成员为"麦浪""气浪""声浪"的"浪"，下位成员为"人潮""心潮""思潮"的"潮"。在其他角度发生隐喻的喻指词素依次被归入"特定功能态"

"特性态""特定'外形+功能'态""特形态",共计5个上位范畴。

喻指词素标记动作概念,具有称代某种动作的意义。都是在性质角度发生隐喻。在性质角度发生隐喻的喻指词素都被归入"特性动作"范畴,表示有某种特定性质的动作,包括下位成员为"笔耕""舌耕"的"耕"、"笔战""舌战"的"战"、"沙浴"的"浴"三个喻指词素,表示与耕作、战争或沐浴的性质相似的动作。

综上,喻指词素被分别归入"特形物""特性物""特定功能物""特形态""特性态""特定动作"等15个上位范畴。假设喻指词素分别是X1、X2、X3、X4⋯,喻指词素与上下位范畴成员的关系如图5-4所示。

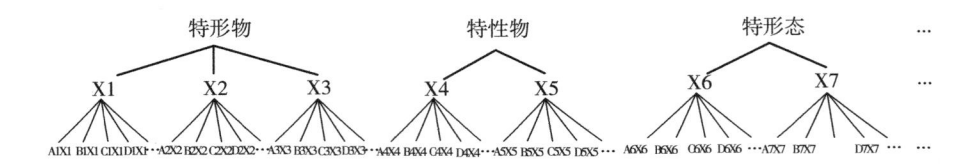

图5-4 后喻式复合词喻指词素不同范畴层次之间的相互关系示意图

(四)15个上位范畴分别归属于3个语义类别范畴

喻指词素15个上位范畴划分的依据是喻指词素所标记的语义类别及各自语义类别内部隐喻角度的不同,因此,在15个上位范畴之上更高一层级的范畴是事物类、状态类和动作类3个语义类别范畴,这与范畴化的层级性相符合,如图5-5所示。

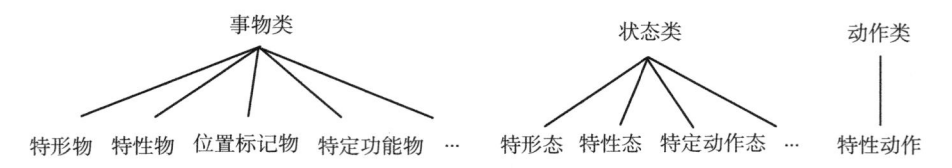

图5-5 后喻式复合词15个上位范畴与3个更高层级的语义类别范畴

(五)"X是Y"的逻辑意义在隐喻性范畴中的对应

斯图尔特·夏皮罗(Stewart Shapiro)将"X是Y"分为四种不同的逻辑意义:(1)同一性;(2)类别包含;(3)属性推断;(4)角色占有。范畴成员与其上位范畴也符合"X是Y"的逻辑关系,如"洗衣机是家电""草莓是水果""耳环是首饰",这种关系属于"X 是 Y"的第二种逻辑意义——类别包含。隐喻性范畴的范畴成员与上位范畴之间的"X 是 Y"关系,如"铁饼是饼""警花是花""锯床是床",对于常规范畴来说是不合常理的,但在隐喻性范畴中这种类别包含关系是可以成立的,"X 是 Y"结构是一种"范畴错置"①。隐喻造成的语义冲突正是来源于范畴的错置,隐喻性范畴化是对范畴错置消解的过程,同时也是一个隐喻被理解的过程。在隐喻性范畴中,"饼"指的是"有饼外形的物体","花"指的是"有花的特性的物体","床"指的是"有床的功能的物体"。

除了"位置标记物"范畴之外,其他 14 个上位范畴的基本层次范畴成员与下位范畴成员之间都符合"X 是 Y"的类别包含关系。"位置标记物"发生隐喻的对象不是喻指词素本身,而是喻指词素所在的位置,这一点与其他范畴不同。"位置标记物"范畴成员的中心词素所对应的概念不是某个事物,而是与某物相对位置一致的处于整体中的那一部分,如"树冠"指与"冠"在人体中相对位置一致的"树"的整体中的那一部分,"冠"本身无法表示"冠的位置",需要借助人的身体,以人的身体作参照才能体现出冠的位置,而"特形物""特性物"等其他范畴的基本层次范畴成员单独发生隐喻就可以实现隐喻意义的传递。因此,对于"位置标记物"范畴来说,"X 是 Y"的逻辑意义包含一种类比对应关系,即发生隐喻后的"冠"之于"树冠"就像未发生隐喻的"冠"之于人的身体。此外,由于"冠"是"树冠""林冠""花冠"等范畴成员的上位概念,"位置标记物"范畴中的"X 是 Y"也依然符合类别包含关系。

(六)后喻式偏正复合词的隐喻性范畴化具有层级性

前喻式偏正复合词的范畴化过程呈现出一种层级关系,后喻式偏正复合词的隐喻性范畴化也具有分层级的特征。根据基本层次范畴理论,基本层次范畴是各个范畴层级的中间范畴,在隐喻性范畴中也存在基本层次范畴,基本层次范畴成员由位于中心位置的喻指词素来充当,如特形物"饼""眼""脊",位置标记物"尾""背""冠",特定功能物"床""刀""衣"等,喻指词素所表示的隐喻性概念在人们的认知中具有相对

---

① 参见束定芳编著《认知语义学》,上海外语教育出版社 2008 年版,第 95 页。

稳定的心理意象，会引起人们相似的反应，提供了下位范畴成员所含有的最多的相关信息和最大的相关特征。

隐喻性范畴中的基本层次范畴与常规基本层次范畴既有联系又有区别。与常规基本层次范畴成员的相似之处在于，隐喻性基本层次范畴成员所表示的隐喻性概念在人们的认知中具有相对稳定的心理意象，会引起人们相似的反应，它提供了下位范畴成员所含有的最多的相关信息和最大的相关特征。区别在于，由于隐喻性基本层次范畴成员标记的是一个集合概念，如"花"作为基本层次范畴成员可以标记所有外形像花的事物或所有有花那样漂亮性质的事物，无法在人脑中形成一个相对明确的完形结构，只表示一个含有某种轮廓、某种性质、处于某个位置或有某种功能等特征的事物、状态或动作；基本层次范畴成员所对应的概念不是客观存在的事物，是从各个下位范畴成员的共性中抽象提取出来的隐喻性概念，这些基本层次范畴成员只能存在于隐喻性范畴中，在常规范畴中表示的是其在常规范畴中的意义。

二 后喻式偏正复合词的隐喻性范畴化

《现汉》（第7版）共收录705个后喻式偏正复合词，共计238个喻指词素。由于同一个喻指词素可能归属于不同的语义类别范畴，而同一语义类别范畴中的同一喻指词素又可能有不同的隐喻角度，因此，基本层次范畴成员的实际数量要大于喻指词素的数量。经统计，共有"柱""泥""花""丝"等32个喻指词素分别归属于"事物类"和"状态类"语义类别，而在"事物类"和"状态类"中又分别有33个和7个喻指词素有不止一个隐喻角度，因此，基本层次范畴成员实际上共有322个。基本层次范畴的上位范畴由"特形物""特性物""位置标记物""特形态""特性态"等15个成员构成。15个上位成员根据语义类别分别归入事物类、状态类和动作类三个最上位成员。下位范畴由705个后喻式偏正复合词构成，根据喻指词素、语义类别及发生隐喻的角度分别归属于不同的基本层次范畴成员。由此，建立起一个包含最上位层次、上位层次、基本层次和下位层次的隐喻性范畴体系。事物类、状态类、动作类三个范畴的层级体系分别由表5-5、表5-6、表5-7表示。

第五章 比喻复合词的范畴化分析

表 5-5　　　　　　　　　　事物类范畴体系分级表

	事物类								总数
上位层次	特形物	特性物	位置标记物	特定功能物	特定"外形+功能"物	特定"位置+功能"物	特定动态物	特定声音物	特定"颜色+性质"物	共9个
基本层次（举例）	花 井 针 饼	盲 花 锋	头 锋 尾	床 门 衣	囊 盘 房	核 眼 肩	潮 流 浪	涛 黄牛	金	
数量	141个	30个	22个	36个	23个	3个	3个	2个	1个	共261个
下位层次（举例）	报花 窗花 帽花 领花 礼花 菜花 灯花 天井 气井 盐井 藻井 竖井 探井 矿井 油井 表针 撞针 指针 松针 避雷针 铁饼 棉饼 豆饼 油饼[1] 花生饼	股盲 法盲 色盲 文盲 盲电脑 盲警花 校花 交际花 谈锋 笔锋 词锋 指锋 偏锋 词头	报头 碑头 灯头 暖锋 冷锋 先锋 榜首 词尾 排尾 年尾 词中 弹头 韵头	苗床 车床 锯床 冲床 磨床 槽床 门电 活门 贡门 气门 炮衣 词头	胆囊 气囊 嗉囊 颊囊 砂囊 胶囊 棋盘 罗盘 磨盘 沙盘 硬盘 底盘 键盘 蜂房 糖房 心房 子房	细胞核 报眼 路肩	寒潮 学潮 热潮 寒流 暖流 热浪	林涛 松涛 地黄牛	鸡内金	
数量	318个	49个	55个	86个	51个	3个	6个	3个	1个	共572个

表 5-6　　　　　　　　　　状态类范畴体系分级表

	状态类					总数
上位层次	特形态	特性态	特定功能态	特定"外形+功能"态	特定动作态	共5个
基本层次（举例）	花 网 柱 砖 海 泥	海 林 脉 花 苗 网	刀 幕	网 床 幕 鳍 梯	流 浪 潮 波	
数量	38个	9个	2个	5个	4个	共58个
下位层次（举例）	冰花 雪花 葱花 蜡花 烛花 河网 腰花 水网 林网 路网 话网 电力网 铁丝网 冰柱 光柱 石柱 火柱 烟柱 冰砖 茶砖 煤砖 玻璃砖 火海 林海 云海 人海 蒜泥 枣泥 橡皮泥	股海 宦海 会海 商海 网海 题海 脑海 禅林 武林 儒林 艺林 地脉 山脉 矿脉 鱼花 楼花 鱼苗 情网	光刀 水刀 中子刀 超声刀 激光刀	法网 火网 火力网 冰床 夜幕 肉鳍 人梯	车流 电流 货流 气流 电子流 麦浪 气浪 声浪 人浪 心潮 思潮 眼波	
数量	82个	21个	6个	7个	12个	共128个

表 5-7　　　　　　　　　　动作类范畴体系分级表

	动作类	总数
上位层次	特性动作	共 1 个
基本层次	耕 战 浴 3 个	共 3 个
下位层次	笔耕 笔战 沙浴 舌耕 舌战 5 个	共 5 个

在后喻式偏正复合词的三类隐喻性范畴中，事物类范畴成员最多，状态类次之，动作类成员数量最少。

在事物类范畴中，无论是基本层次还是下位层次范畴，"特形物"范畴成员数量都是最多的，"特形物"基本层次范畴成员共 141 个，约占所有事物类基本层次范畴成员的 54.0%，"特形物"的下位层次范畴成员共 318 个，约占所有事物类下位层次范畴成员的 55.6%。状态类范畴也是如此，"特形态"范畴的基本层次和下位层次范畴成员也都是最多的。这反映了在造词过程中人们更倾向于将外形作为本体喻体的相似点，不同的是，"特形物"喻指词素表示的是"外形与……相似的事物"，"特形态"喻指词素表示的是"以……为主体所具有的、外形与……相似的状态"。外形是一个事物区别于其他事物最显著的特征，最容易被人感知，如果将本体喻体的相似点也作为一个范畴来看的话，外形特征的相似就是其中的典型成员。因此，在后喻式偏正复合词中用外形来进行隐喻性造词的比例最高。

其次是事物类范畴中的"特定功能物""位置标记物""特性物"范畴。分别有 86 个、55 个、49 个后喻式偏正复合词是从功能、位置或性质角度进行隐喻性造词得来，约占所有事物类下位层次范畴成员的 15.0%、9.6% 和 8.6%，基本层次范畴成员分别为 36 个、22 个、30 个，约占所有基本层次范畴成员的 13.8%、8.4% 和 11.5%。功能、位置、性质也是事物间重要的区别特征，事物抽象的功能、位置或性质特征通过隐喻得以生动形象地展现。

在有两个角度发生隐喻的上位范畴中，"特定'外形+功能'物"范畴成员数量最多。外观相似的事物常常功能也相近，例如，与"囊"外形相似的事物往往同样具有盛装东西的功能，如"胆囊""气囊""嗉囊""砂囊"；与"桥"外形相似的事物往往具有连接和沟通两端的作用，如"天桥""陆桥""高架桥"。

由于人类思维形式的类比性，往往以同样的理据对不同的事物加以命名，这也是同一基本范畴成员的下位成员呈不断增加趋势的原因。我们发现事物位于前端或顶端的部分与"头"的位置具有相似性，便将报纸的第一版叫"报头"，碑的上端叫"碑头"，车的前端叫"车头"，词的前端叫"词头"，"头"用同样的构词理据通过不同限定成分的替换形成众多"头"的下位范畴成员，"头"也产生了新的比喻义项：物体的顶端或末梢。

一般来说，喻指词素形成比喻义项需要具备两个必要条件：在某个隐喻角度有较高的构词频率和形成较强的专指义。根据《现汉》释义，在322个基本层次范畴成员中，有184个成员在词典中含有比喻义项，占全部基本层次范畴成员的57.1%，该184个基本范畴成员共有下位范畴成员517个，占全部下位范畴成员的73.3%，平均每个基本成员的构词数量为2.81个；有138个基本成员未在词典中形成比喻义项，共有下位范畴成员188个，平均每个基本成员的构词数量仅为1.36个，这说明在某个特定隐喻角度有较高构词频率的喻指词素更容易形成比喻义项。然而，仅构成1个或2个后喻式偏正复合词的喻指词素也可能在词典中形成比喻义项，如"臼"（"门臼"）、"墙"（"松墙"）、"桃"（"棉桃"）、"豆"（"花生豆儿"）、"沙"（"蚕沙""豆沙"）、"舌"（"火舌""帽舌"），这与构成这些复合词的喻指词素已形成较强的专指义有关。此外，像"冰"（"干冰"）、"虎"（"艾虎^2"）、"线"（"电线""米线"）这类喻指词素，尽管在某个隐喻角度构成的后喻式偏正复合词数量较少却已经形成比喻义项，除了与喻指词素已形成专指义有关外，还与喻指词素构造前喻式偏正复合词的频率高有关，如"冰"为喻指词素可以构成"冰毒""冰糖""冰片"，"虎"可以构成"虎胆""虎将""虎劲""虎气"，"线"可以构成"线材""线麻""线圈""线香"等。

三 隐喻性范畴化过程中的范畴理论分析

经典范畴理论、原型范畴理论、家族相似性理论等范畴相关理论的研究对象和适用范围主要针对常规范畴，隐喻性范畴化与范畴化理论的适用程度各不相同。

（一）经典范畴理论与隐喻性范畴成员的判定

与前喻式偏正复合词相似，对于隐喻性范畴来说，经典范畴理论同样适用于对范畴成员的判定。以"特形物"范畴下的"斗"范畴成员的判定为例,一个复合词必须具有[+含"斗"词素][+偏正结构][+"斗"是中心成分][+"斗"表示基本义的比喻义][+"斗"在外形角度发生比喻]这些必要条件才能成为"斗"范畴成员,而凡是具有这些条件的复合词都能够被归入"斗"的隐喻性范畴中,这些条件是成为"斗"范畴成员的充分必要条件。无论哪一个层级范畴成员的判定都需要符合经典范畴理论的一组充分必要条件。

经典范畴理论有其明显的缺陷。一方面,经典范畴理论认为范畴有确定的总数,范畴间有清晰的边界,且范畴内成员地位平等,此外,经典范畴理论的哲学基础是客观主义,认为范畴是客观存在的,与作为认知主体的人类没有必然联系,而隐喻性范畴本身就是对人类在隐喻思维作用下形成的隐喻性概念范畴化的结果,这与经典范畴理论的哲学基础相矛盾;另一方面,作为范畴划分标准,经典范畴理论的适用范围非常有限,只适用于某些与自然科学相关概念的范畴化,尽管通过一组充分必要条件可以限定隐喻性范畴成员,但对于范畴成员之间的不平等地位,范畴间的模糊性等问题经典范畴理论都无法给出合理的解释。

(二) 原型范畴理论与隐喻性范畴

原型范畴理论认为,范畴的内部结构是原型结构,范畴中的典型成员被称为原型,范畴化是将事物与原型进行比较并根据其是否与原型存在足够的相似性来判定其是否属于某个范畴的过程。隐喻性范畴成员的判定以经典范畴理论的一组充分必要条件为依据,而不以与原型存在的相似性的大小为依据,这是原型理论与隐喻性范畴不相适应的部分。

原型理论在隐喻性范畴化过程中的应用主要体现在:

首先,原型范畴理论认为,范畴化是建立在人类大脑认知能力基础上的一种现象,范畴的划分最终是以人脑认知为基础并结合客观现实的产物,范畴化的过程既遵循客观存在的特征,同时也有人类主观认知的参与,这种判定与隐喻性范畴的产生过程相一致。

其次,原型理论关于典型成员与边缘成员的理论也同样适用于隐喻性范畴,隐喻性范畴也有典型成员与边缘成员的分别。

再次,隐喻性范畴的边缘具有模糊性。

下面针对第二、三点分别展开讨论。

1. 隐喻性范畴的典型成员与边缘成员

从隐喻性范畴成员内部来看,典型成员与边缘成员的分别主要存在于基本层次范畴和下位层次范畴中。

　　对于基本层次范畴来说，是否是具有上位范畴相应特征的事物、状态或动作是基本层次范畴成员的判定标准。对于"特形物"范畴成员来说，是否是"有特定外形的事物"是"特形物"范畴成员的判定依据，"花""针""海""眼""丝""马""水""网"等是"有特定外形的事物"；对于"特性物"范畴来说，是否是"有特定性质的事物"是"特性物"范畴成员的判定依据，"花""苗""锋""火""星""根"等是"有特定性质的事物"，其他范畴成员的判定以此类推。基本层次范畴成员都是"有特定特征的事物"，那么，其中的典型成员都是具有相应的突出特征的事物，是否具有该范畴的突出特征是判定范畴原型的重要标准。特征是否突出最直观的表现是其构成的下位范畴成员数量的多少，构成下位范畴成员的数量越多，越接近范畴的原型，反之，则越接近范畴的边缘。例如，在"特形物"范畴中，"花"有25个下位成员，"丝"有14个下位成员，"水"有4个下位成员，"马"有5个下位成员，可见"花""丝"表示"有花外形的事物""有丝外形的事物"比"水""马"在外形方面的特征更突出，更接近"特形物"范畴的典型成员。为了验证结论的合理性，笔者设计了一份基本范畴成员特征突出度的调查问卷，分别从"特形物"（"针-囊""网-轴"）、"特性物"（"锋-果""花-虎"）、"位置标记物"（"尾-腹""脚-脸"）、"特定功能物"（"刀-幕""衣-骨"）、"特定动态物"（"潮-波""浪-浴"）、"特定'外形+功能'物"（"房-架""帽-巾"）范畴中挑选出12对下位成员数量悬殊的基本范畴成员参与调查，"特定'位置+功能'物""特定'颜色+性质'物""特定声音物"由于成员数量过少不计入调查范围。问卷要求测试者凭感觉选出自己认为某个特征更突出的选项，本次共收集有效问卷129份，问卷结果见图5-6。

　　通过图5-6的调查结果我们发现，基本范畴成员特征的突出度与下位成员的数量是成正比的关系，突出的特征往往带来更多的造词量和更高的使用频率，在相应特征方面的突出度更高的基本成员往往有更多的下位范畴成员，这与上文的结论相符。因此，下位范畴成员数量的多少是判定基本范畴成员是否典型的重要标准。

　　基本层次范畴典型成员与边缘成员的判定标准主要依照基本层次范畴各成员相应的下位成员数量的多少，构成的下位成员数量越多，说明其相

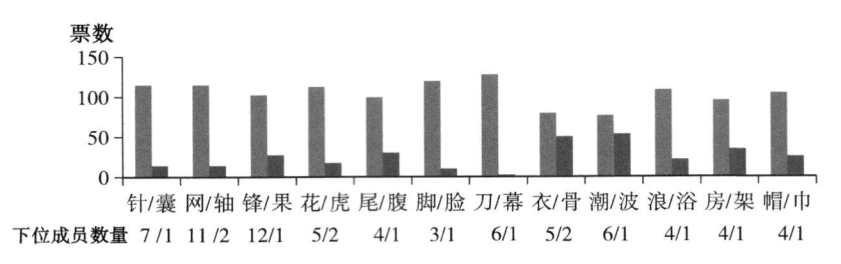

图 5-6　基本范畴成员特征突出度问卷调查结果

应的特征越突出，越接近本范畴的典型成员，反之，则越接近范畴的边缘。突出的特征往往会产生更多的下位成员、有更高的使用频率，更高的使用频率会使事物的突出特征得到更好的强化。当构成下位成员数量一致时，下位成员的使用频率更高的基本层次范畴成员排在更接近典型成员的位置。下位成员使用频率的高低与下位成员所表示的概念是否常用有关，并不取决于特征的突出与否，但使用频率的高低会影响特征在人们心中的凸显程度。

对于下位层次范畴来说，能成为基本层次范畴某个成员的下位成员，除了要有相同的喻指词素作中心成分之外，下位成员的喻指词素还需要在词典释义中与该基本层次范畴成员对应同一个义项且发生隐喻的角度相同。例如，"铁水""血水""钢水""胶水"都含有喻指词素"水"作中心成分，"水"在隐喻性范畴中指"有水的外形的事物"，"铁水""血水""钢水""胶水"也都是"有水的外形的事物"，因此它们都是"水"的下位范畴成员。典型成员作为最能代表整个下位范畴的成员，需要与其上位成员在相应的特征方面具有最高度的相似性，与其他范畴成员有最大的区别性，相似性越高，越接近典型成员，相似性越低，越接近边缘成员。例如，"柱"的下位范畴由"花柱""冰柱""光柱""石柱""火柱""烟柱""江珧柱"7个成员组成，"柱"表示"有柱子外形的事物"，在下位范畴成员中"石柱""冰柱"的外形最接近柱子，是"柱"的下位范畴的典型成员，"烟柱""火柱""光柱"的轮廓与柱子大致相似，处于典型成员和边缘成员的中间位置，"花柱""江珧柱"的外形与柱子外形的相似性最低，是范畴的边缘成员。总结来说，下位层次范畴典型成员的主要判定依据是其与上位成员所表示概念的相似度，与上位成员的相似度越高越接近中心位置，反之，则越接近边缘位置。

人类在常规范畴典型和非典型成员的划分方面天然地具有认知的高度

一致性，不同范畴典型成员与边缘成员的划分往往有基本一致的结论，如"知更鸟""麻雀"是"鸟"范畴的典型成员，"企鹅""鸡""鸵鸟"等是靠近边缘的成员；"苹果""梨"是"水果"范畴的典型成员，"西红柿"是边缘成员；等等。不同的是，隐喻性范畴具有民族性特征，语言不同隐喻性范畴成员组成与划分标准也不同，隐喻性范畴典型与非典型成员的划分也没有常规范畴那样精确，只是一个大致的划分区间。此外，下位层次范畴成员典型与边缘的划分只针对有两个或两个以上成员的范畴来说，有179个基本层次范畴成员只有一个下位成员，超过基本层次范畴成员总数的55.6%。

2. 隐喻性下位范畴的边缘具有模糊性

就隐喻性下位范畴来说，典型与边缘成员的划分是在隐喻性范畴内部进行的，边缘成员与典型成员的划分是就范畴成员所具有的特征的典型性来说的，而不是就范畴成员的判定来说的，不同隐喻性范畴之间的边缘仍是清晰的，利用经典范畴理论的二分法就可以实现范畴成员的判定。

隐喻性下位范畴边缘的模糊性指的是在人们的认知中隐喻性范畴与常规范畴的边缘具有模糊性，但实际上两类范畴的边缘仍然是清晰的。

模糊性主要由一些"看起来不太像比喻复合词"的下位范畴成员造成的，这些成员的存在使得隐喻性下位范畴与常规范畴的边界在人们的认知中具有模糊性。隐喻范畴边缘的模糊性与复合词隐喻属性的强弱程度有关，隐喻属性强的复合词可以明显地区别于普通复合词，远离范畴的边缘地带，隐喻属性弱的复合词容易与普通复合词相混淆，处于隐喻范畴的边缘地带。就与常规范畴的关系来说，隐喻范畴的典型成员应该是隐喻属性强的"典型的隐喻性复合词"，处于远离常规范畴的中心地带，边缘成员是隐喻属性弱的"非典型的隐喻性复合词"，处于与常规范畴的边缘地带。

隐喻性下位范畴成员都是后喻式偏正复合词，而复合词产生后将不可避免地与人的主观认知产生交集，人的认知对范畴的影响是由词作为一种交际工具的本质特性决定的，本体喻体矛盾性的大小与人的主观认知有直接联系。本体喻体的矛盾性越大，复合词的隐喻属性越强，复合词越接近"典型的隐喻性复合词"，反之，则本体喻体的隐喻属性越弱，复合词越接近"非典型的隐喻性复合词"。本体喻体矛盾性的大小取决于在客观条件下人们的主观感知。

影响人们感知本体喻体矛盾性大小的因素是多方面的。

首先，本体喻体所在的常规范畴之间相关性越小、所属语义类别跨度越大，本体喻体被放在一起进行比喻时的矛盾性就越大；相反地，本体喻体所在的常规范畴相关性越大、所属语义类别的跨度越小，本体喻体的矛盾性就越小，具有该本体喻体的隐喻性复合词就越难与常规范畴成员相区分。以"饼"的下位范畴为例，"铁饼"与"豆饼""柿饼"相比，"铁饼"的本体喻体分别属于体育器械范畴和食物范畴，范畴间的相关性小，所属语义类别跨度大，"铁饼"本体喻体的矛盾性大，隐喻属性强，是"饼"范畴典型的隐喻性复合词；"豆饼""柿饼"的本体喻体都属于食物范畴，本体喻体的矛盾性小，隐喻属性弱，在隐喻性范畴与常规范畴的对比中处于隐喻性范畴的边缘，根据人们的认知习惯容易将它们误认为常规范畴成员。范畴化过程离不开人类认知的参与，这是范畴化过程中的一种正常现象。假如从隐喻性下位范畴内部典型与边缘成员的判定标准来看，典型成员与其上位成员在相应的特征方面相似性越高，越接近典型成员，相似性越低，越接近边缘成员，则"豆饼""柿饼"的外形都要比"铁饼"更接近"饼"的外形，因而更接近该下位范畴的典型成员。

其次，本体喻体矛盾性大小的感知还与复合词的使用频率以及人们对复合词的熟悉程度有关。通常来说，使用频率高的复合词，人们的熟悉程度往往也高，会削弱该成员的隐喻属性，对其内部蕴含的隐喻的感知就越不敏感，矛盾性就越不凸显，隐喻属性弱；相反地，使用频率低的复合词，偶尔被使用往往伴随着新鲜感，矛盾性突出，隐喻属性强。因此，一些使用频率低的隐喻性下位范畴成员可能比使用频率高的成员更接近"典型的隐喻性复合词"。

隐喻性下位范畴与常规范畴之间的模糊性来自人们的认知习惯，由于有些下位成员本体喻体之间的相关性大或下位成员的使用频率高，在人们的认知习惯中这些成员的隐喻属性较弱，处于与常规范畴的边缘地带，而事实上，从造词角度来看，这些隐喻属性弱的隐喻范畴成员仍然是明确的隐喻复合词，隐喻复合词的判定不具有模糊性。

（三）隐喻性上位范畴不是家族相似性范畴

黄月华、左双菊指出，大多数的认知语言学文献都认为原型理论与家族相似性原则在范畴化的问题上是一致的，原型范畴就是家族相似性范畴，而事实上，并不是所有的范畴都有原型结构，并指出常规范畴的基本层次范畴是原型范畴，上位范畴是家族相似性范畴。理由在于维特根斯坦提出的家族相似性原则主张范畴可以根据事物彼此间的交叉相似来构成，这意味着其他成员无须与原型有相似之处，而原型范畴理论认为，一个事物能否被归入一个范畴取决于该事物与该范畴的原型具有多大程度的相似性。文中以家具为例说明家族相似性在上位范畴中的表现。家具范畴的属性来自基本范畴成员椅子、桌子、柜子等各自的交叉特征，家族相似性体现在桌子、椅子都有四条腿，椅子、凳子、沙发都有座位，椅子、桌子、柜子都可以用木头、塑料或金属制成等，因此，上位范畴是家族相似性范畴，不是原型范畴。文章还提到 Ungerer 和 Schmid 二人特别强调了共有属性在上位范畴形成中的作用，上位范畴应该具有一个以上的共同属性，共同属性虽少，却是人们创造上位范畴词汇的主要原因，上位范畴产生的原因在于人们在更高层次上对知识进行组织的需要，以便对相关范畴进行更为经济的认知处理[①]。

　　本书赞同黄、左在常规范畴领域对原型范畴与家族相似性范畴所做的区分，但对于隐喻性范畴来说，范畴化的理据与常规范畴有质的不同。隐喻性范畴的基本层次范畴是原型范畴，但上位范畴不是家族相似性范畴，"斗""砖""花"或"冠""额""尾"这些基本范畴成员之间没有彼此交叉的相似性，更没有原型或边缘成员。虽然隐喻性上位范畴不是家族相似性范畴，范畴成员之间没有彼此交叉的相似性，但作为上位范畴得以产生的前提，范畴成员之间有一个共同属性，即凡是表示某个特定特征的概念都归入该上位范畴，凡是不表示某个特定特征的概念都不归入该特定上位范畴，例如，凡是表示特定外形的概念都归入"特形物"范畴，不表示特定外形的概念都不能被归入"特形物"范畴，凡是标记位置的概念都归入"位置标记物"范畴，不标记位置的概念都不能被归入"位置标记物"范畴，等等，被划分为"特形物"或"位置标记物"更接近于经典范畴理论二分法的结果。

小结

　　人类对世界直接的认知形成一系列常规概念，以普通复合词的形式记

---

　　① 黄月华、左双菊：《原型范畴与家族相似性范畴——兼谈原型理论在认知语言学中引发的争议》，《语文研究》2009 年第 3 期。

录下来。为了更加形象地理解和认识客观世界，人类对世界进行隐喻性的认知。当概念的非中心成分发生隐喻，该概念仍然是常规概念，在本书中对应的是前喻式偏正复合词，当概念的中心成分发生隐喻，该概念是隐喻性概念，人们直接以被隐喻的对象代替目的对象并通过添加限定成分的方式使之与被隐喻对象相区分，在本书中对应的是后喻式偏正复合词。

对常规概念的分类形成的是一系列常规范畴，对隐喻性概念的分类形成一系列隐喻性范畴。无论是常规范畴还是隐喻性范畴，范畴中的概念发生隐喻的角度绝大多数是外形角度。在常规范畴中，以外形发生隐喻作为区别特征的事物数量最多，在造词过程中人们更倾向于将外形作为区别特征；在隐喻性范畴中，"特形物"范畴成员的数量最多，隐喻性范畴中的概念绝大多数从外形角度发生隐喻，"特形物"建立在对客观世界形象认知的基础之上。

根据范畴层次理论，各种语言的范畴化过程普遍呈现出一种层级关系，前喻式偏正复合词的范畴化具有分层级的特征，隐喻性范畴内部也和常规范畴一样具有上下位关系，后喻式偏正复合词的喻指词素构成了隐喻性范畴的基本层次范畴。

经典范畴理论的二分法对于前喻式和后喻式偏正复合词的判定都是一种有效的方法，原型范畴理论相对来说更适用于后喻式偏正复合词。后喻式偏正复合词的基本层次范畴及其下位范畴内部有典型成员与边缘成员之分。是否具有相应范畴的突出特征是基本层次范畴典型成员与边缘成员的划分标准；是否与相应上位成员在相应的角度具有高度的相似性是下位层次范畴典型成员与边缘成员的划分标准。特征的突出程度与人们的主观认知有关，概念的相似程度是客观的，因此，前者以调查问卷的形式证实结论的合理性。就后喻式偏正复合词的下位范畴与常规范畴的关系来看，范畴的边缘具有模糊性，这种模糊性来源于部分下位范畴成员的隐喻属性弱，使得人们在认知上容易将其误判为常规范畴成员，这种模糊性是假性的，事实上，隐喻性范畴成员与常规范畴成员的界限是清晰的。

隐喻是范畴扩展的重要机制，有 61.3% 的后喻式偏正复合词喻指词素已经形成了比喻义项，隐喻造词由此得到不断地扩展，保持旺盛的活力。隐喻性范畴成员都具有双重范畴属性，从范畴成员的所指来看，占据着常规范畴的某个位置，从范畴成员的造词过程来看又在某个隐喻性范畴中占据着位置。隐喻性范畴不同于常规范畴，它不是人们头脑中固有的、规约化、普通化的概念，隐喻性范畴成员的相似性来源于人类有意识的造词活动。隐喻性范畴也不同于"洗澡需要的物品"这类临时范畴，成员互相之间不是仅仅因为目标相同而被归入同一范畴，范畴化也不是隐喻理解的前提和起点，而是对众多后喻式复合词在理解过程中形成的规律性认识，隐喻性范畴化是对隐喻理解并整理的产物。

范畴理论在比喻复合词中的应用有助于人们对范畴化形成新的认识。在客观现实中，既有以客观事物所反映的概念为对象的常规范畴化，也有以隐喻性概念为对象的隐喻性范畴化。如果我们把一个复合词看作一个范畴成员，我们就会把该范畴的特征赋予该复合词，并可以对词义做出预测和判断，这些范畴模板使我们能够顺利理解从未见过的比喻复合词；同时，由于这些范畴模板的存在，人们可以造出自己想要的临时复合词，当临时复合词得到社会约定俗成，还有可能进入词汇系统，成为丰富词汇系统的途径之一。对比喻复合词的范畴化是词汇系统范畴化的组成部分。

第六章

商品名称类偏正式比喻复合词研究
——以淘宝网等为例

《现汉》(第7版)所收录的偏正式比喻复合词是本书研究主体,这些比喻复合词已经被纳入现代汉语词汇系统,是现代汉语词汇系统的正式成员。近年来随着商品经济快速发展,各行各业新的商品种类层出不穷,通过调查,笔者发现,人们在为商品命名时以比喻法造词的现象十分普遍,特别是日用百货等小商品,而与传统比喻复合词不同的是,这些作为商品名称的比喻复合词喻体选择的标准发生了移变。这种移变主要出自人们造词意图的改变。在商品经济催生下,人们想要通过商品名称来引导、促进消费的意识更加强烈,与平淡无奇的名称相比,创造一个有吸引力的名称将对提高购买欲起到事半功倍的效果。因此,在利益最大化驱使下,为了使商品看来更有吸引力,造词者对喻体的选择标准由过去与本体的常规相似这种相对单一的标准变得更加复杂,除了要与本体存在常规相似点,还要与本体存在意图相似点,许多商品名称类比喻复合词含有双重相似点。

第一节 商品名称类偏正式比喻复合词的语料来源及分类

如果说词典是现代汉语词汇的收藏室,那么新造词就是一个喧闹的集市,前者是相对静止的、权威的,后者是活跃的、繁杂的。对新造商品名称类偏正式比喻复合词的研究,可以使我们更好地了解在当今时代偏正式比喻复合词的产生及使用情况,以及与词典中的偏正式比喻复合词相比发生了哪些变化。下面详细说明。

一 商品名称类偏正式比喻复合词的语料来源

如今，网络购物已成为商品经济与人们日常生活连接的重要纽带，数据显示，2019年全国网上零售额达10.63万亿元，其中实物商品网上零售额达8.52万亿元，占社会消费品零售总额的比重为20.7%，2020年在疫情影响的背景下，网购的便捷性更加显现，网上零售额达到11.76万亿元，同比增长10.6%。网购的全民化促使新的商品总能第一时间出现在购物网站中，购物网站能够紧跟时代潮流，及时而全面地反映当今各个商业门类的新产品、新现象。

网络购物平台数量众多，如淘宝、京东、拼多多等，作为语料来源的网络购物平台需要具备活跃量大、新生事物多、新词新语密集度高等特点，而淘宝网与这些要求最符合。因此，为了客观全面地考察商品名称类比喻复合词在选择喻体时发生的移变，笔者将目前国内最大的综合购物网站——淘宝网[①]作为语料主要来源，其他购物网站及笔者所在地主要商圈中的语言景观为语料次要来源。将语料的采集范围限定在近十年，特别是近五年内新出现的商品。此外，为了保证研究的一致性，在对商品名称类比喻复合词的研究中我们也选择其中的偏正式复合词作为研究对象。

网络是一个开放的平台，内容庞杂，变化万千，语料的收集只能是非穷尽性的。淘宝网语料的收集主要以筛选各分类模块下的商品名称关键词为主要方式，我们尽可能多地收集每个模块下的偏正式比喻复合词。例如，图6-1是我们在"女装—阔腿裤"模块中搜索到的部分结果，其中的"香蕉裤""荷叶边""奶奶裤""萝卜裤"等关键词都是备选的偏正式比喻复合词。

图6-1 "女装—阔腿裤"模块下部分搜索结果

通过分别搜索这些关键词，我们发现有大量商品以这些关键词命名，说明这些复合词的使用范围广，消费群体接受度高，可以基本确定被收入

---

① https://www.taobao.com/

语料。

淘宝商品名称关键词的内容十分丰富，商家为了提高商品的搜索率和曝光率，往往为商品添加不止一个名称，还将商品相关的特征、功效、类型、适用人群等各种卖点添加其中，这给我们搜集语料的过程增加了一些便利。例如在"小番茄定制 针织束脚裤女秋冬茧型加厚网红奶奶裤宽松休闲哈伦裤"这一名称下，我们可以提炼出"奶奶裤""茧型"两个偏正式比喻复合词。

汽车之家[①]、微博[②]等网站也为我们提供了一部分有针对性的语料。笔者注意到颜色词是近年来增长较快的一类词，其中的比喻复合词尤其丰富，汽车之家作为国内较大的综合性汽车论坛，我们从中收集了大量的汽车颜色词。收集方式主要是以"热门车"和"小型车/其他"两个模块下的144款车的颜色为筛查对象，包括外观颜色和内饰颜色。如图6-2，"热门车-SUV-奥迪Q5L"模块下，汽车的外观和内饰分别有以下颜色：

按外观：　■ 朱鹭白(536张)　　■ 传奇黑(487张)　　■ 探索蓝(391张)　　■ 季风灰(55张)
　　　　　■ 可汗绿(52张)　　其他颜色▼

按内饰：　■ 黑色(1461张)　　■ 黑色/雪松棕(354张)　■ 黑色/红色(105张)　■ 黑色/岩石灰(72张)
　　　　　其他颜色▼

图6-2　汽车之家"热门车-SUV-奥迪Q5L"模块下搜索结果

显然，其中的"朱鹭白""雪松棕""岩石灰"为偏正式比喻复合词，未显示在图片上的"其他颜色"还包括"花剑银""古铜棕""花岗岩灰""玫瑰红（已被词典收录）"等。汽车颜色的命名有其特殊性，与淘宝商品的高普及度不同[③]，汽车颜色的命名一般只面向有购买相应车型意向的群体，使用者的总数少，传播范围有限，其造词理据及内部结构关系也有其独特性，将在下文有详细论述。

为了避免将个别生僻生造词纳入语料，微博作为用户超4亿的大型信息交流发布平台可以起到检验复合词通用性的作用。在微博查询的复合词，如果相关信息较少，则不纳入语料范围。同时，微博与淘宝网也有密切的联系，有大量美食、美妆、汽车、电子、旅行、运动健身、萌宠等各

---
① https://www.autohome.com.cn/
② https://weibo.com/
③ 事实上，淘宝网目前也有不少汽车品牌进驻，在这里我们暂且忽略这一问题，将汽车颜色命名与淘宝普通商品命名分开论述。

行各业的博主或官方媒体活跃在微博平台，他们发布或转发的微博内容通常包含许多相关领域的当下流行元素，宣传与消费总是密不可分，微博中的内容有很大一部分同时也是淘宝网的在售商品或是与在售商品相关的概念。

二　商品名称类偏正式比喻复合词的分类

笔者在淘宝网等购物网站及当地商圈语言景观中共收集商品名称类比喻复合词 686 个，其中，有 340 个是与汽车、服饰等商品相关的颜色词，由于这些颜色词描写的是商品颜色和外观，在销售过程中与商品是一个不可分割的整体，其喻体的移变与商品名称的喻体移变具有一致性，因此也被看作商品名称类比喻复合词。下面分别从语义类别、音节数量、相似点、词素类型等角度对这些比喻复合词进行分类。

（一）按照语义类别分类

根据语料所表示概念的不同范畴，语料可以分为以下几种语义类别：

1. 穿着类，包括服装、鞋、帽子、袜子等，既包括商品名称也包括商品的相关元素，共 58 个。例如：

服装：萝卜裤　铅笔裤　鱼尾裙　A 字裙　羊羔绒　喇叭袖　木耳边　冰丝
鞋：板鞋　鱼嘴鞋　松糕鞋　筒靴　袜靴　人字拖　松糕底　小猫跟　漆皮
帽子：渔夫帽　盆帽　海军帽　报童帽　画家帽
袜子：船袜　渔网袜　毛巾袜　毛巾底

2. 美妆造型类，包括化妆品、发型及相关元素等，共 36 个。例如：

化妆品：乳液　唇釉　唇蜜　眼线笔　洗面奶　粉饼　雾面　漆光
发型：麻花辫　蜈蚣辫　鱼骨辫　波浪卷　麦穗卷　梨花烫　丸子头

3. 人体类，包括人体部位和人体呈现出的形态，共 35 个。例如：

三角肌　半月板　锁骨　足弓　苹果肌　子弹肌　蝴蝶骨　金鱼眼
草莓鼻　国字脸　巴掌脸　水桶腰　筷子腿　人鱼线

4. 运动健身类，包括瑜伽、健身等动作和器械名称，共 10 个。例如：

  山羊挺身 臀桥 平板支撑 划船机 健腹轮 飞碟 瑜伽砖

5. 小商品及箱包类，包括各种小商品和箱包名称，共 36 个。例如：

  耳钉 马蹄扣 鸭嘴夹 鸭嘴杯 回形针 U 型枕 桶珠 气柱袋
  羊脂玉 裸石 调味球 雪花瓷 水桶包 贝壳包 风琴包 信封包

6. 食品类，包括各种水果、点心、食材、小吃等食品，共 96 个。例如：

  冰糖橙 砂糖橘 蛇皮果 牛奶枣 巧克力柿子 荷花酥 雪花酥
  蝴蝶酥 铜锣烧 年轮蛋糕 菠萝包 法棍 金针菇 白玉菇 海瓜子
  梭鱼 面包蟹 麻花 珍珠奶茶 千页豆腐 手枪腿 风琴鱿鱼丝

7. 宠物类，主要指一些人们热衷喂养的宠物，共 20 个。例如：

  布偶猫 虎斑猫 狐狸犬 腊肠犬 蝴蝶犬 贵宾犬 西施兔
  荷兰猪 孔雀鱼 金龙鱼 斑马鱼 罗汉鱼 鹦鹉鱼 虎皮鹦鹉

8. 植物类，主要包括网上售卖的常见植物，共 33 个。例如：

  虎皮兰 空气凤梨 龟背竹 鸭脚木 蝴蝶兰 铜钱草 富贵竹 葫芦竹
  大叶伞 绣球花 吊钟花 孔雀草 蜈蚣草 鼠尾草 雀舌草 球兰 葱兰

9. 家装电器类，包括家具、装修、电器及周边用品，共 22 个。例如：

  U 形沙发 L 形沙发 贵妃椅 条形凳 格子间 活动板房
  平板电脑 机顶盒 滚筒洗衣机 箱式主机 插排 水晶灯

10. 颜色类，主要来自穿着类、美妆造型类相关产品的颜色及汽车外观、内饰颜色，共 340 个。例如：

焦糖色 砖红色 燕麦色 糖果色 马卡龙色 雾霾蓝 奶白色 香芋紫
牛油果绿 铁灰色 牛仔蓝 南瓜色 豆沙紫 樱桃粉 西瓜红 亚麻色
天空蓝 海洋蓝 冰河银 烈焰红 柠檬黄 珊瑚红 胡椒白 金属红
大漠米 子夜黑 纽约灰 晴空银 暮雨灰 格陵兰白 月光石灰 霜灰

商品名称类比喻复合词语义类别的划分方式不同于词典收录的比喻复合词，这是由比喻复合词同类成员数量的多少决定的，只有具有一定数量的同一类别复合词才被单独列为一类。在以上语义类别分类中，颜色类、食品类和穿着类偏正式比喻复合词的数量最多，分别占复合词总数的 49.6%、14.0% 和 8.5%。衣、食、住、行是与人们生活联系最密切的领域，往往也是新生事物最多产生的领域，特别是"衣"和"食"，在淘宝在售商品中占有非常大的比重，因而穿着类和食品类的偏正式比喻复合词数量众多。颜色词的数量众多，一方面是由于笔者在语料收集过程中有意收集了一部分汽车颜色词；另一方面是因为颜色类复合词一般总是依附于某个领域，即便仅从淘宝网来看，颜色词的数量也有 49 个之多，仅次于穿着类和食品类复合词的数量，穿着领域提供了众多的颜色词。

（二）按照音节数量分类

从音节数量来看，绝大多数商品名称类偏正式比喻复合词为三音节词，共 531 个，占所有语料的 77.4%。在三音节复合词中，98% 以上都是"2+1"式，只有"羊蝎子""海瓜子""绢豆腐"等 7 个复合词为"1+2"式，这与其他现代汉语三音节词的音节分布特征相一致。目前来看，"2+1"式复合词最符合新生偏正式比喻复合词造词的需要，在前的双音节词素，无论是合成词素还是复合词素都能够基本满足限定修饰中心成分的需要，同时又不至于使词长过长，增加使用的负担。

双音节词共 66 个，占所有语料的 9.6%。尽管现代汉语词汇整体以双音节复合词为主，但随着社会不断发展进步，新事物源源不断产生，词汇也需要朝着更丰富、更细化的方向发展。作为突出事物形象性的偏正式比喻复合词，仅使用一个音节作为限定修饰成分显得越来越不够，为了使新生事物与已有概念相区分，同时也为了充分表现事物的形象特征，在造词时增加词长是一个自然也是必然的选择。同时，正是由于现阶段词汇系统中双音节词占主导，再造新词时，双音节复合词作为构词成分参与造词的概率更高，因而所造新词往往是三音节及以上音节复合词。因此，在商品名称类偏正式比喻复合词中双音节复合词的数量较少。

四音节词共 61 个，占所有语料的 8.9%。其中，"2+2"式数量最多，占所有四音节复合词的 57.4%，如"睫毛蕾丝""工字背心""虎皮蛋糕"；"3+1"式绝大多数是颜色词，数量次之，如"牛油果绿""巧克力棕""塞纳河灰""撒哈拉棕""喀纳斯绿"，语料中未发现"1+3"式复合词。"2+2"式复合词由两个双音节词素组合而成，这是现代汉语双音节词占多数并在参与构词时转变为双音节词素所带来的结果。

四音节以上复合词共 28 个，占所有语料的 4.1%。"3+2"式，如"飞行员夹克""巧克力柿子"；"2+3"式，如"信封气泡袋""滚筒洗衣机"；"3+3"式，如"燕尾式滑雪板""背心式塑料袋"；"4+1"式由多音节的音译词素构成，如"圣托里尼黑""科罗拉多金"，或者由多种意象堆砌的多音节复合词素构成，如"岱岳岩峰黑""琼珠琉璃白"。

(三) 按照相似点分类

根据喻指词素的不同位置，语料范围内共有 632 个前喻式偏正复合词，54 个后喻式偏正复合词，前喻式偏正复合词占绝大多数。这是由于新生事物的出现往往是同类事物中下位成员的增加，在已有语义类别的基础上通过增加一定的限定成分就可以实现对新生概念的表达，发生比喻的往往是限定成分。这不仅是新生偏正式比喻复合词的现状，也是其他类别新生复合词的现状。新生事物虽然在不断产生，但多数是在现有语义类别的基础上增加的下位成员，复合词的中心成分往往取自已有的语义类别，复合词的限定成分才是命名的重点。例如，淘宝的包类成员有很多，有双肩包、单肩包、斜挎包、腰包、帆布包、真皮包、手拿包、手提包、零钱包、手机包、商务包、休闲包等，而它们的命名规律都是"××包"，中心词素是一致的，都是包范畴的下位成员。

从相似点的选择来看，由于在语料收集过程中我们专门进行了颜色词的收集，因此，颜色相似点复合词的数量最多，除颜色词外，经统计，无论是前喻式偏正复合词还是后喻式偏正复合词，以外形为相似点的复合词数量最多，共 296 个，占所有语料的 43.1%，这与《现汉》中偏正式比喻复合词相似点的情况相一致。

在前喻式偏正复合词中，除颜色和外形相似点复合词之外，还有一些以性质为相似点的复合词，共 24 个，例如：

砂糖橘 帝王蟹 西施兔 绢豆腐 娃娃菜 冰丝 冰糖橙

此外，还有个别以"动作"（"划船机""山羊挺身"）、"颜色+性质"（"板栗红薯""冰淇淋红薯""牛奶枣""红丝绒蛋糕"）、"外形+颜色"（"乳液""鸡蛋花"）、"外形+性质"（"牛肝菌"）为相似点的复合词。

后喻式偏正复合词的总数很少，除去外形相似点复合词外，只有个别以功能（"口红雨衣"）、颜色（"洗面奶"）、性质（"素鸡"）、"颜色+性质"（"眼霜""面霜""晚霜"）为相似点的复合词。

（四）按照词素类型分类

根据构词词素的不同类型，商品名称类偏正式比喻复合词共有下面几种类别：

1. 合成词素+单纯词素

这类复合词共 285 个，占所有偏正式比喻复合词的 41.5%，是数量最多的一种词素搭配类型。在现代汉语词汇系统中合成词的数量最多，在为新概念命名时以现有的合成词作合成词素参与造词是自然的选择。例如：

铅笔裤 香蕉裤 灯笼袖 海军帽 玉米烫 焦糖色 人鱼线
冰糖橙 鸡蛋芒 舌头鱼 水晶饺 天空蓝 雪山白 辣椒红

2. 复合词素+单纯词素

共 206 个，占所有偏正式比喻复合词的 30.0%，数量排名第二位。随着新生概念数量不断增加，与已有概念的区别度也在不断缩小，现有的单纯词素不足以表明区别特征，即使是合成词素的参与也不足以完成概念间更细致的划分，相似概念之间的区分越加困难，这时造词者便采取临时组合短语或直接借用现有短语的方式，将其作为复合词素参与造词，这是明确区别不同概念的必然选择。复合词素与合成词素的造词理念一脉相承，都是通过增加词长来提高表达能力，同时，复合词素又是在合成词素造词基础上的突破性造词方式，造词形式更加自由，组合方式更加多样，复合词素的参与大大提高了现代汉语的造词能力和表达水平。例如：

妆前乳 洗面奶 回形针 冰裂纹 机顶盒 鸡油黄 健腹轮
川字纹 大饼脸 金龙鱼 狗头枣 兔耳草 烈焰红 海沙蓝

3. 单纯词素+单纯词素

共 143 个，占所有偏正式比喻复合词的 20.8%，数量排名第三位。这是对传统造词方式的延续，当单纯词素组合足以表达相应概念时，这种搭配便是最经济的造词方式，特别是双音节复合词，如：

脐橙 蛇果 乳液 粉饼 蜂腰 刀豆 法棍 枣肠 素鸡 球兰

此外，大概由于受到多音节造词整体趋势的影响，即便是单纯词素的组合也有不少三音节及以上复合词。三音节复合词往往是因为选择了双声或叠韵单纯词素作喻指词素，如：

蜈蚣辫 蝴蝶骨 琵琶腿 葫芦竹 柠檬精 珊瑚红

还有一些三音节及以上复合词是因为在造词时选择了音译单纯词素，音译词素的使用来源于现代汉语音译词的大量增加。随着互联网的兴起，语言间的相互渗透成为普遍现象，外来音译词的使用频率和使用范围都呈上升趋势，它们已然成为现代汉语词汇系统中的组成部分，人们在造词时为了追求新鲜感、现代感或某种异域风情的美感，常常会选择音译词素造词，这种现象在汽车颜色造词中尤为突出，例如：

加勒比蓝 勃艮第红 撒哈拉棕 曼哈顿灰 富士白 拿铁棕 巴黎红

还有一些音译词素是早就存在于汉语词汇系统中，只是最近才被用来参与比喻造词，如"释迦果""罗汉鱼""香槟棕""巧克力棕""琥珀金""琉璃棕"。

4. 单纯词素/复合词素/合成词素+合成词素

绝大多数商品名称类偏正式比喻复合词为前喻式复合词，其中心成分往往为单纯词素，也有一部分中心词素由合成词素或复合词素充当。中心成分决定复合词的语义类别，而语义类别往往需要由相对固定的名称来标记，因此，在新生偏正式复合词中，合成词素充当中心词素的数量大大多于复合词素，共47个，占所有偏正式比喻复合词的6.9%。限定成分可以由单纯词素充当，例如：

　　海瓜子 裸蛋糕 羊蝎子 旱莲花

也可以由复合词素充当，例如：

　　工字背心 厢式货车 箱式主机 平板支撑 平板电脑

还可以由合成词素充当，例如：

　　牛奶草莓 板栗红薯 年轮蛋糕 手指饼干 韭菜合子

5. 单纯词素/复合词素/合成词素+复合词素

以复合词素作中心词素只有"信封气泡袋""气泡信封袋"等少数几个偏正式比喻复合词。

第二节　商品名称类偏正式比喻复合词的特点

　　商品名称类偏正式比喻复合词有一部分是在网络产生前就存在于人们日常交际中，比如一些地方传统小吃"牛舌饼""荷花酥""梅花糕""麻叶"，一些植物名称"虎皮兰""龟背竹""燕子树"，但从所收集语料的整体来看，其中的绝大多数都是近些年新出现的，这部分新生偏正式比喻复合词是我们研究商品名称类复合词特点的主要对象。它们从命名的对象和喻体的选择、词素间的语义关系、分布特征、产生及传播的方式等多个方面都表现出不同于以往传统比喻复合词的新特征，通过对商品名称类偏正式比喻复合词特征的研究可以使我们更加了解比喻复合词在当今时代的现状，并对比喻复合词未来的发展去向做出预测。下面就分别展开论述。

一 命名对象和喻体种类丰富

商品名称类偏正式比喻复合词所命名对象的种类在传统命名对象的基础上变得更加丰富。一方面，随着经济的发展、社会的进步以及国际交流的增多，各类新生事物不断产生和引入，大到汽车、家电，小到饰品、糕点，已有类别成员不断丰富，新的类别也在不断产生，这些新生事物都可以是偏正式比喻复合词命名的对象；另一方面，随着人们生活水平的提高，同时也是商家出于促进消费的目的，许多我们过去没有注意过的已有的事物也有了相应的新名称，人们开始关注过去没有注意过的细节。以人体为例，一方面，商家为了推销相应的产品；另一方面，人们开始更加关注自己的身体，一些人体部位如今有了新的名称，身体外形的宽窄粗细等特征也有了更细致的分类。就新生偏正式比喻复合词来说，人体身材相关的概念有"梨形身材""大象腿""筷子腿""人鱼线""马甲线""蝴蝶臂""蜂腰""水桶腰"，面部相关的概念有"川字纹""法令纹""草莓鼻""樱桃嘴""蒜头鼻""苹果肌""金鱼眼""卧蚕""锥子脸"，等等。经济基础决定上层建筑，语言能够折射现实，对人体的细致分类反映了当今时代人们生活水平的提高和人们对生活品质的追求。

新生偏正式比喻复合词的喻体种类也更加丰富，与传统偏正式比喻复合词的喻体相比最显著的差别在于表示喻体的喻指词素由单纯词素为主转变为合成词素和复合词素为主。传统偏正式比喻复合词的喻指词素72.4%为单纯词素，14.1%为合成词素，13.5%为复合词素，而新生偏正式比喻复合词的喻指词素66.9%为合成词素和复合词素，单纯词素只占33.1%。这说明新生偏正式比喻复合词对于喻体的选择更加细致精确，相应地复合词也更加富于形象性和表现力。例如，在新生偏正式比喻复合词中，帽子的种类有：

渔夫帽 海军帽 画家帽 报童帽 水桶帽

鞋子的种类有：

渔夫鞋 松糕鞋 帆船鞋 饼干鞋 面包鞋 鱼嘴鞋 老爹鞋 豆豆鞋

造成这种差异的原因主要有两个方面。一方面，现代汉语词汇以双音节合成词为主，很多时候已经无法满足限定修饰现有概念的需要，因此，在为新生事物命名时，以现有的内容丰富的合成词作为合成词素表示喻体是顺应现实的做法，而当没有恰当的合成词素来表示相应喻体时，通过临时组成复合词素的方式表示喻体也是为新生事物命名的行之有效的解决办法。特别是手机、电脑等输入方式的变革降低了人们对复合词音节长度的敏感度，这一技术上的辅助也使得三音节及以上复合词的数量逐渐增加。另一方面，网络时代参与造词的主体十分丰富，人们的思维活跃，想象力丰富，文化水平不一，普遍对语言规则的服从意识淡薄，对喻体选择的自由度高，一个单纯词素充当喻体已经无法满足人们表达创意的需求，比如一些新生流行元素"饼干鞋""小猫根""梨花烫""蝎子辫"，新生颜色词"奶奶灰""豆沙紫""星际蓝"，如果没有相应的图片或释义人们很难完全理解复合词所对应的概念。与此同时，新生事物的不断产生又源源不断为人们造词提供了新的素材、新的喻体。

此外，新生偏正式比喻复合词喻体种类的丰富还表现在喻体选择的跨文化特征，主要是在新生偏正式比喻复合词中有一批音译喻指词素和字母喻指词素参与造词。例如：

冰淇淋红薯 巧克力柿子 泰迪绒 罗马杆 加勒比蓝 阿尔卑斯白 巴黎红

A 字裙 U 型枕 U 型沙发 L 型沙发 O 型腿 T 区

传统偏正式比喻复合词中也有类似的以文字外形作为喻体参与造词的方式，如"丁字尺""丁字街""丁坝""工字钢"，新生偏正式比喻复合词中也有"工字背心""一字领""川字纹"等类似复合词。

二 词素间的语义关系具有多样性

新生偏正式比喻复合词的造词主体众多，造词的自由度高，与传统偏正式比喻复合词相比，词素间的语义关系更加多样化，其整体分类与第三章第二节中的"词素间的基本语义关系"基本一致，但每个类别下，词素间的语义关系又有更细致的差别。以前喻式偏正复合词的"外形特征+名物"语义关系为例。

1. 限定成分与中心成分整体外形相似。例如：

烟管裤 铅笔裤 A 字裙 水桶包 荷花酥 蝴蝶酥 鸡毛菜

如第一章第二节本体喻体的辨析所述，绝大多数前喻式偏正复合词的限定成分与中心成分都是整体相似的关系。新生偏正式比喻复合词也遵循这一规律，大多数新生偏正式比喻复合词的喻指词素以其整体的外形特征限定修饰直指词素，限定成分与中心成分是整体相似关系，共158个，占所有"外形特征+名物"类复合词的63.5%。如"烟管"和受"烟管"限定的中心成分"××裤"之间的外形整体相似，"铅笔裤"和受"铅笔"限定的中心成分"××裤"之间的外形整体相似。

2. 限定成分的一部分与中心成分相似。例如：

蝙蝠袖 小猫根 玉米烫 泰迪发圈 蝴蝶臂 蝴蝶骨
羊羔绒 泰迪绒 豹纹 金鱼眼 天鹅颈 大象腿 娃娃脸

与第一章第二节中的"骆驼绒"一类情况相似，新生偏正式比喻复合词中也有类似的复合词，喻指词素与直指词素的外形特征不是整体的相似，而是喻指词素一部分的外形特征与直指词素相似，共19个。根据本体喻体是否属于同一语义类别可以将其分为两类：一类如"蝙蝠袖""小猫根""玉米烫"，"蝙蝠袖"是指这种袖子与"蝙蝠的翅膀"的外形相似，"小猫根"是指这种鞋跟与"小猫的小腿和爪子"的外形相似，"玉米烫"是指这种发型与"玉米的花穗"的外形相似，本体喻体不属于同一语义类别；一类如"羊羔绒""泰迪绒""豹纹""金鱼眼"，"羊羔绒""泰迪绒"是指这种绒与"羊羔的绒毛""泰迪的绒毛"外形相似，"豹纹"是指这种花纹与"豹子的花纹"外形相似，"金鱼眼"是指这种眼睛与"金鱼的眼睛"外形相似，本体喻体属于同一语义类别。

3. 限定成分与中心成分的一部分相似。例如：

人字拖 龟背竹 雪花酥 脐橙 拳头菜 鸭嘴杯 蛇皮果 虎皮兰

新生偏正式比喻复合词中也有类似"眼镜蛇""梅花鹿"一类的复合

词，喻指词素与直指词素的外形特征不是整体的相似，而是喻指词素与直指词素的一部分外形特征相似。复合词的中心成分表示本体，但真正参与比喻的本体只是中心成分的一部分。例如，在"人字拖"中比喻的喻体是"人字"，本体由表示拖鞋的"拖"表示，真正的本体是"拖鞋的鞋面上人字形、起固定脚作用的材料"，两者外形相似。

在这一类新生复合词中，有一部分复合词素作限定词素的复合词，其词素间的语义关系更加复杂。问题主要集中在发生比喻的成分的判定，主要指"虎斑猫""鸭嘴杯""蛇皮果""牛头梗""虎皮凤爪"这一类复合词。以"虎斑猫"为例，由于"虎"和"猫"都存在［+斑］这一义素，因此，复合词素"虎斑"既可以整体发生比喻，以"虎斑"作喻体，也可以部分发生比喻，"虎"作喻体，"斑"作本体，指"像老虎的斑纹那样的斑纹"。如果是前一种情况，"虎斑猫"与"眼镜蛇""梅花鹿"一类相似，是限定成分"虎斑"与中心成分"猫"的一部分——猫的花纹之间的相似；如果是后一种情况，则是"虎斑"内部发生比喻，"猫"没有直接参与比喻，"虎斑"对"猫"是一种普通限定关系，"虎斑猫"指"有像老虎斑纹那样斑纹的猫"。"鸭脚木""狗尾巴花""冰皮月饼"也是情况类似的复合词，但我们却能明确判定"鸭脚""狗尾巴"是整体作喻体，而"冰皮"是"冰"作喻体，"皮"作本体，这是由于，在"木"的义素中包含［-脚］，"鸭"的义素中包含［+脚］；"花"的义素中包含［-尾巴］，"狗"的义素中包含［+尾巴］；"月饼"的义素中包含［+皮］，而"冰"的义素中包含［-皮］，因此不会产生像"虎斑猫"这类歧义。

限定成分与中心成分之间的相似关系还可以是限定成分的一部分与中心成分的一部分之间的相似，主要指"斑马鱼""罗汉鱼""毛巾袜"这一类复合词，数量不多。"斑马鱼"的喻体和本体分别由限定成分和中心成分来表示，喻体和本体之间真正的相似关系分别是限定成分的一部分"斑马的条纹"和中心成分的一部分"鱼的条纹"之间的相似。这类复合词容易被看作第一类"限定成分和中心成分整体外形相似"的复合词，实际不然，斑马与斑马鱼的整体外形并不相似，二者的相似点仅在于条纹外形的相似。

4. 限定成分的相关物与中心成分整体外形相似。例如：

仙女裙 娃娃领 海军领 海军帽 渔夫帽 报童帽 画家帽 渔夫鞋

飞行员夹克

这类复合词的喻体由作限定成分的喻指词素表示，但喻指词素所表示的概念不是真正的喻体，真正的喻体是与喻指词素所表示概念相关的事物。喻指词素所表示的概念通常是人所从事的某种职业或身份，真正的喻体是这些有某种职业或身份的人所领有的事物，通常是与职业或身份相关的事物。词素间的语义关系为限定成分的相关物与中心成分整体相似。例如，"海军领"的喻体是海军领有的且与海军职业相关的事物——一种海军服的领子，这是"海军"的相关物与表示本体的中心成分"领"整体相似；"渔夫帽"的喻体是渔夫领有的且与渔夫职业相关的事物——渔夫经常戴的一种帽子，这是"渔夫"的相关物与表示本体的中心成分"帽"整体相似；"仙女裙"的喻体是仙女领有的且与仙女身份相关的事物，但仙女并不存在，也没有人见过仙女穿的裙子，"仙女裙"的喻体实际是一种人们想象出来并表现在绘画、影视作品中仙女所穿的裙子，"仙女"的相关物与表示本体的中心成分"裙"整体相似。

三 在不同语义类别中的数量分布具有不均衡性

淘宝网首页左侧的"主题市场"是为了方便消费者浏览目标类别而专门划分出的板块，共分 16 个大类，每个大类里又包含 3 个小类，共 48 个小类，有"女装/男装/内衣""鞋靴/箱包/配件""童装玩具/孕产/用品""家电/数码/手机""美妆/洗护/保健品"等，基本是按照商品的语义类别来划分的。

综观"主题市场"，与本书语义类别的划分并不完全重合，其中的很多小类并没有出现在我们划分的语义类别中，如"孕产""保健品""手表""乐器""影视"等，并不是每个小类中都有新生偏正式比喻复合词的存在，至少不是大规模地存在①。即使在本书语料范围内，不同语义类别的新生偏正式比喻复合词的数量也有很大差异，这说明新生偏正式比喻复合词的分布在不同语义类别中具有不均衡性。主要表现在：

1. 穿着类和食品类新生偏正式比喻复合词数量最多

除了我们在"汽车之家"收集的不同型号汽车的颜色词之外，在淘

---

① 这一结论是笔者在耗费一定量的时间和精力对上述每个小类都进行了考察后得出的，但本书语料的收集不是穷尽性的，对语料的分析还有不完善之处，还请读者指正。

宝网，穿着类和食品类新生偏正式比喻复合词的数量最多，分别是58个和96个，占所有语料的8.5%和22.4%。

首先，这与淘宝网穿着类和食品类商品的种类多有关。衣、食、住、行是与人们生活最密切的门类，特别是"衣"和"食"总是需要不断推陈出新来满足人们的新鲜感和对生活品质的追求，穿着类和食品类商品是人们淘汰更新速度最快的商品种类之一。因此，穿着类、食品类相关产业从业人员数量多，进而新产品更新速度快、种类多，最终在淘宝网售卖相关产品的门店多、种类也丰富。其他新生偏正式比喻复合词数量较少甚至语料中未有收录的语义类别，也与其在淘宝网中商品种类的总量少或者产品更新换代速度慢有关，如乐器类、手表类商品的更新速度相对比较慢。

其次，这与造词者对商品形象性的追求有关。总体来看，淘宝网中的穿着类和食品类商品消耗量大、更新换代快，价格相对不高，以制造心理和生理愉悦感为主要目的，相对于汽车、电子产品、家电等高价格、需要更注重实用性的商品来说，人们在购买穿着类和食品类商品时对价格的敏感度相对更低，理性意识也相对更薄弱，人们的购买欲更多取决于产品的外形、颜色、味道等表象特征，而这些表象特征更容易被商品名称所暗示和引导。因此，造词者更倾向于用形象生动的比喻方式命名来达到吸引消费者的目的。造词的严肃性被削弱了，新词能否准确表义有时候也不是那么重要了。

再次，就穿着类和食品类商品本身来说也较适合用比喻方式命名。穿着类、食品类等商品的外形风格多样，颜色丰富多彩，味道也各有特色，适合用偏正式比喻复合词来表示。

2. 女性相关新生偏正式比喻复合词的数量比男性更多

从淘宝网消费群体的性别比例来看，女性消费群体数量占比更大，特别是在一些特定领域，专门针对女性的商品及关键词种类大大多于男性，相应的新生偏正式比喻复合词数量也更多。穿着类、美妆类、人体类的绝大多数新生偏正式比喻复合词是与女性适用商品相关的，例如：

鱼尾裙 伞裙 鱼嘴鞋 海军领 小猫跟 水晶跟 荷叶边 木耳边 娃娃领

麻花辫 蜈蚣辫 梨花烫 公主头 丸子头 粉饼 唇釉 唇蜜 眼线

笔 美妆蛋

　　草莓鼻 蝴蝶臂 苹果肌 蝴蝶骨 天鹅颈 樱桃嘴 蜜桃臀 梨形身材 大象腿

　　这一方面是由于与男性相关的商品式样种类整体少于女性，另一方面也与男性商品相对较少使用比喻复合词命名有关，男性对于形象生动的比喻复合词的需求没有女性那么高，似乎更关注商品的实际式样和功用，对有吸引力的名称不那么敏感。

　　还有一些复合词虽然也在一些男性商品关键词中出现，但整体使用频率大大低于在女性商品中出现的频率，如"铅笔裤""烟管裤""灯笼袖""筷子腿""蜂腰"，这些新生复合词虽然没有明确规定适用性别，但随着人们使用习惯的固定化，逐渐出现性别倾向，商家再为相应商品命名时将会有意识地进行区分。

四　喻体的选择具有倾向性

　　喻体选择的倾向性主要表现为人们在为不同语义类别事物命名时，对喻体语义类别的选择有特定的倾向性。比较有代表性的是为食品类和颜色类概念命名时喻体的选择。

　　1. 食品类

　　食品类喻体的选择仍以食品为主，例如：

　　　　冰糖橙 果冻橙 砂糖橘 面包蟹 板栗红薯 鸡蛋芒 牛奶枣 樱桃萝卜 牛油果

　　选择美味的食品作为喻体将会促使人们对喻体与命名对象之间进行口味、外形等相关特征的联想，丰富了人们对命名对象的感受，也将更容易激发起人们的食欲及购买欲。同时，以同类事物进行比拟相互间也有更多的相似性。

　　食品类概念还常常以自然界的动植物、自然现象等作喻体，例如：

　　　　荷花酥 蝴蝶酥 梅花糕 雪花酥 水晶饼 雪莲果 彩虹蛋糕 珍珠奶茶

一方面，自然事物具有天然的美感，能够引起人们对美的联想；另一方面，自然事物的外形特征丰富多样，更能够满足对各种食物复杂外形的限定修饰。

2. 颜色类

颜色类概念在淘宝网中通常总是依附于某类商品而存在，根据商品语义类别的不同，颜色类概念喻体的选择也有一定倾向性。

为女性相关事物的颜色命名，主要是服饰类、美妆类产品，常常以甜品、水果、花朵等作喻体，如：

  巧克力棕 焦糖色 糖果色 燕麦色 香芋紫 牛油果绿 抹茶绿 马卡龙色
  奶茶色 樱桃粉 西瓜红 栗子色 番茄红 南瓜色 玫瑰金 樱花粉 山茶花色

用作喻体的概念通常在外形上招人喜爱，颜色上有一定独特性，带有女性可爱、甜美的特质，以这类事物作喻体为女性产品造词，通常会更加吸引女性的目光。

同样是颜色类新造词，在为手机、汽车等产品的颜色造词时，造词者选择的却是风格截然不同的喻体。例如：

  手机：星河银 月夜黑 罗兰紫 碳纤黑 电光紫 琉璃绿 烟波蓝
  汽车：冰河银 星空蓝 大漠米 烈焰红 碳晶灰 星河银 罗兰紫 英伦绿 格陵兰白 皇家蓝 加勒比蓝 贝加尔湖蓝 塞纳河灰

手机、汽车的外观材质与服饰、美妆的材质完全不同，手机外壳通常以金属或仿金属外观材质制成，汽车则基本是金属外壳，为这类材质的颜色命名，喻体通常以豪放、硬朗的自然事物为主，如星河、冰河、星空、大漠、烈焰、电光、碳晶等。

为颜色概念造词，本体与喻体在理性意义上的相似性被放在次要的位置，喻体所隐含的联想意义才是影响造词者喻体选择的决定性因素。从理性意义来看，或许汽车的"格陵兰白"与服饰类的"奶白色"或传统的"雪白"并没有太大的差别，但从联想意义来看，"格陵兰"广袤、原始、纯粹的自然风光,"牛奶"温润柔和的气质,"雪"的纯洁无瑕,这三者所带给人的联想是完全不同的,是这种联想意义决定了喻体的选择。关于联想义对喻体选择的影响在第三节有更加详细的论述。

对于商品名称类新造词来说,不论造词者对喻体选择的倾向性如何,其根本目的都是为了吸引消费者的目光以促进相应商品的销售。

五 产生及传播具有时效性

商品名称类偏正式比喻复合词的产生具有时效性,主要表现在新生复合词产生的速度快,通常随着某个流行趋势的出现而快速产生。例如,近段时间时尚圈开始掀起一股复古风潮,一种过去老年人常穿的老式直筒裤出现了,很快就被称为"奶奶裤",随后带有复古元素的皮鞋被称为"奶奶鞋",一种像奶奶发色的灰白颜色又被称为"奶奶灰",等等。新词产生的时效性的根本原因在于新商品的产生具有时效性,新商品产生的速度快、种类多,相应地,为新商品命名同样需要速度快才能够满足人们交际的需要。新词产生的时效性的直接原因在于命名的大众参与性,在自媒体时代每个人都可能成为新事物名称的创造者,为了彰显个性也为了交流的便利,人们参与命名的积极性普遍很高,这直接促成了新词新语在网络上的快速传播。偏正式比喻复合词作为新词的一部分也被快速创造出来。

商品名称类偏正式比喻复合词的传播具有时效性。首先体现在传播的速度快,范围广。截至 2019 年 6 月,中国网民规模达 8.54 亿[①],借助网络的力量,一个新出现的偏正式比喻复合词可以在极短时间内出现在大规模人群的视野中。新词传播的这一现状,积极作用是为人们的交际提供了源源不断的新素材,新商品得到及时命名,促进了新生事物的快速传播;消极作用是,由于网民的文化水平参差不齐,立场不一,一个新名称往往在命名质量无法得到保证的情况下就被迅速传播出去。例如,有些产品的生产销售者可能出于经济利益考虑,命名有夸大功效或误导消费者的倾向,如近年新出现的水果"人参果""雪莲果",无论是功效还是口感、外形都与"人参""雪莲"或《西游记》中的"人参果"没有什么相似之处;还有些命名含有歧义,表义不够清晰,如前段时间微博上的一则新闻提到,在山西侯马出现了"冰蝴蝶"奇观,指的是入冬后,在一定自

---

① 数据来源:中国互联网络信息中心第 44 次《中国互联网络发展状况统计报告》(http://www.cnnic.net.cn/hlwfzyj/hlwxzbg/hlwtjbg/201908/t20190830_70800.htm)。

然条件下枯草上结出的像"蝴蝶"一样的冰片。但由于"冰蝴蝶"这种现象只在山西一些地区出现，人们对其认识不足，再加上"冰蝴蝶"这个名称容易引起歧义，有不少人在微博评论中表示自己没有明白"冰蝴蝶"的含义，以为是真的蝴蝶。

笔者认为这种自然现象称为"蝶状冰"或"冰片蝴蝶""蝴蝶冰片"表义会更清晰，但可能也失去了"冰蝴蝶"所独有的美感。此外，当不同造词者从不同角度为同一个事物命名，借助网络的快速传播可能会使有些事物有不止一个名称，例如"面包蟹"也叫"黄金蟹""珍宝蟹"，这是分别从外形、颜色、性质角度命名的结果，可能造成在一段时间内不同名称的混用，影响交际。

商品名称类偏正式比喻复合词的传播具有时效性还体现在复合词更替的速度快，特别是一些随着潮流产生的新事物名称。新生事物有产生就有消亡，随着流行趋势的更迭，相关的比喻复合词也将随之淡出人们的生活，例如"海军帽""喇叭裤""松糕鞋""玉米烫"等比喻复合词随着相关商品的减少也很少再被使用。此外，对于一些质量不高的新生比喻复合词将随着人民群众的检验被历史自然淘汰，被更适合的新名称所取代。

第三节 喻体选择标准的移变：需满足造词者心目中的意图相似点

通过上文我们认识到，商品名称类比喻复合词从多个方面不同于传统比喻复合词，然而，两者最显著的不同在于商品名称类比喻复合词的喻体选择标准发生了移变。具体来说，在选择一个喻体时，首先需要喻体与本体在某些特征上具有相似性，即本体喻体之间包含常规相似点；其次，作为商品名称，一个理想的喻体还需要起到美化本体的作用，即喻体需要具备超越本体的某些特征，从而实现吸引消费者、提高销量的造词意图。

为了进一步说明这些超越本体的优秀特征是如何与本体产生联系并影响人们的购物行为的，我们需要引入意图相似点概念。意图相似点是造词者意图使本体喻体存在的相似点，不是本体喻体实际存在的常规相似，喻体通过限定本体的方式与本体产生某种联系，使本体似乎也具备了喻体的优越特征，我们将其称作意图相似点。有大量商品名称类比喻复合词的本体喻体之间既包含常规相似点又包含意图相似点，即具有双重相似点。

相似点来自于本体喻体意义的相似，因此，在讨论双重相似点之前需要先对本体喻体的意义进行分解，明确联想意义、联想行为、概念意义等几个概念。

一 联想意义与联想行为

人们很早就意识到联想思维与隐喻之间的联系。亚里士多德的隐喻"替换论"认为：隐喻是一个词替代另一个词来表达同一意义的语言手段。在此基础上发展出隐喻的"比较论"，认为隐喻是运用相似联想对不同领域的事物加以比较，借用一个领域事物的词汇说明另一个领域的事物，由此提出了联想机制与隐喻生成机制的内在联系。索绪尔（Saussure）也提出了语言联想层面的概念，认为"在话语之外，彼此之间具有某种共同性的要素在记忆中联想起来，形成各种关系支配的集合"。20世纪，以理查德（Richards）和布莱克（Black）为代表的语义互动隐喻学派（Interactionists）非常重视心理联想功能，认为人的联想思维引起两个不同语义域之间的互动，是隐喻生成机制的主要动因[1]。其中，与本节讨论内容相关的联想包括联想意义和联想行为两个方面。

（一）联想意义

杰弗里·N.利奇（Geoffrey Leech）在《语义学》中将最广义的"意义"划分为七种不同的类型，即理性意义、内涵意义、社会意义、情感意义、反映意义、搭配意义和主题意义[2]。理性意义是关于逻辑、认知或外延内容的意义，是能够将一个概念与其他概念相区别的意义；内涵意义是客观事物所有本质属性的总和，内涵意义总是随着文化、历史时期和个人经历的不同而变化，不是语言所特有的，形象艺术、音乐、电影等其他交际体系也有其内涵；社会意义是语言所表示的关于这段语言的社会环境的意义，现代汉语色彩意义中的时代色彩、外来色彩、地方色彩、语体色彩等都对应社会意义；情感意义与汉语中的感情色彩基本上是一个概念，是语言表达感情和态度的那部分意义，是一个依附性范畴；反映意义是通过对同一词语的另一个意义的联想所反映出的一种意义；搭配意义比较复杂，是由一个词从它相结合的其他词的意义中所获得的各种联想构成的；

---

[1] 参见杨秀杰《隐喻及其分类新论》，《外语学刊》2005年第3期。
[2] ［英］杰弗里·N.利奇：《语义学》，李瑞华等译，上海外语教育出版社1987年版，第13—33页。

主题意义主要是依照次序、中心、强调组织信息时所表达的一种意义，是句法范畴中产生的一种意义。

利奇又把以上七种意义分成三类：理性意义、联想意义、主题意义[①]。将内涵意义、社会意义等五种意义统一称作联想意义是因为这几种意义的共同特征是内容的可变性。联想意义因人、因时、因地而异，除部分内涵意义之外，都是附加在理性意义之上通过联想活动得到的意义，而复合词本体喻体之间的相似点也是人们通过联想思维建立起来的，因此，我们采纳利奇的划分方式，将与词义系统中的色彩意义相当的那部分意义统称为联想意义。

(二) 联想行为

联想行为是人脑中固有的思维能力和思维方式，每个人都有进行联想行为的能力和进行联想思维的下意识习惯。联想行为既可以组织成概念并外化为语言，也可以是非语言层面的意识形态。

偏正式比喻复合词的成立离不开联想行为。本体喻体之间客观存在的相似点是联想行为发生的前提，造词者通过联想行为发现本体喻体之间的相似点，进而组成比喻复合词，没有相似点的两个事物之间很难发生这样的联想行为。

无论是造词的过程还是解词的过程都离不开联想行为的作用。造词者通过联想发现某个概念与命名对象之间具有某种相似性，继而以这一概念作为喻体创造新词；解词者通过联想发现喻体与命名对象之间的相似性，从而实现词义的理解。例如，"盆帽"的外形与盆的外形相似，造词者在为"盆帽"这一概念命名时，通过视觉联想发现了"盆帽"与盆之间外形的相似，并以"盆"为喻体参与造词；解词者在看见"盆帽"这个词时，首先判断其为比喻复合词，继而展开联想寻求"盆"与"盆帽"之间的相似点，通过视觉联想判断两者在外形上存在相似，从而实现对词义的理解。又如，"牛油果"的味道和口感与牛油相似，造词者在为"牛油果"命名时，通过味觉联想发现了"牛油果"与牛油之间这一性质的相似，便以"牛油"为喻体参与造词；解词者在看见"牛油果"这个词时，通过展开"牛油"与"牛油果"的联想，排除了两者在外形上的相似，最终确定两者是味道这一性质的相似，从而实现复合词的理解。

[①] [英] 杰弗里·N. 利奇：《语义学》，李瑞华等译，上海外语教育出版社1987年版，第25页。

二 概念意义

现代汉语的词义内容与利奇的划分不尽相同,"概括地说,词义包括着词的词汇意义、语法意义和色彩意义三个部分"①,一般利用概念分析法,将词汇意义划分为外延和内涵两部分,利奇的"理性意义"主要对应其外延部分,内涵部分则包含于利奇的"内涵意义"中。因此,现代汉语的词汇意义主要包括"理性意义"及一部分"内涵意义",而色彩意义则分散于利奇的"内涵意义""社会意义""情感意义""反映意义""搭配意义"之中。

词汇意义只针对词义来说,偏正式比喻复合词的喻体和本体(或命名对象)作为概念也具有在内涵上与词汇意义和色彩意义相当的意义,但它们的意义不总是表现为词义,还可能是短语的意义,因此,不宜使用"词汇意义"称代除语法意义、色彩意义之外的本体喻体的意义。利奇在《语义学》中提出的理性意义主要对应词汇意义的外延部分,与词汇意义并不完全对应。因此,"词汇意义"或"理性意义"都不足以称代涉及本体喻体"是什么"的那部分意义,我们将本体喻体"是什么"的那部分意义称作概念意义。

三 常规相似点与意图相似点

联想意义来源于联想行为,没有联想行为就没有联想意义,联想意义是人们主动运用联想思维的结果。联想行为不仅会带来联想意义,复合词的本体喻体之间的相似点也是通过联想行为建立起来的。本体喻体的概念意义和联想意义都可以被用来联想,本体喻体之间的相似点既可以来自概念意义之间的联想,形成常规相似点,也可以来自联想意义之间的联想,形成意图相似点。

(一) 常规相似点

所谓常规相似点,如名称所示,是我们通常所说的本体喻体之间真实存在的相似点,所有比喻复合词都有常规相似点,常规相似点是比喻复合词成立的前提。常规相似点是本体喻体概念意义的相似。下面是《现汉》对"板"及相关复合词的解释:

---

① 葛本仪:《现代汉语词汇学》,山东人民出版社2001年版,第121页。

【板】（~儿）名片状的较硬的物体。（《现代汉语词典》第34页）

【板鸭】名宰杀后煺毛，经盐渍并压成扁平状风干的鸭子。（《现代汉语词典》第35页）

【板烟】名压成块状或片状的烟丝。（《现代汉语词典》第35页）

喻体"板"的概念意义含有关于其外形是"片状"的内容，本体"板鸭""板烟"的概念意义中也有关于外形是"扁平状"及"块状或片状"的内容，"板鸭"和"板烟"的常规相似点来自本体喻体的概念意义中外形的相似。

【砖】名把黏土等做成的坯放在窑里烧制而成的建筑材料，多为长方形或方形。（《现代汉语词典》第1720页）

【冰砖】名冷食，把水、奶油、糖、果汁等混合搅拌，在低温下冷冻而成，形状像砖。（《现代汉语词典》第92页）

【煤砖】名煤末加水制成的砖形的煤块。（《现代汉语词典》第887页）

"砖"的概念意义中有关于外形是"长方形或方形"的内容，"冰砖""煤砖"的概念意义中同样有关于外形的描述，喻体"砖"和本体"冰砖""煤砖"的常规相似点都是本体喻体的概念意义中外形的相似。

【咖啡】名常绿小乔木或灌木，叶子长卵形，先端尖，花白色，有香气，结浆果，深红色，内有两颗种子。种子炒熟制成粉，可以做饮料。生长在热带和亚热带地区。（《现代汉语词典》第720页）

【咖啡色】名像咖啡一样的颜色；深棕色。（《现代汉语词典》第720页）

喻体"咖啡"和本体"咖啡色"的常规相似点是本体喻体的概念意

义中颜色的相似。

【芝麻】名 一年生草本植物，茎直立，叶子上有毛，花白色，蒴果有棱。种子小而扁平，有白、黑、黄、褐等不同颜色，可以吃，也可以榨油。是重要的油料作物。(《现代汉语词典》第 1677 页)

【芝麻官】(~儿) 名 指职位低、权利小的官（含讥讽意）。(《现代汉语词典》第 1677 页)

喻体"芝麻"和本体"芝麻官"的常规相似点是本体喻体的概念意义中性质的相似。

还有一些复合词本体喻体的词典释义中未提及关于二者常规相似点的内容，但并不影响我们对本体喻体是否为概念意义相似的判定。词典释义只起参考作用，即使词典中没有提及，我们通过释义或常识也能够判断本体喻体是概念意义的相似。例如：

【耳】名 耳朵。(《现代汉语词典》第 345 页)

【耳朵】名 听觉器官。人和哺乳动物的耳朵分为外耳、中耳、内耳三部分。内耳除管听觉外，还管身体的平衡。(《现代汉语词典》第 345 页)

【耳房】名 跟正房相连的两侧的小屋，也指厢房两旁的小屋。(《现代汉语词典》第 345 页)

尽管在喻体"耳"或"耳朵"的概念意义中没有关于位置特征的描述，通过常识可知，位置在两旁属于"耳朵"的概念意义，"耳房"的常规相似点是本体喻体概念意义的相似。又如：

【鱼尾】短语，指鱼的尾巴。(笔者释义)

【鱼尾纹】名 人的眼角与鬓角之间的像鱼尾的皱纹。(《现代汉语词典》第 1596 页)

【龙须】短语，龙的须子。(笔者释义)

【龙须面】 名 一种非常细的面条儿。(《现代汉语词典》第841页)

在喻指词素为复合词素时，喻体概念表现为短语的形式，词典无法作为其概念意义的参照，按照我们对短语概念意义的通常理解，"鱼尾"和"龙须"的外形特征都是其概念意义的一部分，"鱼尾纹"和"龙须面"的常规相似点是本体喻体概念意义的相似。

(二) 意图相似点

笔者发现，许多商品名称类偏正式比喻复合词，其本体喻体之间除了常规相似点来构成比喻复合词之外，喻体与命名对象之间还暗含着出于造词者意图而附加给命名对象的、与喻体的某种相似特征，这种相似特征并不是本体真实存在的，而是造词者希望通过命名活动而使其存在于识解者（在这里主要是指消费者）脑海中的特征，这种来自造词者意图的相似点在本书中被称为意图相似点。意图相似点不是本体喻体真实存在的相似点，而是造词者意图使其存在的相似点，它来自喻体真实存在的联想意义和意图使本体存在的联想意义之间的相似。

需要指出的是，尽管意图相似点就本体喻体的相似性来说不是客观存在的东西，至少不是像外形、颜色的相似那样直观、毫无争议的相似，我们从词面上也看不出它存在的痕迹，但是我们不能忽略在造词过程中它在造词者意识中的客观存在，是这种意图影响了喻体的选择，因而也影响了词的最终形态。

由于这些商品名称类偏正式比喻复合词往往尚未被词典收录，本体的概念意义，包括一些由复合词素表示的喻体在内，往往无法以词典释义为参照，对于这类本体喻体的概念意义，由笔者结合百度百科及个人理解来确定。经统计，有双重相似点的商品名称类复合词共424个，超过语料的60.0%，例如：

荷花酥 蝴蝶酥 冰糖橙 海瓜子 洗面奶 冰糖心苹果

有双重相似点的复合词既包括前喻式偏正复合词，也包括后喻式偏正复合词。

从常规相似点来说，是喻体和本体概念意义间的相似，如"荷花酥"

"蝴蝶酥""海瓜子"都是本体喻体的概念意义中外形特征的相似,"洗面奶"是本体喻体概念意义中颜色特征的相似。

从意图相似点来说,是本体喻体联想意义间的相似,如表 6-1 所示:

表 6-1　　　　　双重相似点复合词本体喻体间的联想意义

例词	喻体	联想意义	本体
荷花酥	荷花	优美,雅致	荷花酥
蝴蝶酥	蝴蝶	美丽,灵动	蝴蝶酥
冰糖橙	冰糖	甜度很高	冰糖橙
海瓜子	瓜子	受人喜爱,休闲零食	海瓜子
洗面奶	奶	对皮肤有益,有营养	洗面奶

喻体的联想意义是喻体真实存在的联想意义,而本体的联想意义是造词者意图使之具有的联想意义,不是本体本身真实存在的特征,是通过喻体的联想意义所触发和赋予的联想特征。通过有目的地选择符合意图的喻体,造词者希望使消费者在看到、听到这些名称的时候,除了外显的常规相似点之外,还会受到喻体联想意义的影响,由喻体的联想意义引发对本体相关特征的联想,触发本体本不存在的联想意义,达到美化、夸大本体优点的目的。

喻体的联想意义不是固定不变的,同一个喻体与不同的本体相结合可以激活不同的联想意义,这些联想意义的数量没有固定标准,而就特定复合词来说,本体喻体的意图相似点也可以不止一个。

"荷花酥""蝴蝶酥"的意图相似点是外观角度的相似,尽管常规相似点也是外形特征的相似,但常规相似点表现的只是两者概念上的相似,并不存在评价性义素。事实上,本体"荷花酥""蝴蝶酥"的外形并没有喻体"荷花""蝴蝶"来得更加优美、漂亮,而造词者特意选择"荷花""蝴蝶"这些比本体外观更加优越的概念作喻体,目的就是借优于本体的喻体来使人们将这些优势特征通过联想转移到本体中去,意图使之也成为本体的义素之一,从而达到提高商品销量的目的。其他复合词也是如此。

为了验证意图相似点是否真的会影响人们的购买欲,笔者设计了一个调查问卷。问卷共 15 个问题,每个问题下有三个复合词作为选项,各选项都是同一类事物或同一事物的不同名称,其中只有一个包含造词者意图相似点的选项。为减小被试者已有经验对问卷结果的影响,选项通常是比较小众的事物。例如：

以下枣类名称，你认为哪个看起来更好吃？

A. 大青枣 B. 牛奶枣 C. 印度枣

调查共发放问卷 50 份，有效问卷 48 份，其中超过 70% 的问卷在 15 个问题中更多地选择包含意图相似点的复合词，选择包含意图相似点复合词的问题总数占所有问题总数的 59.4%。这说明造词者的意图相似点的确会对人们的购买欲产生一定影响。

利用命名提高产品销量或价值的手段不是近些年的新创，赵丽蓉经典小品《打工奇遇》中的桥段就是如此，二锅头叫"宫廷玉液酒"，萝卜开会叫"群英荟萃"，从此身价翻倍。我们探讨意图相似点的价值在于，一方面，它不同于以往比喻造词，造词者将对利益的追求融入比喻造词之中，而这一行为直接影响了复合词的面貌；另一方面，意图相似点已成为近些年为商品命名的普遍现象，而非个例。

尽管双重相似点是为新生商品概念命名的总趋势，但不是所有网络平台的偏正式比喻复合词都有双重相似点。有些是早已有之，在网络平台也仍然活跃的偏正式比喻复合词，例如：

梭子蟹 拳头菜 鸡毛菜 牛舌饼 刀豆 鸭脚木 蜈蚣草

有些是近些年新生的偏正式比喻复合词，但造词者在命名时更专注于常规相似点的相似，没有表现出某种意图，例如：

萝卜裤 喇叭袖 蝙蝠袖 法棍 牛角包 三文鱼 手指饼干 鱿鱼丝 虎皮蛋糕

还有一些复合词在最初可能只有常规相似点，只是利用喻体的概念意义参与造词，如 2016 年左右出现的"奶奶灰"，指像奶奶的头发那样的灰白色，随着奶奶灰的流行，在一段时间内"奶奶灰"成了时尚潮流的标签之一，这时喻体"奶奶"受到命名对象的反作用，逐渐增加了过去所没有的"时尚""新潮"等联想意义，接下来造词者再有意识使用"奶奶"作为喻体造词时，所造的复合词实际上已经包含了造词者的意图相似点，如"奶奶鞋""奶奶裤"，"老爹鞋""老爹裤"等也是如此。

四 喻体选择标准的移变路径

不是所有商品名称类比喻复合词在选择喻体时都有标准的移变，但不可否认这一现象大量存在于现有商品市场中，特别是近些年新产生的商品名称。造词者对喻体的选择通常有这样两个角度的移变路径：从对概念的选择来看，由选择与本体相似的概念到选择与本体相似基础上对本体有积极作用的概念；从对意义的选择来看，由注重本体喻体概念意义的相似到兼顾概念意义与联想意义的相似，再到更注重本体喻体联想意义的相似。

（一）与本体相似的概念→与本体相似基础上对本体有积极作用的概念

对于传统比喻式造词，造词目的是为了将新概念与其他概念相区别，因而选择的喻体多是与本体在外形、颜色、性质等方面存在相似的概念；而对于购物网站中的商品，制造者或售卖者的造词目的一方面是为了将商品与其他概念相区别，另一方面希望通过一个有吸引力的名称带动消费，因而在为新商品命名时选择的喻体通常是能够为其带来积极作用的概念，以达到吸引消费者购买该商品的目的。语料中92%以上为前喻式复合词，后喻式复合词不到8%，且绝大多数后喻式复合词只有常规相似点，因此，绝大多数发生喻体选择标准移变的都是前喻式复合词，复合词的喻体同时也是复合词的限定成分，因此，不论是从语义关系还是结构关系角度，喻体的选择对于命名对象都有直接影响。

一个对本体有积极作用的喻体，通常在某些方面优于本体概念，但具体要在哪些方面优于本体则取决于本体本身。一个理想的喻体，特征可能不止一个，但通常每个特征都优于本体特征。以"樱桃萝卜"为例：

樱桃──→价格高，口味好，漂亮，娇嫩←┄┄┄┄樱桃萝卜

"樱桃萝卜"的喻体"樱桃"与本体"樱桃萝卜"之间的常规相似点是两者在外形角度的相似，而与"樱桃萝卜"外形相似的事物不只是樱桃，山楂、圣女果、李子等都与其外形相似，造词者选择"樱桃"为喻体是由于樱桃相对于其他事物来说有更多优于萝卜的特征，"樱桃"在多个角度的联想意义都要优于命名对象"樱桃萝卜"本身，如樱桃的价格更高、口味更好、外观更漂亮，还有娇嫩、惹人怜惜的联想义素，选择"樱桃"作喻体对于造词者来说能起到吸引消费者的积极作用，符合造词

者的意图。又如"人参果""雪莲果",造词者选择"人参""雪莲"作喻体,但本体的实际情况与喻体的联想意义相差甚远,无论是功效还是外形、口感都与"人参""雪莲"没有太多相似之处,这对消费者也产生了一定的误导作用。

对于没有优劣之分的概念,一个对本体有积极作用的喻体通常能够引起人们积极的联想。比如,命名对象是一款面向年轻女性的高跟鞋鞋跟,那么造词者需要的优秀特征将会是年轻女性喜爱的元素,如活泼、可爱、灵动、小巧等,接下来造词者便选择联想意义中包含这些特征的喻体,经过筛选最终选择"小猫"作为喻体,便以"小猫根"来为这款鞋跟命名。如果命名对象是一款汽车的颜色又是不同情形。汽车颜色不同于普通商品名称,对于汽车这类高价位商品,影响消费者是否购买的因素非常多,如价位、性能、外观设计等,来自汽车名称或颜色名称等方面的影响相对较小,但造词者仍会用心为其命名以起到锦上添花的作用。造词者需要的特征一般是能够提升汽车品位的元素,如高档、大气、个性等,造词者选择联想意义中包含这些特征的一系列喻体来为汽车颜色命名。以奔驰 C 级车和广汽丰田汉兰达为例,以比喻方式创造的颜色词如表 6-2 所示。

表 6-2　　　　　两款汽车外观颜色词中的双重相似点复合词

	奔驰 C 级车	广汽丰田汉兰达
外观颜色词	北极白 曜岩黑 月光石灰 宝石蓝 皓沙银 祖母石绿 锆英石红	墨晶黑 珍珠白 翡钻红 水晶银 钨金灰 虎睛棕

喻体既可以由合成词素也可以由复合词素来表示,喻体的语义类别以宝石、金属等为主。一方面,从常规相似点来看,汽车的外观通常由金属制成,其颜色通常会泛着金属的光泽,与相应种类的宝石、金属的概念意义具有相似性;另一方面,从意图相似点来看,宝石、金属具有贵重、稀有、坚实的力量感、厚重感等积极的联想意义,这些联想意义也是造词者意图希望汽车颜色名称能够带给消费者的联想意义,符合造词者对汽车颜色的命名意图。此外,还有大量汽车颜色以自然景观为喻体,如:

　　极地白　极地灰
　　北极白　北极黑
　　星月白　星月灰

月光蓝 月光银

极光白 极光蓝 极光银

天际白 天际红 天际灰

冰川银 冰川白 冰川蓝

天空蓝 海洋蓝 大漠米 荒漠棕 星河银 火山红 峡谷灰 冰原白 雪山白

这些自然景观具有大气磅礴、原始野性、放纵不羁、令人向往等联想意义，这些联想意义是造词者选择喻体的意图所在。

同样是为颜色命名，为女装颜色命名的喻体却是完全不同的风格。这一特点在本章第二节"喻体的选择具有倾向性"部分已经有过讨论，现在看来，这种倾向性就来自造词者对喻体特定联想意义的追求，造词者总是选择对其有积极作用的概念作为喻体参与造词。

(二) 注重概念意义相似→兼顾概念意义与联想意义→更注重联想意义相似

传统比喻式造词大多关注本体喻体间概念意义的相似，如"梯田"的喻体梯子和本体梯田是概念意义中外形角度的相似，而在为商品名称命名时，造词者为了能通过喻体给本体带来积极联想，大多数喻体的选择兼顾概念意义与联想意义，甚至有些喻体的选择更多取决于其联想意义，关于前一点在前文已有详细讨论，下面着重讨论选择喻体时更注重联想意义的情况。

在为新生事物造词时，大部分造词者在选择喻体时还是尽量兼顾概念意义和联想意义，但也有一部分复合词喻体的选择更多取决于其联想意义，概念意义被放在次要的地位。这部分复合词主要指上文提到的汽车颜色词，也包括一些手机颜色词①。这些颜色词使用范围有限，使用频率低，不太经常出现在口语交流中，它们存在的意义更多是起一个辅助标记概念及美化命名对象的作用。所谓辅助标记是指这类复合词所对应的概念更多由图片、视频等视觉方式来标记，人们对这些颜色概念的获取更多来自图片而非名称，名称只起一个辅助的标记作用。因此，这类颜色词在喻

---

① 手机颜色词及一些冰箱、烤箱等家电颜色词由于数量不多且造词情况与汽车颜色词类似就没有再纳入本书语料。

体的选择上也更加侧重联想意义,而非概念意义的相似。

造词者由于过于看重喻体的联想意义以满足其意图相似点,喻体的概念意义容易被忽视,复合词的常规相似点往往比较牵强,甚至难以发现,从比喻跨度角度来说比喻跨度比较大。例如,"探戈红"的喻体"探戈"和命名对象之间有以下意图相似点:

探戈──→热情奔放,活力四射,异域风情←┄┄┄┄探戈红

以"探戈红"为汽车颜色命名反映了这款汽车的目标客户群体更偏年轻化,造词者希望这款汽车颜色所能带给人们的感受是热情有活力,充满了异域风情。但"探戈"和"探戈红"常规相似点的获取就比较曲折了,"探戈"是没有颜色的,有颜色的是跳探戈的女人身上穿的裙子,通常跳探戈的女人会穿一袭红裙,这是"探戈红"真正的喻体,但对于不了解这一知识的人来说就会难以理解"探戈红"的常规相似点。从比喻跨度角度来说,"探戈红"词素间的语义结构关系比较复杂,比喻跨度大。

此外,喻体的概念意义被放在次要地位的往往是颜色词,这种现象还与颜色词的中心成分对常规相似点的提示作用有关。这类颜色词的中心成分往往是具体的某种颜色,对本体喻体的常规相似点有提示作用,因此,即使喻体的概念意义被放在了次要地位,人们仍然能够通过中心成分的提示作用实现对词义的理解。例如,"印度河银""天鹅绒棕""鹦鹉蓝""松林灰",而假如没有中心成分对常规相似点的提示作用,变为"印度河色""天鹅绒色""鹦鹉色""松林色",或许本体喻体间的意图相似点还可以勉强实现,但我们将无法确定本体喻体间的常规相似点,因而也无法理解复合词的概念意义究竟是指的哪一种颜色。

五 喻体选择标准产生移变的理据

喻体的选择取决于造词者造词活动的出发点。有些造词者希望通过造词活动达到命名新事物、使之与其他事物相区别的目的,因此通常选择与本体概念意义有相似之处的概念作喻体,本体喻体之间只有常规相似点;对于为新商品命名的造词者,往往在保证商品名称有足够区别度的前提下还希望通过名称来凸显商品其他的积极特征,以实现利益最大化,这就使

得造词者在喻体的选择上，除了需要本体喻体有常规相似点之外，还需要本体喻体满足造词者心目中的意图相似点，喻体选择的标准产生了移变。下面就分别从移变产生的动力、心理基础、社会基础三个角度探讨喻体选择标准产生移变的理据。

（一）喻体选择标准产生移变的动力

通常只有商品类比喻复合词才兼有常规相似点和意图相似点，喻体选择标准发生移变的推动力来自商品制造者和销售者为了促进商品的销售而在商品的命名方面所做的努力。

所有比喻复合词都有常规相似点，但不是所有比喻复合词都有意图相似点。现有的绝大多数比喻复合词只有常规相似点，造词者的造词目的只是为了将命名对象与其他概念相区别，对命名对象起标记作用，选择喻体的依据是喻体与命名对象之间概念意义的相似。购物网站中的商品类比喻复合词有很大一部分拥有双重相似点，本体喻体之间除了常规相似点相似以使复合词成立之外，还包含造词者的意图相似点，这是因为它们标记的是商品概念，造词者之所以会在造词过程中添加意图相似点是由于意图相似点对于相应商品有积极作用，即有利于提高商品的销量，这是喻体选择标准发生移变的主要推动力。

（二）喻体选择标准移变得以实现的心理基础

比喻造词法与其他造词方式不同的地方在于，其造词方式不是以某个特征去限定一个事物，而是以一个事物去比拟另一个事物。事物总是有多个角度的特征，既有来自概念意义的特征，也有来自联想意义的特征，在词义的识解过程中，虽然我们理性上能够从本体喻体的概念意义中提炼出两者的常规相似点，舍弃其他特征，实现对词义的理解，但在我们的潜意识中很难做到只关注喻体的概念意义而不受喻体联想意义的影响。特别是前喻式偏正复合词，喻体不仅是用来比拟本体的事物，同时还是整个词的限定成分，人们很难完全舍弃喻体的联想意义，喻体的联想意义事实上也参与了对命名对象的限定说明。此外，比喻造词也不同于比喻造句，比喻造句的喻体与本体分别是独立的个体，而比喻造词的喻体是复合词构词的一部分，喻体与本体之间的联系更加紧密，在这样的环境下喻体的联想意义更容易被激活，本体也更容易受到喻体联想意义的影响。造词者正是利用了人们的这一联想心理，试图通过喻体联想意义的限定使本体也带有相似的联想意义，以使造词者附加给新词的意图相似点得以实现。

联想是一种普遍的心理活动，这就像我们吃饭时会刻意回避影响食欲的话题，将两种事物放在一起就会相互作用，更不要说偏正式比喻复合词是将一个事物作为另一个事物的限定成分，两者的联系更加紧密，相互间的联想活动也更加活跃。然而，不是所有命名活动都会引起人们积极的联想，也有一些名称会引起人们消极的联想，不仅是比喻复合词，普通复合词也会受到构词成分联想意义的影响。下面就是一些"被名字耽误的美食"：

羊蝎子 炒苍蝇头 撒尿牛丸 濑尿虾 包脚布
棺材板 老鼠粄 鸡屎藤糕 景颇鬼鸡 炮仗面

这些食物名称中都包含一些会引起人们或恐惧或恶心或厌恶的联想成分，从而影响了人们对命名对象本身的态度，这虽然不是造词者的"意图"相似点，但也是由联想意义带来的、在人们意识中存在的非理性联系，虽然不是客观事实，却影响了人们对待命名对象的态度，但它们大多为历史悠久的特色小吃，为当地人熟知，因而名字对食品售卖的影响相对较小。

事物一般都有其联想意义，但不是所有事物的联想意义在造词时都能带来显著的或积极或消极的影响，这也是为什么很多比喻复合词只有常规相似点，如"梭子蟹""拳头菜""虎皮蛋糕"，它们具有的形象色彩是造词时的附加产物，造词者在造词时没有要赋予其意图相似点的意愿。一方面，"梭子""拳头"等喻体与食物这一组合很难引起人们额外的联想；另一方面，"梭子""拳头""虎皮"喻体本身也缺少能够引起人们爱憎的联想意义。

人们对待双重相似点复合词的联想思维不是一成不变的。新产生的比喻复合词，由于新鲜感非常强烈，再加上人们对复合词所表示概念不够熟悉，人们很难一下子将参与比喻的特征从喻体整体特征上剥离出来，其中主要被单独带入的就是喻体的联想意义，因此，新出现的复合词更容易产生喻体与命名对象间的联想。随着新生比喻复合词逐渐被大众熟知，喻体的联想意义对词义的影响会逐渐变淡。

（三）喻体选择标准产生移变的社会基础

造词者在选择喻体时由于需要同时兼顾到意图相似点，所选择的喻体既需要与本体有概念意义上的相似，又需要喻体具有与造词者的意图相似点一致的联想意义，在这种标准下选择出的喻体与本体间概念意义的相似程度多少会打些折扣，存在一定程度的妥协，但人们至少还是能够从字面上理解词义。然而对于那些将意图相似点放在首位、常规相似点放在次要地位的复合词，喻体与本体间的常规相似点隐藏很深或相似程度很低，有时甚至显得比较牵强，对于这类复合词人们很难从字面上理解其词义，但是这类复合词还是被大量创造出来，同时也没有因为其常规相似点的牵强而影响人们对词义的理解。这其中的主要原因是人们可以借助于其他辅助方式，主要是图片和视频手段来理解词义，这一点得益于社会科技的发展，如智能手机和笔记本电脑的普及，互联网和无线通信技术的发展。特别是在购物网站中的比喻复合词，几乎总是伴随着相应的图片而出现，因此，即使新生复合词的词面难以理解，借助于图片的帮助人们总能将复合词与其所表示的概念对应起来，通过图片的提示，造词理据也变得容易理解。例如某品牌家具板材颜色板：

图 6-3　某品牌家具板材颜色板

又如华为手机 mate30 和 OPPO 手机 Reno3pro 的颜色选择框（见图 6-4、图 6-5）。

这些颜色名称甚至不再用"××色"或"××白/黑/蓝"等字眼，而是直接以一个短语的形式描述画面色彩，通过人们的联想去实现名称与颜色的联系。在这里，颜色间概念意义的相似性已经是次要的，颜色名称所带来的美好的联想意义才是造词者所追求的主要目标。这一切能够实现的前

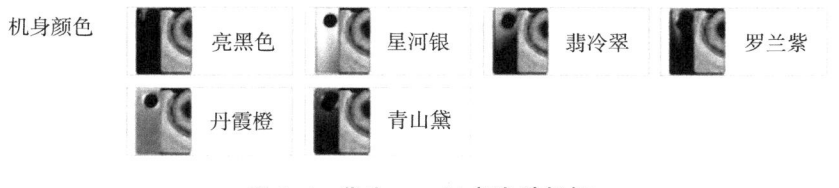

机身颜色　亮黑色　星河银　翡冷翠　罗兰紫
　　　　　丹霞橙　青山黛

图 6-4　华为 mate30 颜色选择框

机身颜色　日出印象　蓝色星夜　月夜黑　雾月白
　　　　　经典蓝

图 6-5　OPPO Reno3pro 颜色选择框

提条件是有图片的存在，假如没有图片的辅助，没有人知道这些名称究竟对应着什么样的颜色概念，因而在没有图片和视频辅助的年代，造词者为了使复合词能够被人理解，在命名的时候也就更加注重常规相似点的相似性。有图片、视频等技术手段的辅助是双重相似点复合词得以产生的社会基础。此外，商品经济的发展和网络购物的兴起也是双重相似点复合词得以产生并迅速传播的社会推动力。

小结

　　本章以淘宝网等购物网站中的比喻复合词为研究对象，发现近些年商品名称类比喻复合词在造词阶段喻体选择的标准发生移变，喻体除与本体有常规相似点之外，还要满足造词者的意图相似点。常规相似点是本体喻体间真实存在的相似点，所有比喻复合词都有常规相似点；意图相似点不是本体喻体间真实存在的相似点，是出于造词者意图而附加给本体的、意图使本体喻体间含有的某种相似特征，造词者希望通过识解者的联想来实现这种相似，继而达到美化本体的目的。

　　从复合词的分类来看，颜色类、食品类、穿着类是新生复合词产生的主要类别；绝大多数商品名称类比喻为三音节复合词；以外形为相似点的复合词数量最多，这一点与传统偏正式比喻复合词一致；"合成词素+单纯词素"是新生复合词的主要词素搭配类型。

从商品名称类比喻复合词的特点来看，具有命名对象和喻体种类丰富、词素间的语义关系具有多样性、在不同语义类别中的数量分布具有不均衡性、喻体的选择具有倾向性、产生及传播具有时效性等特点。

喻体选择的移变路径可以分为两个角度，从喻体概念的选择来说，由选择与本体相似的概念到选择与本体相似基础上对本体有积极作用的概念，从意义的移变来说，由注重本体喻体概念意义的相似到兼顾概念意义与联想意义的相似，再到更注重本体喻体联想意义的相似。提高产品销量是喻体移变得以产生的推动力，人们的联想思维是喻体移变得以实现的心理基础，图片、视频等技术手段的普及和发展是喻体移变普遍存在的社会基础。

对购物网站中商品名称类比喻复合词的考察可以在一定程度上反映当今比喻式造词的新特点，人们在为某一类特定概念作比喻式命名时与传统比喻造词方式相比有了新的考量。除此之外，与不同行业相关、不同性质的比喻复合词往往还有不同的特点和规律，其他网络平台，如新闻媒体平台、自媒体平台、游戏平台等平台中比喻复合词的造词构词规律还有待于进一步研究。

参考文献

一 工具书

董大年主编：《现代汉语分类大词典》，上海辞书出版社2007年版。
（清）段玉裁撰：《说文解字注》，中华书局2013年版。
（晋）郭璞注，（宋）邢昺疏：《尔雅注疏》，中华书局1980年影印本。
汉语大字典编辑委员会编纂：《汉语大字典》（第二版缩印本），四川辞书出版社、崇文书局2018年版。
李行健主编：《现代汉语规范词典》（第3版），外语教学与研究出版社、语文出版社2014年版。
林杏光、菲白编：《简明汉语义类词典》，商务印书馆1987年版。
（汉）刘熙撰，（清）毕沅疏证：《释名疏证》，广文书局1971年版。
罗竹风主编：《汉语大词典》（第一卷），上海辞书出版社1986年版。
梅家驹等编：《同义词词林》，上海辞书出版社1983年版。
苏新春主编：《现代汉语分类词典》，商务印书馆2013年版。
中国社会科学院语言研究所词典编辑室编：《现代汉语词典》（第7版），商务印书馆2016年版。

二 著作

陈望道：《修辞学发凡》，上海教育出版社2006年版。
[美] C.J.菲尔墨：《"格"辨》，胡明扬译，商务印书馆2012年版。
葛本仪：《现代汉语词汇学》，山东人民出版社2001年版。
胡裕树主编：《现代汉语》（重订本），上海教育出版社2011年版。

胡壮麟：《认知隐喻学》，北京大学出版社 2004 年版。

黄伯荣、廖序东主编：《现代汉语》（下）（增订四版），高等教育出版社 2007 年版。

黎锦熙：《汉语复合词构成方式简谱》，载《黎锦熙语言学论文集》，商务印书馆 2004 年版。

黎良军：《汉语词汇语义学论稿》，广西师范大学出版社 1995 年版。

李仕春：《汉语构词法和造词法研究》，语文出版社 2011 年版。

李国南：《辞格与词汇》，上海外语教育出版社 2001 年版。

［英］杰弗里·N. 利奇：《语义学》，李瑞华等译，上海外语教育出版社 1987 年版。

刘大为：《比喻、近喻与自喻：辞格的认知性研究》，上海教育出版社 2001 年版。

刘叔新：《汉语描写词汇学》，商务印书馆 1990 年版。

刘正光：《语言非范畴化——语言范畴化理论的重要组成部分》，上海外语教育出版社 2006 年版。

陆俭明：《现代汉语语法研究教程》（第三版），北京大学出版社 2005 年版。

［英］帕卡德（Packard，J.L.）：《汉语形态学：语言认知研究法》，外语教学与研究出版社 2001 年版。

潘文国等：《汉语的构词法研究》，华东师范大学出版社 2004 年版。

［美］乔治·莱考夫、马克·约翰逊：《我们赖以生存的隐喻》，何文忠译，浙江大学出版社 2015 年版。

任学良：《汉语造词法》，中国社会科学出版社 1981 年版。

束定芳：《隐喻学研究》，上海外语教育出版社 2000 年版。

束定芳编著：《认知语义学》，上海外语教育出版社 2008 年版。

孙常叙：《汉语词汇》，吉林人民出版社 1956 年版。

王寅：《认知语言学》，上海外语教育出版社 2007 年版。

詹人凤：《现代汉语语义学》，商务印书馆 1997 年版。

张敏：《认知语言学与汉语名词短语》，中国社会科学出版社 1998 年版。

赵艳芳：《认知语言学概论》，上海外语教育出版社 2001 年版。

周荐：《汉语词汇结构论》，上海辞书出版社 2004 年版。

周祖谟：《汉语词汇讲话》，人民教育出版社 1959 年版。

三　期刊论文

程志兵：《〈名词比喻造词〉辨证》，《中国语文》1997 年第 5 期。

戴浩一：《时间顺序和汉语的语序》，黄河译，《国外语言学》1988 年第 1 期。

戴昭铭：《一种特殊结构的名词》，《复旦学报》（社会科学版）1982 年第 6 期。

丁邦新：《论汉语方言中"中心语—修饰语"的反常词序问题》，《方言》2000 年第 3 期。

董于雯：《汉语常用双音节词语义透明度研究——兼论对汉语词汇教学的启示》，《国际汉语学报》2011 年第 1 期。

冯丽萍：《中级汉语水平留学生的词汇结构意识与阅读能力的培养》，《世界汉语教学》2003 年第 2 期。

符淮青：《词义和构成词的语素义的关系》，《辞书研究》1981 年第 1 期。

符淮青：《组合中语素和词语义范畴的变化》，《江苏大学学报》（社会科学版）2007 年第 1 期。

干红梅：《语义透明度对中级汉语阅读中词汇学习的影响》，《语言文字应用》2008 年第 1 期。

葛本仪：《论合成词素》，《山东大学学报》（哲学社会科学版）1988 年第 3 期。

郭绍虞：《譬喻与修辞》，《国文月刊》1947 年第 60 期。

贺水彬：《汉语形象词语的构造及其与修辞的关系》，《辽宁师院学报》1982 年第 4 期。

洪炜等：《语义透明度、语境强度及词汇复现频率对汉语二语词汇习得的影响》，《现代外语》2017 年第 4 期。

侯友兰：《比喻词补议》，《汉语学习》1997 年第 4 期。

胡爱萍、吴静：《英汉语中 N+N 复合名词的图式解读》，《语言教学与研究》2006 年第 2 期。

胡华：《〈名词比喻造词〉疑点》，《中国语文》1997 年第 5 期。

胡中文：《试析比喻构造汉语新词语》，《语文研究》1999 年第 4 期。

胡壮麟：《语言·认知·隐喻》，《现代外语》1997年第4期。

黄洁：《名名复合词内部语义关系多样性的认知理据》，《语言教学与研究》2008年第6期。

黄月华、左双菊：《原型范畴与家族相似性范畴——兼谈原型理论在认知语言学中引发的争议》，《语文研究》2009年第3期。

江南：《相似性思维与比喻造词》，《修辞学习》2003年第5期。

李晋霞、李宇明：《论词义的透明度》，《语言研究》2008年第3期。

李晋霞：《〈现代汉语词典〉的词义透明度考察》，《汉语学报》2011年第3期。

李蕊：《留学生形声字形旁意识发展的实验研究》，《语言教学与研究》2005年第4期。

李智、王浩：《比喻式偏正复合名词的结构研究》，《语文研究》2009年第1期。

李忠初：《关于比喻的两个问题》，《古汉语研究》1995年第S1期。

梁丽、冯跃进：《认知语言学中的基本层次范畴及其特征》，《华中科技大学学报》（社会科学版）2003年第4期。

刘兰民：《汉语比喻造词法刍议》，《汉语学习》2001年第4期。

刘宁生：《汉语怎样表达物体的空间关系》，《中国语文》1994年第3期。

刘云泉：《现代汉语构词法中的前偏后正式》，载浙江省语言学会年会《语言学年刊》语法专辑，1984年第2期。

刘正光、刘润清：《N+N概念合成名词的认知发生机制》，《外国语》（上海外国语大学学报）2004年第1期。

刘中富：《现代汉语三音节词的判定问题》，《中国海洋大学学报》（社会科学版）2014年第2期。

刘著妍：《从词义理据探析比喻性复合词的翻译》，《天津大学学报》（社会科学版）2010年第6期。

陆志韦：《构词学的对象和手续》，《中国语文》1956年第12期。

钱旭菁：《词义猜测的过程和猜测所用的知识——伴随性词语学习的个案研究》，《世界汉语教学》2005年第1期。

曲亮：《浅析现代汉语中偏正式复合词的语素异序现象》，《现代语文》（语言研究版）2016年第2期。

任敏：《影响现代汉语双音复合词语义透明度的机制研究》，《河北师范大学学报》（哲学社会科学版）2012 年第 4 期。

沈孟璎：《修辞方式的渗入与新词语的创造》，《山东大学学报》（哲学社会科学版）1988 年第 3 期。

盛若菁：《试论相似关系》，《修辞学习》2005 年第 5 期。

施春宏：《构式压制现象分析的语言学价值》，《当代修辞学》2015 年第 2 期。

史锡尧：《动词、形容词的比喻造词》，《修辞学习》1995 年第 2 期。

史锡尧：《名词比喻造词》，《中国语文》1996 年第 6 期。

史锡尧：《比喻对语言文化的贡献》，《汉语学习》2001 年第 3 期。

宋宣：《汉语偏正复合名词语义透明度的判定条件》，《云南师范大学学报》（对外汉语教学与研究版）2011 年第 3 期。

宋玉柱：《谈谈"复合词素"》，《语文学习》1989 年第 10 期。

孙银新：《现代汉语常用词中比喻的层次和意义》，《学术交流》2019 年第 2 期。

孙云、王桂华：《比喻构词刍议》，《天津师范大学学报》1982 年第 6 期。

唐韵：《一种特殊的构词材料——条件复合语素》，《南充师院学报》（哲学社会科学版）1985 年第 1 期。

王艾录、孟宪良：《语素入词所发生的意义偏移现象》，《山西大学学报》（哲学社会科学版）1996 年第 1 期。

王春茂、彭聃龄：《合成词加工中的词频、词素频率及语义透明度》，《心理学报》1999 年第 3 期。

王洪君：《"逆序定中"辨析》，《汉语学习》1999 年第 2 期。

王军：《论汉语 N+N 结构里中心词的位置》，《语言教学与研究》2005 年第 6 期。

王树斌：《汉语复合词词素义和词义的关系》，《汉语学习》1993 年第 2 期。

王寅、李弘：《原型范畴理论与英汉构词对比》，《四川外语学院学报》2003 年第 3 期。

吴礼权：《比喻造词与中国人的思维特点》，《复旦学报》（社会科学版）2008 年第 2 期。

夏丏尊：《双字词语的构成方式》，《国文月刊》1946 年第 41 期。

肖模艳：《比喻词的认知与理解》，《中州学刊》2010 年第 5 期。

谢信一：《汉语中的时间和意象（上）》，叶蜚声译，《国外语言学》1991 年第 4 期。

邢红兵：《留学生偏误合成词的统计分析》，《世界汉语教学》2003 年第 4 期。

徐彩华、李镗：《语义透明度影响儿童词汇学习的实验研究》，《语言文字应用》2001 年第 1 期。

徐淑平、王斌：《经典范畴理论与现代范畴理论的对比研究》，《上海理工大学学报》（社会科学版）2012 年第 4 期。

徐正考、张烨：《一种结构特殊的偏正式复合名词》，《苏州大学学报》（哲学社会科学版）2011 年第 5 期。

徐正考、柴淼：《清末民初"N+V"比喻类复合词研究》，《东北师大学报》（哲学社会科学版）2019 年第 6 期。

徐珺、刘法公：《英汉喻体文化内涵对接与比喻性词语的翻译》，《外语研究》2004 年第 5 期。

许晓华：《比喻造词中名词性喻指成分属性义的类型及其分布特征》，《语文研究》2013 年第 4 期。

许晓华：《比喻造词中名词性喻指成分属性义的义项设置与释义》，《辞书研究》2015 年第 5 期。

薛祥绥：《中国言语文字说略》，《国故》1919 年第 4 期。

荀恩东等：《大数据背景下 BCC 语料库的研制》，《语料库语言学》2016 年第 1 期。

杨润陆：《由比喻造词形成的语素义》，《中国语文》2004 年第 6 期。

杨秀杰：《隐喻及其分类新论》，《外语学刊》2005 年第 3 期。

杨振兰：《色彩意义演变发展的语言诱因》，《文史哲》2003 年第 5 期。

杨振兰：《从造词看词的色彩意义》，《山东大学学报》（哲学社会科学版）2005 年第 1 期。

尹蓉：《家族相似性与原型范畴理论》，《经济研究导刊》2012 年第 26 期。

应雨田：《比喻义及其释义》，《辞书研究》1992 年第 4 期。

应雨田：《比喻型词语的类型及释义》，《中国语文》1993 年第 4 期。

应雨田：《〈现代汉语词典〉某些比喻义献疑》，《辞书研究》2009 年第 4 期。

袁毓林：《论句法的强制性——从一类 N_1N_2 名词的句法语义分析展开》，《汉语学习》1988 年第 1 期。

张培成：《关于汉语比喻词的几个问题》，《汉语学习》2000 年第 4 期。

张万有：《比喻的要素及其他》，《语文研究》2000 年第 4 期。

张宗正：《词汇现象、修辞现象与辞格现象——与唐松波先生商榷》，《修辞学习》1996 年第 4 期。

赵登明、丁瑶：《翻译过程中保留复合词比喻形象的可能性》，《中国翻译》2002 年第 4 期。

赵彦春：《范畴理论是非辨——认知语言学学理批判之三》，《外国语文》2010 年第 6 期。

周荐：《语素逆序的现代汉语复合词》，《逻辑与语言学习》1991 年第 2 期。

周荐：《比喻词语和词语的比喻义》，《语言教学与研究》1993 年第 4 期。

朱文献：《什么是比喻的"三要素"》，《小学教学研究》1995 年第 3 期。

朱章华：《英汉比喻性词语中文化内涵及翻译》，《安徽大学学报》1998 年第 6 期。

四　学位论文

方清明：《现代汉语名名复合形式的认知语义研究》，博士学位论文，暨南大学，2011 年。

顾介鑫：《汉语复合词认知加工的神经机制研究》，博士学位论文，南京师范大学，2008 年。

吕晓玲：《现代汉语三音词语义研究》，博士学位论文，山东大学，2015 年。

吴迪：《成语的语义透明度及中小学生成语产出研究》，硕士学位论文，北京语言大学，2016 年。

吴杏红:《四种句子语境及语义透明度对高级水平外国留学生成语理解作用的实验研究》,硕士学位论文,北京大学,2012年。

肖模艳:《现代汉语比喻造词研究》,博士学位论文,厦门大学,2008年。

许艳华:《面向汉语二语教学的常用复合词语义透明度研究》,博士学位论文,北京师范大学,2014年。

颜红菊:《现代汉语复合词语义结构研究》,博士学位论文,首都师范大学,2007年。

叶文曦:《汉语字组的语义结构》,博士学位论文,北京大学,1996年。

于志坤:《〈汉语国际教育用音节汉字词汇等级划分〉中级双音节词的语义透明度分析》,硕士学位论文,暨南大学,2014年。

朱彦:《复合词的语义结构与词素义的提示机制——以象类双音名物词为例》,硕士学位论文,广西师范大学,2000年。

五 网页

［1］ https://www.taobao.com/.

［2］ https://www.autohome.com.cn/.

［3］ https://weibo.com/.

［4］ http://www.cnnic.net.cn/hlwfzyj/hlwxzbg/hlwtjbg/201908/t20190830_70800.htm.

后　记

  本书是在博士论文基础上撰写而成，在本书写作过程中，我的博士导师杨振兰教授自始至终给予了极大的支持、鼓励和悉心指导；我的硕士导师史冠新教授将我领入汉语言文字学的大门，这些年来也一直关心着我的学习和进步，在此谨向两位恩师表达我深深的谢意。

  我还得到了很多师友热情而无私的帮助，在此一并向他们表示衷心的感谢。

尉方语

2024 年 9 月 22 日